T0389768

Raum und Erzählung in der *Odyssee*

Mnemosyne Supplements

MONOGRAPHS ON GREEK AND LATIN LANGUAGE AND LITERATURE

VOLUME 444

The titles published in this series are listed at *brill.com/mns*

Raum und Erzählung in der *Odyssee*

von

Ruobing Xian

BRILL

LEIDEN | BOSTON

Library of Congress Cataloging-in-Publication Data

Names: Xian, Ruobing, author.
Title: Raum und Erzählung in der Odyssee / von Ruobing Xian.
Description: Leiden ; Boston : Brill, [2021] | Series: Mnemosyne supplements, 0169-8958 ; volume 444 | Originally presented as the author's thesis (doctoral)– Universität Heidelberg, 2015. | Includes bibliographical references and index. |
Identifiers: LCCN 2021033295 (print) | LCCN 2021033296 (ebook) | ISBN 9789004379466 (hardback ; acid-free paper) | ISBN 9789004379473 (ebook)
Subjects: LCSH: Homer. Odyssey. | Space in literature. | Narration (Rhetoric) | LCGFT: Literary criticism.
Classification: LCC PA4167 .X53 2021 (print) | LCC PA4167 (ebook) | DDC 883/.01–dc23
LC record available at https://lccn.loc.gov/2021033295
LC ebook record available at https://lccn.loc.gov/2021033296

Typeface for the Latin, Greek, and Cyrillic scripts: "Brill". See and download: brill.com/brill-typeface.

ISSN 0169-8958
ISBN 978-90-04-37946-6 (hardback)
ISBN 978-90-04-37947-3 (e-book)

This book is printed on acid-free paper and produced in a sustainable manner.

Meinen Eltern

∵

Inhalt

Vorwort

Die ursprüngliche Fassung dieser Arbeit wurde im Juni 2015 von der philosophischen Fakultät der Universität Heidelberg als Dissertationsleistung angenommen. Begutachter waren Prof. Dr. Jonas Grethlein (Heidelberg) und Prof. Dr. Jenny Strauss Clay (Virginia), denen mein besonderer Dank für vielfachen Rat und Anregung gilt. Daneben bin ich dem anonymen Begutachter der *Mnemosyne Supplements* dankbar für Rat und kritische Hinweise.

Einige Teile des vorliegenden Buchs sind überarbeitete Versionen der Aufsätze, die bereits publiziert worden sind: '*Locus amoenus* und sein Gegenstück in *Od.* 5', *Hermes* 146 (2018), 132–148 (Kapitel 2): 'Zur Beschreibung des Alkinoos-Palasts (*Od.* 7,84–132)', *Philologus* 162 (2018), 189–207 (Kapitel 3); 'Der *Chronotopos* der Ziegeninsel (Hom. *Od.* 9.116–141)', *Mnemosyne* 70 (2017), 899–919 (Kapitel 4); 'Die Ithakalandschaft in *Od.* 13', *Mnemosyne* 70 (2017), 537–561 (Kapitel 5); 'Geschlossener Raum und narrative Spannung in der *Odyssee*', *MD* 79 (2017), 9–29 (Kapitel 6). Ich bin dankbar für die Erlaubnis, die oben genannten Aufsätze für dieses Buch verwenden zu dürfen.

Dieses Buch ist meinen Eltern gewidmet, ohne deren Hingabe meine Odyssee in Deutschland hätte nicht beginnen können.

Ruobing Xian
Shanghai, im Juni 2021

Vorbemerkung

In der vorliegenden Arbeit folgen die Textzitate aus den homerischen Epen zumeist den Editionen von P. von der Mühll, *Homeri Odyssea* (Stuttgart^3 1984) sowie von D.B. Monro / T.W. Allen, *Homeri opera*, Vol. I–II (Oxford^3 1920). Die jeweils beigegebenen Übersetzungen – wenn nicht anders angegeben – sind mit nur geringfügigen Veränderungen den Übertragungen Schadewaldts entnommen. Die *Odyssee*-Scholien werden zitiert nach *Scholia Graeca in Odysseam*, ed. F. Pontani (Roma 2007, 2010, 2015, 2020; für die ersten acht Bücher) und *Scholia Graeca in Homeri Odysseam ex codicibus aucta et emendata*, ed. W. Dindorf (Oxford 1855). Die A- und bT-Scholien zur *Ilias* folgen der Ausgabe *Scholia Graeca in Homeri Iliadem*, ed. H. Erbse in 7 Bänden (Berlin 1969–1988), die D-Scholien folgen der Online-Edition von H. van Thiel, *Scholia D in Iliadem, proecdosis aucta et correctior 2014, secundum codices manu scriptos.*

Abkürzungen

LfgrE	B. Snell et al. (eds.), *Lexikon des frühgriechischen Epos* (Göttingen 1955–2010)
LSJ[9]	H.G. Liddell / R. Scott, *A Greek-English Lexicon*[9], rev. H. Stuart-Jones et al. (Oxford 1940)
M-W	R. Merkelbach / M.L. West (eds.), *Fragmenta Hesiodea* (Oxford 1967)
PMGF	M. Davies (ed.), *Poetarum Melicorum Graecorum Fragmenta* (Oxford 1991–)
V	E-M. Voigt (ed.), *Sappho et Alcaeus. Fragmenta* (Amsterdam 1971)

KAPITEL 1

Einleitung

Der Titel des vorliegenden Buchs "Raum und Erzählung in der *Odyssee*" mag manch einen Leser vielleicht an Ricœurs dreibändige Studie *Temps et récit* erinnern, deren raumbezogenes Gegenstück noch zu schreiben ist.[1] Zugleich wird impliziert, dass dieses Buch unser Verständnis der Erzählkunst Homers aus einer raumbezogenen Perspektive vertiefen soll. Es geht nicht um die Privilegierung des Raums gegenüber der Zeit im kulturellen Kontext des *spatial turn*.[2] Vielmehr ist meine Untersuchung auf eine Besonderheit der *Odyssee*-Erzählung zugeschnitten, nämlich die Prominenz der Raumdarstellung, die nicht selten durch lange Beschreibungen zum Ausdruck gebracht wird.[3]

---

1 Raum und Zeit sind zwei grundlegende Elemente realer sowie fiktionaler Welt. Während in der Erzählanalyse hinsichtlich der Zeit "ein Vergleich zwischen Fiktion (Erzählzeit) und außersprachlicher Wirklichkeit (erzählte Zeit) und damit die systematische Beschreibung von Raffungen, Dehnungen, Umstellungen, Sprüngen" ermöglicht wird, gibt es "für die Erfassung des Raums im literarischen Werk kein so brauchbares heuristisches Modell wie für die Analyse der Zeit" (Hoffmann 1978, 1). Der Grund hierfür liegt vermutlich darin, dass die Erzählforschung "zunächst mit der Gestaltung der Geschichte als zeitlicher und kausaler Abfolge von Ereignissen und ihrer Vermittlung beschäftigt" ist (Dennerlein 2009, 4).

2 Das Stichwort *spatial turn*, das vom Globalisierungsprozess des späten 20. Jahrhunderts nicht zu trennen ist, ist erst seit Soja 1989 im Umlauf. Im Umfeld des *spatial turn* sind zahlreiche Arbeiten über den Raum zunächst in anderen Disziplinen wie Soziologie, Anthropologie und Kulturwissenschaft, dann aber auch in der Literaturwissenschaft entstanden. Um nur einige Namen zu nennen: Lefebvre 1974; Tuan 1977; Soja 1989. Vor diesem Hintergrund wird die Gestaltung des Raums in der Literatur schärfer in den Blick genommen, als es bisher geschehen ist. Langsam, aber unaufhaltsam erreicht der *spatial turn* die Klassische Philologie. Arbeiten wie Purves 2010; Clay 2011; Skempis/Ziogas 2014; Worman 2015 bezeugen das wachsende Interesse am Raum in der griechischen Literatur.

3 Für West 2014, 1 ist der *Odyssee*-Dichter "inventive and original, excellent at imaginative descriptions of landscapes and everyday activities, for which he has a pronounced taste". Zur Definition der Beschreibung/Deskription im Allgemeinen siehe Hamon 1972. Dennerlein 2009, 239 definiert Raumbeschreibung als "Texttyp, in dem Informationen zur Materialität von räumlichen Gegebenheiten vergeben werden, ohne dass im selben Teilsatz, Satz oder Abschnitt ein bestimmtes einmaliges Ereignis erwähnt wird". Doch fällt es den Theoretikern auch nicht leicht, eine Definition der Beschreibung zu geben, die sie von der Erzählung klar abgrenzt und für die Interpretation des Texts dienlich wird. Es erscheint mir sinnvoll, mit Mosher 1991, 442 den zugrundeliegenden Texttyp des jeweiligen Textabschnitts als deskriptiv oder narrativ zu unterscheiden: "Narrative statements depict persons or objects in successive movement or transformation in a context involving a telos and organized by chronological markers (...). On the other hand, descriptive statements portray objects or persons or their

 | DOI:10.1163/9789004379473_002

Die Prominenz des Raums der *Odyssee* geht nicht zuletzt mit dem großen Thema des Epos – der Heimkehr des Helden – und dem damit verbundenen ständigen Schauplatzwechsel einher.[4] Riemschneider behauptet: "Den Dichter der Ilias interessieren Charaktere, den Dichter der Odyssee Räume".[5] Curtius nennt bereits die Grotte der Kalypso und den Garten des Alkinoos "die beiden Höhepunkte der homerischen Landschaftsgestaltung".[6] Reinhardt fügt hinzu: "Wir reden von Odyssee-Landschaften, nicht von Ilias-Landschaften".[7] Für Reinhardt ist die Form der Ich-Erzählung maßgebend für die ungewöhnliche Länge der Deskription der Ziegeninsel, welche "[n]irgends sonst … in der Odyssee in solchem Maß um ihrer selbst willen gegeben" wird.[8] Hölscher hat Reinhardts Diktum "Ohne Ich-Erzählung keine Landschaft" zurecht kritisiert, indem er auf des Erzählers Beschreibung der Ithakalandschaft "[b]ei der Landung des schlafenden Odysseus im Phorkyshafen" hinweist.[9] Während die oben erwähnten *Odyssee*-Landschaften von den Forschern vielfach in den Blick genommen wurden,[10] hat Kullmann unter anderem die dramatische Rolle des Palasts auf Ithaka demonstriert: "Der Palast des Odysseus hat nicht nur Bedeutung für die Handlung, sondern wirkt auch wie eine Kulisse … Die dramatische Rolle des Palasts in der *Odyssee* könnte das Vorbild für den Palast des Agamemnon in Argos sein".[11] Zudem hat das Landgut des Laertes das Interesse der Kritiker auf sich gezogen, dessen Beschreibung, nach Müller, mit einigen anderen Örtlichkeitsbeschreibungen der *Odyssee* "in Übereinstimmung steht".[12]

Die Signifikanz der oben genannten *Odyssee*-Raumdarstellungen für Homers Erzählkunst scheint allerdings von bisherigen Forschungen nur unzureichend erkannt worden zu sein. In der griechischen Literaturwissenschaft im Allgemeinen und in der Homerforschung im Besondern wurden die älteren thematisch verwandten Untersuchungen von zwei Verfahren geprägt. Zum

---

qualities in stasis, in simultaneous relation, and these are organized by spatial markers like adverbs of place". Vgl. auch Rabau 1995; Ronen 1997.

4 Vgl. Lovatt 2013, 6: "If the *Iliad* and *Odyssey* form two contrasting patterns of epic, battle narrative and quest epic, they both produce visual scenarios: the siege, with city looking out against attackers looking in, two armies drawn up in face-to-face confrontation, is a theatre of war; while the journey, whether towards home or away from it, is defined by a stream of new sights, monstrosities and marvels".

5 Riemschneider 1950, 183.

6 Curtius 1942, 224.

7 Reinhardt 1960, 62.

8 Reinhardt 1960, 66.

9 Hölscher 1988, 192; Reinhardt 1960, 64.

10 Nestle 1948; Schönbeck 1962; Andersson 1976; Haß 1998; Haller 2007.

11 Kullmann 1992, 314–316; vgl. Clay 1994b; Saïd 1979.

12 Müller 1968, 116.

einen steht das Naturgefühl im Vordergrund.[13] Dementsprechend wurde Raumdarstellung "als Ausdruck unterschiedlicher Verhaltensweisen der Griechen zur Welt", aber auch "psychologisch als Empfindungsträger, als Ausdruck einer so oder so gearteten 'Weltanschauung'" interpretiert.[14] Diese Tendenz in der Forschung, deren Ansatz häufig irritierenderweise von unserer modernen Empfindung ausgeht, reicht bis in die jüngste Zeit hinein.[15] Zum anderen betrachtete man den Raum bei Homer eher im Sinne eines Gegenstands.[16] Wie Müller Friedländers Behandlung der Raumbeschreibung bei Homer zu Recht kritisiert hat, leiden die Untersuchungen in dieser Richtung des Öfteren an deren teleologischem Grundmuster, das dem narrativen Kontext der zu betrachtenden Beschreibung nicht gerecht wird, sondern auf die spätere Entwicklung der Gattung der Ekphrasis ausgerichtet ist.[17]

In den letzten Jahrzehnten haben jedoch einige positive Änderungen stattgefunden. Zum einen sind die Modi der Raumdarstellung bei Homer durch die Anwendung narratologischer sowie linguistischer Werkzeuge beleuchtet worden.[18] Zum anderen haben einige Gelehrte den Visualisierungsprozess homerischer Raumdarstellung aus der Perspektive der Rezipienten scharf in den Blick genommen.[19] Gegen die ältere Meinung über die Darstellung der trojanischen

13 Siehe vor allem den RE-Artikel 'Naturgefühl' von Bernert 1935, 1811–1863.

14 Elliger 1975, 20.

15 Wichtige Arbeiten sind Lesky 1947; Parry 1957; Segal 1963; Elliger 1975. Segal 1963, 19–20, der angeblich keine Intention hat, auf "any alldetermining *Zeitgeist*" zu insistieren, behauptet jedoch: "There can be seen a general movement from the acceptance of human helplessness in the Archaic period to a more optimistic attitude of *control* in the classical period, which is corrected, or balanced by survivals of the Archaic attitude as they are expressed and modified in tragedy".

16 Friedländer 1912; Willenbrock 1969 [1944]; Sauter 1953; Müller 1968.

17 Müller 1968, 8: "Da die Ekphrasis in Friedländers Betrachtung das Telos der Entwicklung ist, kommt er zu einer zu einseitigen Beurteilung Homers sowohl wie seiner Nachfolger. Auch die Überlegung, daß sich das eine gegenüber dem anderen in der Folgezeit behauptete, ist noch kein adäquates Kriterium einer Wertung". Einer mit Friedländer 1912 vergleichbaren Tendenz folgt Brauneiser 1944. Die Autorin schildert eine "Entwicklungslinie der Landschaftsbeschreibung im Epos" (1944, 225): "Dem alten homerischen Epos ist die ἔκφρασις τόπου fremd. In der Ilias kommen Ortsbeschreibungen nur in knapper Form in die Handlung eingebaut vor. Die ursprüngliche Eigenart des Epos liegt im Erzählstil, im Vorwärtsschreiten der Handlung. Für ein verweilendes Beschreiben ist da kein Platz. In der jüngeren Odyssee dagegen gibt es einige ἐκφράσεις, die sich als Erzeugnisse einer späteren Stilform dartun und von ihrer Umgebung abheben".

18 De Jong/Nünlist 2004; Rijksbaron 2012, 356–357 zu Alkinoos' Palast in *Od.* 7; de Jong 2012c, 70–73 zur Ithakalandschaft in *Od.* 13; Allan 2019, 68–73 zu Kalypsos Insel in *Od.* 5 (aus der Perspektive der Kognitionswissenschaft).

19 Als Pionierwerk dieser Richtung ist Hellwig 1964 zu nennen. Nach Purves 2010 präfiguriert die *Odyssee*, deren Raumdarstellung aus der Perspektive eines Reisenden visualisiert und

Ebene in der *Ilias*[20] ist Clay unter Zuhilfenahme der kognitiven Annäherungsweise der Nachweis gelungen, dass durch die homerische Erzählung vor allem die Kampfszene in *Il.* 12–17 den Rezipienten nicht nur in zeitlichen, sondern auch in räumlichen Begriffen präsentiert wird.[21] Darüber hinaus ist es einigen rezenten Arbeiten gelungen, die narrative Funktion einzelner Raumdarstellungen bei Homer über die konventionellen Kategorien wie Schauplatz der Handlung und Charakterisierung der Figur hinaus unter Beweis zu stellen.[22]

Auf der Basis der oben genannten Trends fokussiert sich das vorliegende Buch auf die erzählerische Funktion des Raums in der *Odyssee*. Die heutige Homerforschung steht im Spannungsfeld von detaillierter Textanalyse und theoretischer Überlegung. Eine systematische Untersuchung des Raums bei Homer, welche genaue Betrachtung antiker Texte und scharfsinnige Anwendung raumbezogener Theorien kombiniert, ist trotz wichtiger Beiträge jüngsten Datums ein Desideratum der Homerforschung.[23] Die vorliegende Arbeit unternimmt die Aufgabe, diese Lücke für die *Odyssee* zu schließen.[24] Meine

---

dadurch der Darstellungsweise der *Ilias* gegenübergestellt wird, das Aufkommen einer neuen Gattung, nämlich der Prosa. Eines ihrer stärksten Argumente ist Teiresias' Prophezeiung über Odysseus' letzte Reise: "[T]he alien and unfamiliar world that Odysseus will walk into at the end of his life looks forward to both the end of epic's ideal and all-encompassing form and the future possibilities for the invention of prose". Vgl. Clay 2011, 12 Anm. 22 zu Purves 2010: "But if I understand her correctly, she argues for a radical break between what she calls the synoptic vision of the epic Muses and a linear or hodological concept, which she links to the emergence of prose. My study demonstrates that both panoramic and hodological modes of viewing are already operative in Homeric epic".

20 Vgl. Andersson 1976, 16–17: "We are not given a plan of Priam's palace or an understanding of its position in the city. We have no real perception of the distances on the plain between city and camp ... The greater part of the action takes place on the plain, and here too the reader is given only sparse and poorly visualized spatial indications".

21 Vgl. Clay 2011, 51: "In following the changing tide of battle, we will find that Homer's complex and dynamic vision is rendered in such a coherent and vivid fashion that we can mentally transport ourselves to the Trojan plain".

22 Byre 1994b zur Ithakalandschaft in *Od.* 13; Kullmann 1992 zur poetischen Funktion des Odysseus-Palasts. Gelegentlich wurde die Funktion des Raums in der Erzählung auch von Literaturtheoretikern genannt, aber eher im Sinne einer *ancilla narrationis*, wie Friedman 2005, 192–193 ausführt: "Space in narrative poetics is often present as the 'description' that interrupts the flow of temporality or as the 'setting' that functions as static background for the plot, or as the 'scene' in which the narrative events unfold in time". Die neuen Entwicklungen in der Kritik hat de Jong 2012b, 13–17 zusammengefasst.

23 Für die *Ilias* vgl. Clay 2011; Tsagalis 2012.

24 In der vorliegenden Studie wird die konkrete Darstellung des literarischen Raums in der *Odyssee* untersucht. Als solche distanziert sich meine Untersuchung von den schon seit der Antike bestehenden, die Odysseus' *nostos* im Mittelmeerraum nachzuzeichnen versuchen. Andererseits gehören die Reflexionen über den Raum im metaphorischen Sinne

These ist, dass die Raumdarstellung in der *Odyssee* die narrative Dynamik des Epos in vielfältiger Weise bereichert.[25]

Unter den raumbezogenen Konzepten in der Literaturwissenschaft, die im Kontext des *spatial turn* von Bedeutung sind, halte ich solche für besonders vielversprechend, die kein Paragon von Raum und Zeit bieten, sondern den Zusammenhang räumlicher und zeitlicher Dimension in der Literatur untermauern. Im Lichte des Lotman'schen Ansatzes, dass "der Ort der Handlung mehr ist als eine Beschreibung der Landschaft oder des dekorativen Hintergrunds",[26] wird Einsicht in den Symbolwert einzelner homerischer Raumbeschreibungen wie des *locus amoenus* der Kalypso-Insel gewonnen, dessen narrative Dynamik motivgeschichtlich herauszulesen ist.[27] Der von Bachtin vage verwendete Begriff *Chronotopos*, unter welchem er "den grundlegenden wechselseitigen Zusammenhang der in der Literatur künstlerisch erfaßten Zeit-und-Raum-Beziehungen" versteht,[28] ist von den Klassischen Philologen in dessen Wichtigkeit für die Deutung des Raums nicht gebührend gewürdigt worden.[29] In der vorliegenden Arbeit soll an mehreren Stellen gezeigt werden, dass der Bachtin'sche Ansatz für die literarische Interpretation der Homerischen Epen nicht zu unterschätzen ist.[30]

Literarische Interpretationen homerischer Raumdarstellung, die sich von den modernen Raumkonzepten inspirieren lassen, sollen jedoch dem oralen Charakter der Homerischen Epen gerecht werden. Die vorliegende Arbeit geht von zwei Positionen aus: Homers erfahrener Hörerschaft und der signifikanten Benutzung verbaler Wiederholungen. Jüngere Homerforschungen gehen

---

wie die von Genette 1969, 43–48 geprägte Notation 'la littérature dans ses rapports avec l'espace' nicht zum Gegenstand der vorliegenden Arbeit.

25 Krischer 1977, 82–84 kommt meiner Position nahe, der in aller Kürze gezeigt hat, dass die Raumdarstellungen in der *Odyssee* handlungsbezogen sind.

26 Lotman 1993 [1970], 329.

27 Literaturwissenschaftler wie Lopes 1995 und Kullmann 1995 haben durch Begriffe wie 'foregrounded description' und 'Naturmotivik' gezeigt, dass im modernen Roman die Beschreibung des Raums semantisch aufgeladen sein kann, dessen Bedeutung tief in die gesamte Erzählung eingeschrieben ist.

28 Bachtin 2008 [1975], 7–8. Zur Forschungsgeschichte dieser schwer definierbaren Begrifflichkeit siehe Friedman 2005 und Frank 2009.

29 Vgl. de Jong 2012b, 18: "Here, finally, the name of Bakhtin must fall, who, as the coiner of the concept of chronotope, cannot be absent from an introduction to space, though the practical value of his idea for the kind of narratological analysis undertaken in this volume is, to my mind, small".

30 Zusammenfassend haben Frank 2009 und Neumann 2015 die Bedeutung der Lotman'schen sowie Bachtin'schen Theorien im Kontext der räumlichen Wende dargestellt.

von einer erfahrenen Hörerschaft Homers aus,[31] aus deren Perspektive elaborierte Interpretationen geschehen. Wie Foley in mehreren Arbeiten gezeigt hat,[32] kann man die Theorie von Jauß, in der die Signifikanz der Lesererfahrung mit ähnlichen Texten für deren Verständnis des neuen Texts betont wird,[33] mit gewissen Modifikationen der Begrifflichkeit von 'Traditional Referentiality' auf mündlich tradierte Texte wie auf das homerische Epos fruchtbar übertragen.[34] In der vorliegenden Arbeit soll gezeigt werden, dass Raum in der epischen Tradition semantisch aufgeladen sein und symbolische Bedeutung haben kann, die in den Erwartungshorizont erfahrener Hörerschaft eingebettet ist. Die Symbolik der Raumdarstellung lässt sich sowohl durch den narrativen Kontext als auch durch die epischen Parallelstellen nachweisen.[35]

Zudem beschäftigt sich die vorliegende Arbeit mit Interpretationen, die bei verbalen Wiederholungen ansetzen. Verbale Wiederholungen dienen den Interpreten der hellenistischen oder augusteischen Dichtung zweifelsohne als ein Mittel, um poetische Effekte zu entdecken. Für die Homeristen begegnet die literarische Interpretation, die bei Wiederholungen ansetzt, stets einem methodischen *Caveat*: Auf der einen Seite sprechen viele Forscher aus dem deutschsprachigen Raum von "der dichterischen Verwendung der Wiederholungen" und gehen davon aus, dass Vergleiche von verbalen Wiederholungen zur Entdeckung des dichterischen Zwecks notwendig seien.[36] Auf der ande-

31 Siehe Kelly 2012, 4–5 mit weiterer Literatur: "[T]he starting point for any interaction with Homer must be the fact that his style evolved specifically in order to deal with, and react to, the presence of an informed audience at the moment of creation ... An Important factor in the process was the fact that Homer's audience was not composed of first-timers".

32 Foley 1990; 1991; 1999.

33 Jauß 1970, 173–174 definiert "Erwartungshorizont" der Rezipienten als ein "objektivierbares Bezugsystem der Erwartungen, das sich für jedes Werk im historischen Augenblick seines Erscheinens aus dem Vorverständnis der Gattung, aus der Form und Thematik zuvor bekannter Werke und aus dem Gegensatz von poetischer und praktischer Sprache ergibt".

34 Siehe vor allem Foley 1991, 7: "Traditional referentiality, then, entails the invoking of a context that is enormously larger and more echoic than the text or work itself, that brings the lifeblood of generations of poems and performances to the individual performance or text. Each element in the phraseology or narrative thematics stands not simply for that singular instance but for the plurality and multiformity that are beyond the reach of textualization". Vgl. Burgess 2006.

35 Antike Scholien, die in der vorliegenden Arbeit des Öfteren herangezogen werden, können die semantische Deutung des Raums untermauern. Seit der bahnbrechenden Arbeit von Griffin 1980 ist die Bedeutung der antiken Scholien für die literarische Interpretation des homerischen Epos von Kritikern zunehmend anerkannt. Einer semantischen Deutung des Raums, die in antiken Scholien in ähnlicher Formulierung belegt ist, wird größere Plausibilität der Interpretation zugeschrieben.

36 Schadewaldt 1966, 26; vgl. die von ihm aufgelisteten "Eigentümlichkeiten in der dichte-

ren Seite argumentieren die Oralisten, vor allem diejenigen, die aus dem harten Kern der Parry-Lord-Schule kommen, für die mechanische Benutzung der Formelsprache, die eine Interpretation aus verbalen Wiederholungen in Frage stellt.[37] Seit den letzten dreißig Jahren bemühen sich jedoch manche Oralisten darum, signifikante Merkmale aus der Formelsprache herauszulesen.[38] Neuerdings haben Burgess aus der Neoanalyse und Bakker aus der oralen Schule jeweils gezeigt,[39] dass verbale Wiederholungen, die auf einen bestimmten Kontext beschränkt sind, Signifikanz bei den Rezipienten aufgrund ihrer Vorkenntnis erzeugt haben könnten. Der von Bakker klar dargestellte Begriff 'Interformularity' erlaubt es uns, das oben geschilderte *Caveat* bei der Interpretation, die Wiederholungen miteinbezieht, zu überwinden.[40]

Vor dem Hintergrund der oben genannten Forschungsergebnisse sowie methodischen Überlegungen wird in den folgenden Kapiteln den vielfältigen Funktionen des Raums in der *Odyssee* nachgegangen werden. Es soll sich zeigen, dass die Raumdarstellungen in der *Odyssee* nicht nur symbolische, charakterisierende und psychologisierende Funktionen haben – so stehen sie mechanisch in der einschlägigen Forschungsliteratur –,[41] sondern dass diese vielmehr für die narrative Struktur der jeweiligen Kontexte, in die sie tief eingebettet sind, sowie für die Großthematik des Epos von nicht zu unterschätzender Bedeutung sind.

---

rischen Verwendung der Wiederholungen" (Schadewaldt 1966, 26–28). Dieses *Caveat* ist vielen deutschen Forschern wie z.B. Reinhardt 1961, 14–16 nicht unbekannt. Nach seiner Kritik der oralen Schule, der zufolge "es vergebliche Mühe" wäre, "nach dem Wesen der Wiederholungen überhaupt auch nur zu fragen" (15), gibt er Folgendes zu: "Ich kann dieses Buch nicht beginnen ohne zuvor darauf hinzuweisen, daß jene Auffassung darin nicht geteilt wird. Besteht sie zu recht, so wäre diesem Buche besser, daß es nie geschrieben worden wäre" (16).

37 Daraus resultiert, dass die Interpretation des homerischen Epos unter massiven methodologischen Einschränkungen leidet; siehe z.B. Clay 1983, 243: "The first generations of Parryists had essentially removed the possibility of interpretation from the Homeric poems. What was allowed to every other ancient author was ruled impermissible for Homer".

38 Als wichtige Vorläufer sind Nagler 1974, 1–63 und Austin 1975, 11–80 zu erwähnen.

39 Burgess 2012; Bakker 2013.

40 Bakker 2013, 159: 'Interformularity' "is based on the judgment of the performer/poet and the audience as to the degree of similarity between two contexts: the more specific a formula and/or the more restricted its distribution, the greater the possible awareness of its recurrence and of its potential for signaling meaningful repetition. In this way the scale of interformularity does not code what is for the modern reader or scholar – the scholar of Virgil or Apollonius of Rhodes – the *likelihood of allusion or quotation*, but what is for the epic poet and his audience *specificity of the similarity of scenes to each other*".

41 Nünning 2009; de Jong 2012b, 13–17; de Jong 2014, 122–129.

Ein *Outline* der folgenden Kapitel rundet die Einleitung ab. Kapitel 2 interpretiert Kalypsos Insel (5.58–77) als einen *locus amoenus*.[42] Die epische Tradition der erotisierten Wiese gibt der erfahrenen Hörerschaft das Signal, dass die Ogygia-Landschaft als ein perfekter Ort der Verführung zu verstehen sei. Die Freude des Hermes am *locus amoenus* tritt in einen scharfen Kontrast zu Odysseus' Desinteresse, der allein am Gestade sitzt und unter Tränen auf das Meer schaut. Die Beschreibung der Ogygia-Landschaft ist multi-funktional. Sie führt ein neues Setting in eine neue Episode des Epos ein und dient als Wesensspiegel ihrer Besitzerin, wie Interpreten bereits bemerkt haben. Darüber hinaus hat die Landschaft eine symbolische und eine thematische Funktion: Während die verführerische Wiese Kalypsos Gier symbolisiert, wird das Heimkehrmotiv durch das Gegenstück des *locus amoenus*, Odysseus' Gestade, zum Ausdruck gebracht. Somit nimmt der Schauplatz des trauernden Odysseus proleptisch seine Ablehnung von Kalypsos Angebot vorweg, die als dessen Lebenswahl – in Analogie zu Achills Lebenswahl in der *Ilias* – im Spannungsfeld von Heimkehr und Ruhm zu verstehen ist. Odysseus' Lebenswahl sowie die Raumsemantik des *locus amoenus* sollen durch einen Vergleich mit der Sirenen-Episode verdeutlicht werden.

Kapitel 3 behandelt die Beschreibung des Alkinoos-Palasts (7.84–132) mit zwei Zielsetzungen.[43] Zum einen wird der Präsensgebrauch (7.103–131) in der Beschreibung, der seit Friedländer von Kritikern als anstößig empfunden wurde, beleuchtet, indem die Evidenz in den Scholien sowie Rijksbarons Vorschlag aus narratologischer Perspektive herangezogen werden. Zum anderen wird argumentiert, dass die gesamte Beschreibung dadurch für die narrative Struktur des Epos von Bedeutung ist, dass sie vielfältige Verknüpfungspunkte zu anderen Stellen des Epos aufweist und dadurch eine thematische Funktion hat. Die gesamte Beschreibung des Palasts mit ihren thematischen Verbindungen lädt die Rezipienten dazu ein, das Epos in seiner 'spatialen Form' zu fassen.

Kapitel 4 beschäftigt sich mit der Ziegeninsel (9.116–141), deren Deskription sich auf das Potenzial der Insel konzentriert, ein guter Siedlungsort zu werden.[44] Während in den bisherigen Interpretationen die Insel entweder als Erweiterung des Kyklopenlandes (9.106–115) oder vor dem Hintergrund der Koloniebewegung der archaischen Zeit gedeutet wurde, wird in meiner Untersuchung illustriert, dass die Beschreibung der Ziegeninsel in ihrer Verknüpfung von Zeit und Raum, also als ein *Chronotopos*, zu interpretieren ist, wobei die

42 Vgl. Xian 2018a.
43 Vgl. Xian 2018b.
44 Vgl. Xian 2017b.

zeitliche Dimension der Insel stark in den Vordergrund gerückt wird. Die Ziegeninsel ist mit der Vergangenheit der Phaiaken und nicht zuletzt mit ihrer Schiffskunst in Beziehung zu setzen. Das Potenzial der Insel steht im scharfen Kontrast zum gut besiedelten Land der Phaiaken. Dieser Kontrast erzeugt bei den Rezipienten eine Spannung, die bereits über die Umsiedlungsgeschichte der Phaiaken informiert worden sind.

Kapitel 5 nimmt die Darstellungen der Ithakalandschaft in *Od.* 13 zum Thema.[45] Mit der Beschreibung des Erzählers (13.96–112) wechselt das Epos von der äußeren zur inneren Heimkehr des Odysseus. Unter der friedlichen Oberfläche dieser Stelle verspüren die Rezipienten Gefahren, da sie viele verbale Reminiszenzen an andere Episoden in Odysseus' Abenteuer, vor allem an die der Laistrygonen liefert. Athenes erste Beschreibung der Ithakalandschaft (13.237–249) ist in enkomiastischem Stil gehalten und wird als Reminiszenz an diejenige des Odysseus interpretiert, die er den Phaiaken vorgetragen hat. Die zweite (13.344–351) evoziert wörtlich die Version des Erzählers und verleiht dieser zusätzlich eine klare zeitliche Dimension, sodass die Vergangenheit des Helden miteinbezogen und die Landschaft so ein räumlich-zeitlicher Komplex wird. Schließlich soll demonstriert werden, dass die Ithakalandschaft in die tiefe Struktur des Epos verwurzelt ist: Odysseus' Verkennen von Ithaka steht mit dem noch nicht erkennenden Blick der Penelope auf ihren Gatten in engem Zusammenhang; die Analogie im Verhältnis zwischen Frau und Mann und Mann und Heimat ist im Schiffbrüchigen-Gleichnis (23.233–240) angelegt.

Im 6. Kapitel soll ein bisher kaum behandeltes Raummotiv in der *Odyssee* herausgestellt werden: das Motiv des geschlossenen Raums, welches mit der Erzeugung narrativer Spannung einhergeht.[46] Dieses Motiv wird in den Episoden der dreimal erzählten List des Hölzernen Pferdes, der Flucht aus Polyphems Höhle und der Freierschlacht in Odysseus' Halle thematisiert. Die Gegenüberstellung von geschlossenem und offenem Raum, die in den drei oben genannten Episoden unterstrichen wird, wird im Höhepunkt der Heimkehrhandlung, der Wiedervereinigung der Gatten, zur Überraschung umgekehrt: Vom Motiv des geschlossenen Raums handelt auch das Geheimnis von Odysseus' Schlafgemach, das als innerster Bereich seines Hauses offenbart wird.

Das letzte Kapitel fokussiert sich auf den Garten des Laertes. Es soll gezeigt werden, dass Laertes' Figur sowie dessen baumreicher Garten als feste Bestandteile des Epos fungieren. Während Odysseus mithilfe eines Baumkatalogs sei-

45 Vgl. Xian 2017a.
46 Vgl. Xian 2017c.

nen Vater von dessen Identität überzeugt, wird das Fortleben der Arkeisios-Linie durch die unveränderte Zahl der Bäume in Laertes' Garten verbildlicht. Schließlich wird der zeitlich-räumliche Zusammenhang des Laertes-Gartens aus der Perspektive der Erfahrung und Erinnerung der Charaktere hervorgehoben, eine Perspektive, die zu Vergleich mit der Darstellung des Schweinegehöfts des Eumaios im 14. Gesang einlädt.

KAPITEL 2

locus amoenus und sein Gegenstück in *Od.* 5

Das fünfte Buch der *Odyssee* beginnt mit einem neuen Tag (*Od.* 5.1–2). Nach der sogenannten zweiten Götterversammlung begibt sich Hermes zu Kalypso, um ihr den Götterbeschluss mitzuteilen: Sie solle Odysseus nicht mehr bei sich zurückhalten. Hermes erreicht seinen Zielort und trifft die Nymphe zu Hause an. Das Treffen findet aber nicht unmittelbar statt, vielmehr macht der Ankommende, wie es in Ankunftsszenen Konvention ist,[1] vor der Grotte Halt.[2] Bevor er in die Grotte hineingeht (εἰς εὐρὺ σπέος ἤλυθεν, 5.77), wird zuerst das Innere der Grotte (ἔνδοθι, 58; ἔνδον, 60) und danach die Umgebung um sie herum (σπέος ἀμφί, 63) aus seinem Blickwinkel geschildert.[3] Die Beschreibung der Grotte und ihrer Umgebung richtet sich nicht nur auf das Auge, sondern spricht vielmehr alle Sinne an:[4]

πῦρ μὲν ἐπ' ἐσχαρόφιν μέγα καίετο, τηλόσε δ' ὀδμὴ
60 κέδρου τ' εὐκεάτοιο θύου τ' ἀνὰ νῆσον ὀδώδει
δαιομένων· ἡ δ' ἔνδον ἀοιδιάουσ' ὀπὶ καλῇ
ἱστὸν ἐποιχομένη χρυσείῃ κερκίδ' ὕφαινεν.
ὕλη δὲ σπέος ἀμφὶ πεφύκει τηλεθόωσα,

---

1 Siehe Arend 1933, 28.

2 Baltes 1978, 13: "Dieses Innehalten schafft dem Ankömmling eine Atempause, für den Zuhörer ist es ein angenehmes Intermezzo vor Beginn der neuen Handlung. Gleichzeitig wird mit diesem Intermezzo der neue Schauplatz, das neue 'Bühnenbild' vorgestellt, die Umwelt, in der die folgende Handlung sich abspielt".

3 Siehe aber de Jong/Nünlist 2004, 75: "The description of Calypso's cave forms part of a 'visit' type-scene and hence in principle is focalized by the arriving character, Hermes. Indeed, his focalisation is explicitly noted at the end of the description (5.75–76) and also appears from the use of past tenses ... In fact, however, the actual description of the surroundings of the cave seems to surpass what can be seen by an observer who is located near the entrance of the cave"; weitere Literatur in de Jong/Nünlist 2004, 75 Anm. 22. Siehe bereits Schol. T *Il.* 10.524a1 *ex.*: τὸ θαῦμα τῶν θεωμένων τὸ δεινὸν ὑποφαίνει τῶν δεδραμένων, ὡς καὶ τὸ κάλλος τῶν οἴκων Καλυψοῦς διὰ τῆς Ἑρμοῦ ἐδήλωσε θέας ('Das Staunen der Anschauenden bringt zum Vorschein die Scheußlichkeit der Taten, wie er [der Dichter] die Schönheit der Häuser Kalypsos durch die Wahrnehmungen des Hermes zeigte'). Dazu siehe Nünlist 2009, 129. Den 'immersive' Charakter dieser Beschreibung hat Allan 2019, 68–73 aus der Perspektive der Kognitionswissenschaft demonstriert.

4 Harder 1960, 156: "fürs Auge der Glanz des Feuers, das reine Blinken laufenden Wassers; für die Ohren der Gesang der Herrin, das Geschwätz der Vögel; ferner der Geruch des Rauchs und der Bäume".

 | DOI:10.1163/9789004379473_003

κλήθρη τ' αἴγειρός τε καὶ εὐώδης κυπάρισσος.
65 ἔνθα δέ τ' ὄρνιθες τανυσίπτεροι εὐνάζοντο,
σκῶπές τ' ἴρηκές τε τανύγλωσσοί τε κορῶναι
εἰνάλιαι, τῇσίν τε θαλάσσια ἔργα μέμηλεν.
ἡ δ' αὐτοῦ τετάνυστο περὶ σπείους γλαφυροῖο
ἡμερὶς ἡβώωσα, τεθήλει δὲ σταφυλῇσι.
70 κρῆναι δ' ἑξείης πίσυρες ῥέον ὕδατι λευκῷ,
πλησίαι ἀλλήλων τετραμμέναι ἄλλυδις ἄλλη.
ἀμφὶ δὲ λειμῶνες μαλακοὶ ἴου ἠδὲ σελίνου
θήλεον.

Od. 5.59–73

Ein großes Feuer brannte auf dem Herde, und weithin über die Insel duftete der Duft von Zeder, gut spaltbarer, und Lebensbaum, die da brannten. Doch sie [Kalypso], mit schöner Stimme singend, schritt drinnen am Webstuhl auf und ab und wob mit einem goldenen Weberschiffchen. Und ein Wald wuchs um die Höhle, kräftig sprossend: Erle und Pappel und auch die wohlduftende Zypresse. Da nisteten flügelstreckende Vögel: Eulen und Habichte und langzüngige Krähen, Wasserkrähen, die auf die Erträgnisse des Meers aus sind. Und daselbst um die gewölbte Höhle streckte sich ein Weinstock, jugendkräftig, und hing voll von Trauben. Und Quellen flossen, vier in der Reihe, mit hellem Wasser, nah beieinander, und wandten sich, die eine hierhin, die andere dorthin. Und rings sproßten kräftig weiche Wiesen von Veilchen und Eppich.

Ausgerechnet Hermes, der Gott, der mit seinem Stab "die Augen der Männer bezaubert, von welchen er es will" (τῇ τ' ἀνδρῶν ὄμματα θέλγει, / ὧν ἐθέλει, 5.47–48), ist von der Schönheit der Insel Kalypsos geradezu verzaubert:

ἔνθα κ' ἔπειτα καὶ ἀθάνατός περ ἐπελθὼν
θηήσαιτο ἰδὼν καὶ τερφθείη φρεσὶν ᾗσιν.
ἔνθα στὰς θηεῖτο διάκτορος Ἀργεϊφόντης.
αὐτὰρ ἐπεὶ δὴ πάντα ἑῷ θηήσατο θυμῷ,
αὐτίκ' ἄρ' εἰς εὐρὺ σπέος ἤλυθεν.

Od. 5.73–77

Da mochte alsdann auch ein Unsterblicher, der daherkam, staunen, wenn er es sah, und sich ergötzen in seinen Sinnen. Da stand und staunte der Gleiter, der Argostöter. Doch als er nun alles bestaunt hatte in seinem Mute, ging er sogleich in die breite Höhle.

Die ungewöhnliche Ausdrucksweise "selbst ein Gott" (ἀθάνατός περ), die der Beschreibung des staunenden Hermes vorangeht, unterstreicht die bezaubernde Kraft der Natur, die den Menschen Freude bereitet.[5] In die Begegnungsszene zwischen dem Argostöter und der Nymphe (77–147) eingebettet, erscheint der eigentliche Protagonist des Epos, Odysseus, zum ersten Mal auf dem Schauplatz: Er sitzt am Gestade, schaut auf das Meer und weint unablässig (82–84).[6] Die Freude des Gottes Hermes an der Landschaft tritt in einen scharfen Kontrast zu Odysseus' Desinteresse an ihr.[7]

Während das kontrastreiche Verhalten der Charaktere Hermes und Odysseus in Bezug auf die Ogygia-Landschaft von den Forschern vielfach in den Blick genommen wurde, stellt sich zudem die Frage, wie die Beschreibung (5.59–73) an sich zu deuten ist. Unter den bisherigen Interpretationen wird diese schöne, idyllische Landschaft von den meisten Interpreten als Spiegel des Wesens ihrer Herrin Kalypso gedeutet.[8] Dabei ist die erotische Semantik der Wiese, die im Zentrum dieser Landschaft steht, bisher zu wenig gewürdigt worden.[9] Auf Basis von Jankos und Swifts Arbeiten soll die erotisierende Darstellung der Insel Kalypsos vor dem Hintergrund der epischen Verführungsszene beleuchtet werden (1.). Einige Gelehrte haben in der Ogygia-Landschaft

---

5 Siehe Latacz 1966, 204: "Die Art der Ausdrucksweise ('selbst ein Gott') zeigt, daß der Mensch zur Zeit der Odyssee für die Schönheiten auch der Natur in einem oft unterschätzten Maße zugänglich war".

6 Gegen den seit Aristarch unternommenen Versuch (auch Kirchhoff, von der Mühll usw.), *Od.* 5.84 als Interpolation zu tilgen, zeigt Baltes 1978, 15, dass "die Situationsschilderung des Odysseus" am Gestade (5.81–84; 151–158) das Gespräch von Hermes und Kalypso in ihrer Grotte "wie eine Klammer" umschließt: "Diese Rahmenfunktion wird hervorgehoben und unterstrichen durch die beiden wiederholten Verse (83 f. = 157 f.). Beide Beobachtungen sprechen dafür, Vers 84 im Text zu behalten, trotz des Asyndetons".

7 Siehe Hölscher 1988, 190: "Götterlust und Melancholie durchdringen einander, die Stimmung des Idylls ist nicht vollständig ohne das ergänzende Bild, das in die Szene eingeblendet wird"; vgl. bereits Schol. HP¹T *Od.* 5.75b: ἔνθα στὰς θηεῖτο] ἐπίτασις τῆς Ὀδυσσέως ἐγκρατείας, εἴ γε τὰ οὕτως ἐπαγωγὰ περιορᾷ. ἔοικε δὲ καὶ ὁ ποιητὴς ἐφ' ἑαυτῷ ἐπιφθέγξασθαι, ὡς τοιοῦτον ἀναπλάσας τῷ λόγῳ χωρίον ὥστε κρατεῖν καὶ θεῶν ὄψεως. δύο δὲ τρόποι ἐμφάσεως, ὁ μὲν διὰ τῆς καθ' ἕκαστον ἐπεξεργασίας, ὁ δὲ διὰ τοῦ συμπεράσματος. ('Eine zusätzliche Hervorhebung der Selbstbeherrschung des Odysseus, wenn er sogar über eine so verführerische Umgebung hinwegsieht. Der Dichter scheint auf sich selbst zu verweisen, dass er mit Wort eine solche Landschaft erdichtet hat, die den Blick der Götter beherrscht. Es gibt zwei Arten der *emphasis*: die eine durch die Details des Einzelnen, die andere durch die Schlussfolge'; vgl. Nünlist 2009, 206 Anm. 38). *Contra* Treu 1955, 111 zur Insel Kalypsos: "Ihre Beschreibung erhöht nicht die Spannung, bereitet nicht auf das Erscheinen einer Unbekannten vor".

8 Siehe Harder 1960; Austin 1975, 149–152; Baltes 1978, 13–14.

9 Vgl. Thesleff 1981, 37: "The 'Elysian' aspect of Ogygia has been noticed often enough, and the erotic aspect is obvious to any reader of the episode. The attitude of Odysseus is particularly interesting here". Siehe auch Segal 1969, 21 und Bremer 1975, 270.

elysische Züge gesehen.[10] Diese können zum Heimkehrmotiv des Odysseus in Beziehung gesetzt werden, das im sehnsüchtigen Verweilen des Laertes-Sohnes am Gestade zum Ausdruck kommt. Odysseus' Desinteresse am *locus amoenus* antizipiert seine Ablehnung von Kalypsos Angebot, die als seine Lebenswahl – in Analogie zu Achills Lebenswahl in der *Ilias* – im Spannungsfeld von Heimkehr und Ruhm zu verstehen ist (2.). Im Anschluss daran soll im letzten Abschnitt des Kapitels der *locus amoenus* in *Od.* 5 im Lichte der Sirenen-Episode beleuchtet werden. Es soll einerseits gezeigt werden, dass die verführerische Wiese der Ogygia-Landschaft in der *Odyssee* nicht ohne Parallele ist; ihre Signifikanz lässt sich durch die Wiese der Sirenen belegen. Andererseits soll der Vergleich unser Verständnis der Lebenswahl des Odysseus vertiefen: Der Leichenhaufen neben der blumenreichen Wiese der Sirenen lehrt ihn zur Genüge, welche Gefahr im *locus amoenus* besteht (3.).

1 *locus amoenus* als Landschaft der Verführung

Curtius hat in seiner klassisch gewordenen Studie gezeigt, dass der *locus amoenus* als symbolische Landschaft und als literarisches Motiv der antiken Literatur in der Spätantike und im Mittelalter aufgegriffen worden ist.[11] Während der lateinische Begriff *locus amoenus* auch ganz allgemein 'pleasant place' bedeuten kann, ist dieser im vorliegenden Kapitel im Zusammenhang der griechischen Literaturgeschichte als eine erotisierte Wiese zu verstehen.[12]

Diese symbolische Landschaft hat einige Standardelemente: Sie besteht aus einer Wiese, schattig, gut bewässert und fruchtbar. Sie nimmt eine Zwischenstelle zwischen der rauen Wildheit und dem kultivierten Land ein. Die Fruchtbarkeit der Wiese steht in einem ambivalenten Verhältnis zum Nichtvorhandensein von landwirtschaftlicher Tätigkeit: Sie ist zwar produktiv, aber nicht der Regulierung der Agrarkultur unterworfen. Die Semantik der Verführung in dieser Landschaft verkörpert gleichermaßen menschliche Fruchtbarkeit und Naturproduktivität. Swift hat deutlich gezeigt, wie diese Semantik des *locus*

10 Güntert 1919; Anderson 1958; Elliger 1975, 131–132; Crane 1988, 15–29.

11 Curtius 1948, 202 nennt folgende Elemente als Charakteristika des Motivs: "Sein Minimum an Ausstattung besteht aus einem Baum (oder mehreren Bäumen), einer Wiese und einer Quelle oder Bach. Hinzutreten können Vogelgesang und Blumen. Die reichste Ausführung fügt noch Windhauch hinzu".

12 Siehe Hinds 2002, 125: "At some point soon before or after Ovid, the ideal landscape pattern begins to attract a name: *locus amoenus* (pleasant place, pleasance)"; vgl. Schönbeck 1962; Thesleff 1981; Haß 1998.

amoenus inszeniert wird: “The meadow thus symbolizes sexuality without the regulation imposed by socialization: the perfect location for seduction. The meadow is virginal but it is not chaste; it represents virginity only in so far as it is about to be lost. The image of a young girl alone in a flowery meadow, therefore, becomes the archetypal way of beginning a story involving seduction”.[13]

Der *locus amoenus* ist ein Charakteristikum der Verführungsszene in der epischen Tradition. Neben der Formelsprache, die tief in die epische Komposition eingebunden ist, sind typische Szenen der signifikanteste Bestandteil der *oral poetry*.[14] Gelehrte haben bereits erkannt, Verführung “forms a type-scene in its own right, with a typical set of components and order in which these are presented”.[15] Die Varianten dieser typischen Szene, die sich auf ein narratives Grundmuster stützen, sind auf den jeweiligen Kontext zugeschnitten und dienen vor allem der Charakterisierung des betroffenen Paares und seiner Beziehung. Nach verschiedenen Kriterien, unter anderem der Geschlechterrolle oder der Götter-Menschen-Antithese, kann man einige Subkategorien der Verführungsszene näher bestimmen. Nicht zuletzt spielt der Raum eine entscheidende Rolle. Neuerdings unterscheidet Swift zwischen “meadow seductions” und “seductions within the home”.[16] So findet beispielsweise Ares’ und Aphrodites Affäre im Hause des abwesenden Hausherrn Hephaist (*Od.* 8.285–299) statt, während die ‘heilige Heirat’ von Zeus und Hera (*Il.* 14.346–351) “is consummated in a meadow, or, to put it more precisely, creates the meadow”.[17]

Auf dem Berg Ida wird Zeus gleich beim Anblick der Hera,[18] die ihn überlistet, vom ἔρως gepackt (ὡς δ’ ἴδεν, ὥς μιν ἔρως πυκινὰς φρένας ἀμφεκάλυψεν, *Il.* 14.294). Er vergleicht die von ihr erregte Begierde mit seinen früheren Liebesaf-

13 Swift 2009, 365–366.

14 Arend 1933; Fenik 1968; Edwards 1975; Edwards 1980; Louden 1999; Grethlein 2007; weitere Literatur in Grethlein 2007, 25 Anm. 3.

15 Swift 2015, 3; vgl. Forsyth 1979; Sowa 1984, 68–72; Janko 1992, 168–172.

16 Swift 2015, 4.

17 Bremer 1975, 269.

18 Zeus’ erotischer Blick bildet einen Kontrast, einerseits zu Heras verabscheuendem Blick auf Zeus vor ihrer Intrige (Ζῆνα δ’ ἐπ’ ἀκροτάτης κορυφῆς πολυπίδακος Ἴδης / ἥμενον *εἰσεῖδε*, στυγερὸς δέ οἱ ἔπλετο θυμῷ, *Il.* 14.157–158) und andererseits zu Zeus’ bedrohlichem Blick auf Hera nach seinem Erwachen (δεινὰ δ’ *ὑπόδρα ἰδὼν* Ἥρην πρὸς μῦθον ἔειπεν, *Il.* 15.13). Siehe Lovatt 2013, 56: “In the heroic past, it seems, conflict between Zeus and Hera was more grave, a threat to the cosmos; now their antagonism is fought out on the level of vision, concealment and threat”. Vgl. Εὐρώπην τὴν Φοίνικος Ζεὺς *θεασάμενος ἔν τινι λειμῶνι* (‘Zeus blickt Europa, die Tochter des Phoinix, an, als sie sich auf einer gewissen Wiese befindet’) in Schol. D *Il.* 12.397, wo das arglose Mädchen auf der Wiese Zeus’ erotischem Blick ausgesetzt ist.

fären in Form eines Katalogs (*Il.* 14.315–328).[19] Statt für das Ehegemach, das auf eine andere Subkategorie der Verführungsszene verweist,[20] entscheidet sich Zeus für die Gipfel des Ida (Ἴδης ἐν κορυφῇσι, *Il.* 14.332), um seine Begierde auszuleben.[21] Die Erde lässt am Ort des sexuellen Aktes frisch sprossendes Gras, Lotos, Krokos und Hyakinthos wachsen und die Umgebung taufeucht werden:

> Ἦ ῥα, καὶ ἀγκὰς ἔμαρπτε Κρόνου παῖς ἣν παράκοιτιν·
> τοῖσι δ' ὑπὸ χθὼν δῖα φύεν νεοθηλέα ποίην,
> λωτόν θ' ἑρσήεντα ἰδὲ κρόκον ἠδ' ὑάκινθον
> πυκνὸν καὶ μαλακόν, ὃς ἀπὸ χθονὸς ὑψόσ' ἔεργε.
> τῷ ἔνι λεξάσθην, ἐπὶ δὲ νεφέλην ἕσσαντο
> καλὴν χρυσείην· στιλπναὶ δ' ἀπέπιπτον ἕερσαι.
> *Il.* 14.346–351

> Sprach es, und mit den Armen packte der Sohn des Kronos seine Gattin. Und unter ihnen ließ wachsen die göttliche Erde frisch sprossendes Gras und Lotos, tauigen, und Krokos und Hyakinthos, dicht und weich, der sie von der Erde emporhob. Darauf lagerten sich beide und zogen über sich eine Wolke, eine schöne, goldene, und es fielen hernieder glänzende Tropfen Tau.

In der archaischen griechischen Literatur ist die erotisierte Landschaft ein geläufiges Motiv. Das berühmteste Beispiel findet sich in *H. Dem.*: Hades raubt

---

19 Zur Identifikation mit einem Katalog siehe Sammons 2010, 63–73 mit weiterer Literatur in 64 Anm. 14. Zur Strukturanalyse dieses Katalogs siehe Janko 1992, 201–202.

20 Vgl. Zeitlin 1996, 27–28. Das Ehegemach dient als Setting der Verführung zwischen Paris/Aphrodite und Helena in *Il.* 3.389–448. Die *Dios Apate* evoziert durch thematische Übereinstimmung und verbale Anklänge die Liebesszene von Paris und Helena in *Il.* 3; siehe Janko 1992, 201: "Zeus' solicitation is a hugely distended version of Paris' (3.438–446) – a dismissal of all else in favour of intercourse, because of the bourgeoning desire he feels. Paris recalls his first union with Helen; but the poet has already used this way to measure Zeus' libido (295f.), and lets the god merely allude to it at the climax of his list of past amours (327), which replaces Paris' recollection as the centre of the speech"; vgl. Forsyth 1979, 13.

21 De Jong 2014, 141–142 interpretiert in ihrem Kommentar zu *H. Aph.* 53–57 den Berg Ida als ein signifikantes, erotisches Setting in epischer Tradition: "Anchises' introduction also presents us with a first indication of the setting of the upcoming narrative: the mountainside of Ida. This setting belongs to the material of erotic encounter of Aphrodite and Anchises (cf. *Il.* 2.281; *Hes. Th.* 1010) but also recalls that of Zeus' seduction by Hera in *Iliad* 14.166–15.77, a passage which very likely served as an intertext for the hymnic poet of the *Hymn to Aphrodite*".

Persephone, als sie mit anderen Mädchen auf einer Wiese spielt. Die Beschreibung der Wiese zeigt deutlich Charakteristika des *locus amoenus* auf: Die zarte Wiese blüht mit verschiedenen Blumen – Krokussen, Veilchen, Hyazinthen, Rosen, mit Iris und auch mit Narzisse (*ἄνθεά τ' αἰνυμένην ῥόδα καὶ κρόκον ἠδ' ἴα καλὰ / λειμῶν' ἂμ μαλακὸν καὶ ἀγαλλίδας ἠδ' ὑάκινθον / νάρκισσόν θ', H. Dem.* 6–8).[22] Das sorglose Spiel der Mädchen, Blumen zu pflücken, das "often girls on the verge of marriage" impliziert,[23] tritt in einen scharfen Kontrast zur Narzisse, einer List der Gaia (δόλον, 8), die die Entführung des Hades in die Wege leitet.[24]

Der *locus amoenus* findet auch häufig Verwendung in der iambischen und lyrischen Gattung der archaischen Literatur. Sappho Fr. 2 V, kombiniert mit anderen erotischen *common places*, beschreibt das Heiligtum Aphrodites im *topos* des *locus amoenus*: Es gibt eine Wiese mit Blumen (ἐν δὲ λείμων, 9; ἄνθεσιν, 10); es fließt kühles Wasser (ἐν δ' ὔδωρ ψῦχρον, 5) und der ganze Ort liegt im Schatten von Rosen (βρόδοισι δὲ παῖς ὁ χῶρος / ἐσκίαστ', 6–7). Der fragmentarische Zustand lässt über die literarische Funktion des *locus amoenus* in Sappho Fr. 2 V zwar wenig sagen; doch die Bildsprache des *locus amoenus* passt im Allgemeinen besonders gut zu dem erotischen Lied Sapphos (vgl. Demetrios *De eloc.* 132: νυμφαῖοι, κῆποι, ὑμέναιοι, ἔρωτες, ὅλη ἡ Σαπφοῦς ποίησις).

Ein weiteres Beispiel zeigt Ibykos Fr. 286 *PMGF*. Dieses Lied spielt mit dem *topos* des *locus amoenus*, um erotische Erfahrungen des Erzählers zu unterstreichen. Der Erzähler stellt seine eigene erotische Erfahrung (ἐμοὶ δ' ἔρος, 6) der Bildsprache des *locus amoenus* (Παρθένων / κῆπος ἀκήρατος, 3–4) gegenüber: Mit der guten Bewässerung (ἀρδόμεναι ῥοᾶν / ἐκ ποταμῶν, 2–3) sowie der Fruchtbarkeit (οἰνανθίδες, 4; οἰναρέοις θαλέθοισιν, 6) des Gartens kontrastierend, symbolisieren das Feuer und der Nordwind (ὑπὸ στεροπᾶς φλέγων / Θρηίκιος Βορέας, 8–9) einen anderen Stil der Liebeserfahrung: "Here the audience's knowledge of the erotic nature of the *locus amoenus* enables them to realize that what is being described is two opposed aspects of *eros*".[25] Der *locus amoenus* ist insofern ein Mittel der archaischen Dichtung, mit welchem aufgrund der Vorkenntnis der Rezipienten über das erotische Motiv ausgeklügelte Effekte erzeugt werden können.[26]

---

22 Vgl. Heirman 2012, 99: "In epic poetry meadows (λειμῶνες) are typically uncultivated pieces of grass and flowers where animals reside. Occasionally epic meadows are depicted as symbolic-erotic spaces where young and innocent girls find themselves, sometimes picking flowers, before being abducted by men. The best known example of this 'meadow of love' motif is the abduction of Persephone by Hades".

23 Foley 1994, 33.

24 Zum Kontext siehe auch Richardson 1974, 44–45.

25 Swift 2009, 367.

26 Für andere Beispiele der erotisierten Wiese im frühgriechischen Epos siehe auch Hes. *Th.*

Es ist unschwer zu erkennen, dass Kalypsos Insel nahezu alle Standardelemente des *locus amoenus* besitzt:[27]

ὕλη δὲ σπέος ἀμφὶ πεφύκει τηλεθόωσα,
κλήθρη τ' αἴγειρός τε καὶ εὐώδης κυπάρισσος.
65 ἔνθα δέ τ' ὄρνιθες τανυσίπτεροι εὐνάζοντο,
σκῶπές τ' ἴρηκές τε τανύγλωσσοί τε κορῶναι
εἰνάλιαι, τῇσίν τε θαλάσσια ἔργα μέμηλεν.
ἡ δ' αὐτοῦ τετάνυστο περὶ σπείους γλαφυροῖο
ἡμερὶς ἡβώωσα, τεθήλει δὲ σταφυλῇσι.
70 κρῆναι δ' ἑξείης πίσυρες ῥέον ὕδατι λευκῷ,
πλησίαι ἀλλήλων τετραμμέναι ἄλλυδις ἄλλη.
ἀμφὶ δὲ λειμῶνες μαλακοὶ ἴου ἠδὲ σελίνου
θήλεον.

Od. 5.63–73

Und ein Wald wuchs um die Höhle, kräftig sprossend: Erle und Pappel und auch die wohlduftende Zypresse. Da nisteten flügelstreckende Vögel: Eulen und Habichte und langzüngige Krähen, Wasserkrähen, die auf die Erträgnisse des Meers aus sind. Und daselbst um die gewölbte Höhle streckte sich ein Weinstock, jugendkräftig, und hing voll von Trauben. Und Quellen flossen, vier in der Reihe, mit hellem Wasser, nah beieinander, und wandten sich, die eine hierhin, die andere dorthin. Und rings sproßten kräftig weiche Wiesen von Veilchen und Eppich.

278–279 (τῇ δὲ μιῇ παρελέξατο Κυανοχαίτης / *ἐν μαλακῷ λειμῶνι* καὶ ἄνθεσιν εἰαρινοῖσι) und *Il.* 16.150–151 (τοὺς ἔτεκε Ζεφύρῳ ἀνέμῳ Ἅρπυια Ποδάργη / βοσκομένη *λειμῶνι* παρὰ ῥόον Ὠκεανοῖο). Obwohl der Raum kaum in archaischen bzw. klassischen Vasenbildern dargestellt wird (vgl. Hölscher 2003, 165), könnte jedoch die Darstellung der Blumen auf Vasenbildern in erotischen Szenen den frühen Rezipienten dazu helfen, die Beschreibung der weichen Wiese mit Blumen in epischer Performanz als Signal verführerischer Landschaft zu verstehen. Ich denke z.B. an die Blumen, die auf dem Kelchkrater in Wien im Kontext der erotischen Verfolgungsszene von Poseidon und Amymone geschildert sind, wobei eine Eros-Figur neben den Blumen sitzt. Zur Raumdarstellung dieses Bilds siehe Dietrich 2010, 264–265; zur erotischen Verfolgungsszene auf den Vasen im Allgemeinen siehe Sourvinou-Inwood 1987.

27 Vgl. die Kommentierung von Hainsworth 1988, 26 zu *Od.* 5.63–74: "Calypso's island. The poet describes the Greek notion of an idyllic spot, cf. Pl. *Phdr.* 230 b-c – shade, water, and an exotic medley of luxuriant vegetation; only the view is missing".

Die Ogygia-Landschaft ist blühend (ὕλη … τηλεθόωσα, 5.63), gut bewässert (κρῆναι δ' ἑξείης πίσυρες ῥέον ὕδατι λευκῷ, 5.70) und fruchtbar (ἡμερὶς ἡβώωσα, τεθήλει δὲ σταφυλῇσι, 5.69); die Beschreibung der Insel endet mit einer zarten Wiese voller Blumen: ἀμφὶ δὲ *λειμῶνες μαλακοὶ* ἴου ἠδὲ σελίνου / θήλεον (5.72–73). Interpreten wie Harder, Austin und Baltes haben darin eine charakterisierende Funktion des Raums gesehen, nämlich dass die Beschreibung der Landschaft den Charakter der Herrin Kalypso widerspiegelt.[28] Ohne diese Funktion der Ogygia-Landschaft verleugnen zu wollen, scheint mir ein wichtiger Aspekt von den oben genannten Interpreten übersehen worden zu sein: die erotische Semantik der Landschaft.[29] Zusammen mit der Erschaffung der Wiese in der Liebesszene in *Il.* 14.346–351 steht die raffinierte Beschreibung der Insel Kapysos in der *Odyssee* am Anfang der Tradition des *locus amoenus*, die in späterer Zeit häufig wiederaufgegriffen wurde.[30]

Diese Interpretation wird durch die Dichotomie zwischen dem Innenraum, der Grotte Kalypsos, und dem Außenraum, der Landschaft der Insel, verstärkt. Die Grotte ist der eigentliche Ort, an dem Kalypso Odysseus festhält und ihn zum Geschlechtsverkehr zwingt.[31] Im Proömium erfahren wir, dass die Nymphe Odysseus in ihrer Grotte zurückhält, begehrend, dass er ihr Gatte sei (νύμφη πότνι' ἔρυκε Καλυψώ, δῖα θεάων, / ἐν σπέεσι γλαφυροῖσι, λιλαιομένη πόσιν εἶναι, 1.14–15). Dasselbe wird fast wörtlich in Odysseus' Einleitung seiner Apologe wiederholt (9.29–30). Der Grotte der Nymphe wird die Insel draußen gegenübergestellt, wo Odysseus sitzt und weint. Dieses Bild finden wir zuerst, als Menelaos Proteus' Bericht wiedergibt: Dieser hat nämlich Odysseus auf der Insel gesehen, während er die quellenden Tränen vergießt, und in den Hallen der Nymphe, die ihn mit Zwang festhält (τὸν δ' ἴδον *ἐν νήσῳ θαλερὸν κατὰ δάκρυ χέοντα*, / νύμφης *ἐν μεγάροισι* Καλυψοῦς, ἥ μιν ἀνάγκῃ / ἴσχει, 4.556–558). Athenes Rede in der zweiten Götterversammlung bestätigt dies (5.13–15).

Diese Gegenüberstellung der Schauplätze der *Odyssee* korrespondiert mit dem Fokuswechsel der Raumbeschreibung vom *zoom in* (dem Innenraum der

28 Harder 1960, 156; Austin 1975, 150. Siehe besonders Baltes 1978, 13: "Die Umwelt ist ihrerseits ein Spiegel der in ihr lebenden Personen, sie sagt Wesentliches über diese Personen aus, charakterisiert sie im Bild".

29 Vgl. Segal 1969, 21 und vor allem Bremer 1975, 270: "Calypso, who has offered her loveliness to Odysseus because she really loves him, is in the centre of the setting of vegetable luxuriance".

30 Zu Theorie und Geschichte dieses literarischen Motivs in der antiken Literatur siehe Schönbeck 1962; Haß 1998.

31 Es ist wichtig "to note the not infrequent depiction of caves in Greek literature as places of sexual intercourse, usually involving divinity" (Schibli 1990, 22–23 Anm. 21 mit Belegstellen; vgl. *Od.* 1.73 ἐν σπέεσι γλαφυροῖσι Ποσειδάωνι μιγεῖσα).

Grotte, 5.59–62) zum *zoom out* (dem Außenraum der Insellandschaft, 5.63–73).[32] Das Innere der Grotte und die darin befindliche Nymphe (ἔνδοθι, 58; ἔνδον, 61) werden zuerst beschrieben:

> πῦρ μὲν ἐπ' ἐσχαρόφιν μέγα καίετο, τηλόσε δ' ὀδμὴ
> κέδρου τ' εὐκεάτοιο θύου τ' ἀνὰ νῆσον ὀδώδει
> δαιομένων· ἡ δ' ἔνδον ἀοιδιάουσ' ὀπὶ καλῇ
> ἱστὸν ἐποιχομένη χρυσείῃ κερκίδ' ὕφαινεν.
> *Od.* 5.59–62

> Ein großes Feuer brannte auf dem Herde, und weithin über die Insel duftete der Duft von Zeder, gut spaltbarer, und Lebensbaum, die da brannten. Doch sie [Kalypso], mit schöner Stimme singend, schritt drinnen am Webstuhl auf und ab und wob mit einem goldenen Weberschiffchen.

Hermes trifft Odysseus nicht im Inneren der Grotte; denn er sitzt am Gestade und weint, dort wie immer am Tag (οὐδ' ἄρ' Ὀδυσσῆα μεγαλήτορα *ἔνδον* ἔτετμεν, / ἀλλ' ὅ γ' ἐπ' ἀκτῆς κλαῖε καθήμενος, *ἔνθα πάρος περ*, / δάκρυσι καὶ στοναχῇσι καὶ ἄλγεσι θυμὸν ἐρέχθων, 5.81–83). Nachdem Hermes seinen Auftrag erledigt und Ogygia wieder verlassen hat, geht Kalypso zu Odysseus; sie findet ihn, wie er am Gestade sitzt. Die Dichotomie seines Lebens auf Ogygia von Tag und Nacht und von Drinnen und Draußen wird aus Kalypsos Perspektive geschildert:[33]

> ἡ δ' ἐπ' Ὀδυσσῆα μεγαλήτορα πότνια νύμφη
> 150 ἤϊ', ἐπεὶ δὴ Ζηνὸς ἐπέκλυεν ἀγγελιάων.
> τὸν δ' ἄρ' ἐπ' ἀκτῆς εὗρε καθήμενον· οὐδέ ποτ' ὄσσε
> δακρυόφιν τέρσοντο, κατείβετο δὲ γλυκὺς *αἰὼν*
> νόστον *ὀδυρομένῳ*, ἐπεὶ οὐκέτι ἥνδανε νύμφη.
> ἀλλ' ἦ τοι νύκτας μὲν ἰαύεσκεν καὶ ἀνάγκῃ
> 155 *ἐν σπέεσι γλαφυροῖσι παρ' οὐκ ἐθέλων ἐθελούσῃ*·
> ἤματα δ' ἂμ πέτρῃσι καὶ ἠϊόνεσσι καθίζων

---

32 Vgl. de Jong/Nünlist 2004, 75: "Rather, the narrator describes what a visitor like Hermes might see should he walk through Calypso's entire estate, moving from the cave to the outer fields". Zur *zoom in*-Technik bei Homer siehe de Jong 2012b, 25–27.

33 Zum Kontext dieser Episode siehe de Jong 2001, 133: "In order to arrive at such a complete portrayal, the narrator intrudes upon Calypso's embedded focalization (shifter: 'she found') and gives information which exceeds the scene she is actually watching, an instance of paralepsis: his night-time occupations and his feelings in the past; note the iterative tenses (ἰαύεσκεν, δερκέσκετο)".

δάκρυσι καὶ στοναχῇσι καὶ ἄλγεσι θυμὸν ἐρέχθων
πόντον ἐπ' ἀτρύγετον δερκέσκετο δάκρυα λείβων.
Od. 5.149–158

Doch sie ging zu Odysseus, dem großherzigen, die Herrin, die Nymphe, als sie die Botschaften des Zeus vernommen hatte. Den fand sie am Gestade sitzend, und niemals wurden ihm die beiden Augen von Tränen trocken, und es verrann sein süßes Leben, während er um die Heimkehr jammerte. Denn ihm gefiel die Nymphe nicht mehr, sondern wahrhaftig, er ruhte die Nächte nur gezwungen in den gewölbten Höhlen, ohne Wollen bei ihr, der Wollenden. Die Tage aber saß er auf den Steinen und an dem Strande, mit Tränen und Seufzern und Schmerzen sein Herz zerreißend, und blickte auf das unfruchtbare Meer, Tränen vergießend.

Odysseus' Bild am Gestade ist bereits als unheroisch gedeutet worden. Parry bemerkt, dass sein Weinen am Gestade (*δάκρυσι καὶ στοναχῇσι καὶ ἄλγεσι* θυμὸν ἐρέχθων, *Od.* 5.83) als Inversion der Reihen der ausgerüsteten Helden (*ἀσπίσι καὶ κορύθεσσι καὶ ἔγχεσι* πεφρικυῖαι, *Il.* 7.62) in demselben metrischen Rhythmus besonders anti-heroisch klingt.[34] Odysseus weint auf Ogygia in seiner Hoffnungslosigkeit, den *nostos* nicht erreichen zu können (νόστον ὀδυρομένῳ, *Od.* 5.153).[35] Vernant hat dieses Weinen am Gestade explizit mit Penelopes Weinen aus Sehnsucht nach ihrem Gatten in Zusammenhang gebracht,[36] ein Weinen, das nach Föllinger aus der Verzweiflung resultiert.[37] Verbale Wiederholungen können weiterhelfen, um diesen Zusammenhang zu verdeutlichen.

In *Od.* 18 wünscht sich Penelope angesichts ihrer unerfüllten Sehnsucht nach ihrem Gatten den Tod: "Damit ich nicht mehr jammernd im Gemüt mein Leben zugrunde richte, in Sehnsucht nach meines Gatten vielfacher Tugend,

34 Parry 1957, 25: "Landscape defines him, as it does Philoctetes in Sophocles' play, both affirmatively and negatively".

35 Siehe Monsacré 1984, 144–145: "Si Ulysse pleure souvent, il ne le fait pas d'une manière identique dans tous les cas. Prisonnier de Calypso, il passe ses journées à pleurer, à l'écart, sur son retour impossible".

36 Vernant 1982, 17: "Sur la rive de cette île où n'aurait qu'un mot à dire pour devenir immortel, assis sur un rocher, face à la mer, Ulysse tout le jour se lamente et sanglote ... à l'autre pôle du couple, Pénélope, de son côté, consume son aiôn en pleurant par regret d'Ulysse disparu".

37 Föllinger 2006, 184: "In der *Odyssee* ist die Verzweiflung der Penelope, die sich mit ihrer Sehnsucht nach Odysseus verbindet, ein Leitmotiv ... Aber auch bei Odysseus vermischt sich Sehnsucht mit Verzweiflung, als er bei Kalypso, die ihn nicht fortlässt, ausharren muss".

denn überragend war er unter den Achaiern" (ἵνα μηκέτ' *ὀδυρομένη* κατὰ θυμὸν / *αἰῶνα φθινύθω*, πόσιος ποθέουσα φίλοιο / παντοίην ἀρετήν, ἐπεὶ ἔξοχος ἦεν Ἀχαιῶν, 18.203–205).[38] Die Kombination von ὀδυρομένη und αἰῶνα φθινύθω (18.203–204) lässt sich auch in Odysseus' Bild bei *Od.* 5.152–153 (κατείβετο δὲ γλυκὺς *αἰὼν* / νόστον *ὀδυρομένῳ*) beobachten und findet sich nochmals wenige Zeilen danach in Kalypsos Vorwurf an Odysseus:

> κάμμορε, μή μοι ἔτ' ἐνθάδ' *ὀδύρεο*, μηδέ τοι *αἰὼν*
> *φθινέτω*·
>
> *Od.* 5.160–161
>
> Unseliger! Jammere mir nicht mehr hier, und es soll das Leben dir nicht hinschwinden!

Der eingeschränkte Kontext und die deutliche Anspielung auf die vorherige Stelle verweisen auf die Signifikanz dieser verbalen Wiederholungen, die von den frühen Rezipienten ebenfalls erkannt worden sein könnten. Diese Evozierung wird durch eine weitere Stelle verstärkt:

> ὣς τὸ μὲν ἐξετέλεσσα καὶ *οὐκ ἐθέλουσ', ὑπ' ἀνάγκης*·
> νῦν δ' οὔτ' ἐκφυγέειν δύναμαι γάμον οὔτε τιν' ἄλλην
> μῆτιν ἔθ' εὑρίσκω·
>
> *Od.* 19.156–158, Penelope zum Bettler Odysseus
>
> So habe ich dieses [das Gewebe] denn vollendet, und ob ich es auch nicht wollte, unter Zwang. Jetzt aber kann ich der Vermählung nicht entgehen, noch finde ich irgendeinen anderen Rat mehr.

Die Phrase *οὐκ ἐθέλουσ', ὑπ' ἀνάγκης* (19.156)[39] kann m. E. mit dem Bild des Odysseus auf Ogygia in Zusammenhang gebracht werden. Sowohl Odysseus gegenüber Kalypso als auch Penelope gegenüber den Freiern sind unwillig (οὐκ ἐθέλων / οὐκ ἐθέλουσ') und gezwungen (*ἀνάγκῃ* / ὑπ' *ἀνάγκης*), die Vermählung zu akzeptieren (vgl. οὔτ' ἐκφυγέειν δύναμαι γάμον, 19.157).[40]

---

38 Siehe bereits Ameis/Hentze 1910, 157; Steiner 2010, 189; Turkeltaub 2014, 115.

39 Vgl. Rutherford 1992, 155: "The tautology emphasises her distressed reluctance".

40 An dieser Stelle kann die Beziehung zwischen Kalypso und Odysseus auch als Inversion des Liebesverhältnisses zwischen Aigisth und Klytaimnestra gelesen werden. Das willige Paar Aigisth-Klytaimnestra (τὴν δ' ἐθέλων ἐθέλουσαν, 3.272) steht in scharfem Kontrast zu dem unwilligen Odysseus, der gezwungen ist, bei der willigen Kalypso zu liegen (παρ'

Während der Fokus der Raumbeschreibung von dem Inneren der Grotte zur Landschaft draußen wechselt, führt die Erzählung uns mit der Bewegung des Odysseus, der zuerst am Gestade sitzt und weint, wieder in die Grotte der Nymphe zurück:

> ὣς ἄρα φωνήσασ' ἡγήσατο δῖα θεάων
> καρπαλίμως· ὁ δ' ἔπειτα μετ' ἴχνια βαῖνε θεοῖο.
> ἷξον δὲ *σπεῖος γλαφυρὸν* θεὸς ἠδὲ καὶ ἀνήρ·
> καί ῥ' ὁ μὲν ἔνθα καθέζετ' ἐπὶ θρόνου, ἔνθεν ἀνέστη
> Ἑρμείας, νύμφη δ' ἐτίθει πάρα πᾶσαν ἐδωδήν,
> ἔσθειν καὶ πίνειν, οἷα βροτοὶ ἄνδρες ἔδουσιν·
> αὐτὴ δ' ἀντίον ἷζεν Ὀδυσσῆος θείοιο,
> τῇ δὲ παρ' ἀμβροσίην δμῳαὶ καὶ νέκταρ ἔθηκαν.
> *Od.* 5.192–199
>
> Als sie so gesprochen hatte, ging sie voran, die hehre unter den Göttinnen, eilig, er aber folgte alsbald den Spuren der Göttin. Und sie kamen zu der gewölbten Höhle, die Göttin und auch der Mann. Und er setzte sich dort auf den Lehnstuhl, von dem Hermes aufgestanden war, und die Nymphe stellte allerlei Speise hin zu essen und zu trinken, derlei die sterblichen Männer essen, und setzte sich selbst dem göttlichen Odysseus gegenüber. Ihr aber stellten Mägde Ambrosia und Nektar hin.

Das Problematische in Kalypsos Beziehung zu Odysseus wird reflektiert. Sie ist eine Göttin, während Odysseus ein Sterblicher ist (θεὸς ἠδὲ καὶ ἀνήρ, 194), wie es in Kalypsos Katalog der in die sterblichen Männer verliebten Göttinnen (5.121–128) mit besonderem Augenmerk auf die Geschlechterrolle thematisiert wird.[41]

οὐκ ἐθέλων ἐθελούσῃ, 5.155; vgl. Vogel-Ehrensperger 2012, 13 mit Anm. 129). Klytaimnestra hat zuerst (πρὶν μέν) die Anträge Aigisths zurückgewiesen (ἀναίνετο ἔργον ἀεικές, 3.265), ist aber seiner Verführung erlegen, während Odysseus die Lust an Kalypso allmählich verliert (ἐπεὶ οὐκέτι ἥνδανε νύμφη, 5.153), was seine einstige Willigkeit in der Beziehung impliziert. Zwei weitere Kontraste untermauern das Aigisth-Klytaimnestra-Paradigma als Kontrastfolie der Kalypso-Odysseus-Episode: In Bezug auf die Geschlechterrolle wird das Gezwungensein (ἀνάγκῃ, 5.154) des Odysseus dem aktiven Führen (ἀνήγαγεν, 3.272) Aigisths gegenübergestellt; während Aigisth Hermes' Mahnrede (1.37–39) nicht annimmt, gibt Kalypso trotz ihrer Klage (5.118) dem Beschluss der Götter nach.

41 Zur Interpretation dieses Katalogs siehe besonders Harder 1960, 158; Baltes 1978, 22; West 1997, 411–412; Sammons 2010, 38–57; Louden 2011, 128–131. Nach Kalypso missgönnen die Götter den Göttinnen es, wenn sie bei sterblichen Männern liegen und diese zu ihren Männern machen (οἵ τε θεαῖσ' ἀγάασθε παρ' ἀνδράσιν εὐνάζεσθαι / ἀμφαδίην, ἤν τίς τε φίλον ποιήσετ' ἀκοίτην, 5.119–120). In Kalypsos Katalog dienen mythische Parallelen als Folie, um

Der Erzähler problematisiert zunächst den Unterschied in der Speise (οἷα βροτοὶ ἄνδρες ἔδουσιν, 197; τῇ δὲ παρ' ἀμβροσίην δμῳαὶ καὶ νέκταρ ἔθηκαν, 199).[42] Im letzten Gespräch der Nymphe mit dem Dulder Odysseus wird die Sterblichkeit der Menschen im Gegensatz zu den unsterblichen und alterslosen Göttern herausgestrichen (ἡ [Penelope] μὲν γὰρ *βροτός* ἐστι, σὺ δ' *ἀθάνατος καὶ ἀγήρως*, 218; vgl. ἐνθάδε κ' αὖθι μένων σὺν ἐμοὶ τόδε δῶμα φυλάσσοις / *ἀθάνατός* τ' εἴης, 208–209).[43] Als die Nacht kommt, erfreuen sie sich im Inneren der Grotte an der Liebe:

> ὣς ἔφατ', ἠέλιος δ' ἄρ' ἔδυ καὶ ἐπὶ κνέφας ἦλθεν·
> ἐλθόντες δ' ἄρα τώ γε *μυχῷ* σπείους γλαφυροῖο
> τερπέσθην φιλότητι, *παρ' ἀλλήλοισι μένοντες*.
>
> *Od.* 5.225–227

So sprach er, und die Sonne ging unter und das Dunkel kam herauf. Und sie gingen beide ins Innere der gewölbten Höhle und erfreuten sich an der Liebe, beieinander weilend.

---

die jetzige Situation der Nymphe zu beleuchten: "So zürnt ihr jetzt auch mir, ihr Götter, bei einem Sterblichen zu liegen" (ὣς δ' αὖ νῦν μοι ἄγασθε, θεοί, βροτὸν ἄνδρα παρεῖναι, 5.129). βροτὸν ἄνδρα παρεῖναι greift einerseits die von Hermes mitgeteilte Zeus-Rede – "es sei bei dir ein Mann, der jammervollste vor den anderen Männern" (φησί τοι ἄνδρα παρεῖναι ὀϊζυρώτατον ἄλλων, / τῶν ἀνδρῶν, 5.105–106) – auf, unterstreicht aber als Reminiszenz des Ausdrucks παρ' ἀνδράσιν εὐνάζεσθαι (5.120) die geschlechtliche Spannung andererseits. Insgesamt dient der Katalog zur Manifestation zweier Hauptthemen in der Kalypso-Odysseus-Beziehung: die umgekehrte Geschlechterrolle und die Spannung zwischen Göttin und sterblichem, alterndem Menschen. Auf beide Themen wird aller Wahrscheinlichkeit nach bereits am Anfang von *Od.* 5 angespielt (Ἠὼς δ' ἐκ λεχέων παρ' ἀγαυοῦ Τιθωνοῖο / ὤρνυθ', ἵν' ἀθανάτοισι φόως φέροι ἠδὲ βροτοῖσιν, 5.1–2; vgl. bereits de Jong 2001, 124). Die Formelphrase ἦμος δ' ἠριγένεια φάνη ῥοδοδάκτυλος Ἠώς kommt nach Lohmann 2001, 285 in der *Odyssee* "nicht weniger als 20 mal" vor; die sogenannte Tithonos-Variante ist von dieser Stelle abgesehen nur noch in *Il.* 11.1–2 belegt. Die seltene Verwendung dieser Variante spricht m.E. für die Vermutung von Lohmann 2001, 289: "Gab es für den Dichter einen sachlichen Anlaß, die übliche Formel durch diese Variante zu ersetzen? … Und ich vermute, daß das Paar Tithonos-Eos nach dem Willen des Dichters in einer engen Beziehung zu dem Inhalt der Kalypsoepisode verstanden werden soll. Mit dem 'verlassenen Lager des Tithonos' erhält der Hörer oder Leser ein Stichwort, das ihm einen bekannten mythischen Zusammenhang vor Augen stellt: Eos, die Göttin des Morgenlichts, wünschte als Hochzeitsgeschenk von Zeus die Unsterblichkeit für Tithonos, vergaß aber, die ewige Jugend für den Geliebten dazu zu erbitten". Siehe auch Pucci 1987, 21 Anm. 10; Louden 1999, 116; Louden 2011, 129–130; Schein 2002, 87; *contra* Sammons 2010, 50–52.

42 Dazu siehe Clay 1983, 139–148 und Kitts 1994, 134–142.

43 Zu diesem Motiv vgl. Clay 1981; West 2007, 128.

Das willige Nebeneinanderliegen bildet einen auffälligen Kontrast zu Odysseus' Unwillen (ἐν σπέεσι γλαφυροῖσι παρ' οὐκ ἐθέλων ἐθελούσῃ, 5.155). Odysseus trennt sich in Frieden von der göttlichen Kalypso. Am nächsten Tag (5.228) bietet die Ogygia-Landschaft, deren Beschreibung (5.237–243) als Reminiszenz des *locus amoenus* (5.63–73) dient, dem Laertes-Sohn Rohmaterial für den Floßbau (5.233–262). Kalypso zeigt (δεῖξ', 5.241) ihm, wo die großen Bäume wachsen, und geht weg. Während die verführerische Landschaft aus Hermes' Blickwinkel wahrgenommen wird (5.59–73), wird sie am Ende der Episode durch die vorangehende Kalypso (ἦρχε, 5.237) fokalisiert (5.237–240), deren Begierde die Beschreibung des *locus amoenus* symbolisiert.[44] Mit dem Floßbau wird die Heimkehr des Laertes-Sohnes nach dem siebenjährigen Aufenthalt auf der Insel Kalypsos fortgesetzt.

2 Helden am Gestade

Es ist längst bemerkt worden, dass die Ogygia-Landschaft elysische Züge aufweist.[45] Auf älteren Forschungen aufbauend, hat Crane Ogygia als "an Ambiguous Paradise", "a conventional setting" in der epischen und mythologischen Tradition interpretiert: Wie viele andere Helden des trojanischen Kriegs – Memnon, Achill, Diomedes, Menelaos usw. – zu einer seligen Insel gelangen, sollte Ogygia, "[a]n island paradise on the edge of the world" mit "a beautiful goddess and the chance for immortality", und nicht Ithaka, "the conventional goal for a hero such as Odysseus" sein.[46]

Solch eine Hypothese entfernt sich m.E. zu weit vom Text; gleichwohl ist der Vergleich des Schicksals der Helden höchst interessant. Im Folgenden soll gezeigt werden, dass das Bild des Odysseus am Gestade in *Od.* 5 zu dem des Achill, der in der *Ilias* ebenfalls am Strand sitzt und weint, in Beziehung zu setzen ist. Diese These ist bereits in einem Scholium erwähnt, Schol. bT *Il.* 1.350c *ex.*:

> ὁρόων ἐπὶ οἴνοπα πόντον: ἱκανὴ παραμυθία τοῖς ἐπὶ ξένης λυπουμένοις εἰς τὴν θάλασσαν ἀφορᾶν, δι' ἧς τῶν πατρίδων εἴργονται. καὶ Ὀδυσσεὺς "πόντον ἐπ' ἀτρύγετον δερκέσκετο" (ε 84).

---

44 Sowohl das Plusquamperfekt (πεφύκει) als auch der Optativ (πλώοιεν) verweisen auf die Fokalisation Kalypsos; siehe Kühner/Gerth 1904, 548 und de Jong 2001, 137.

45 Siehe bereits Güntert 1919; Anderson 1958; Elliger 1975, 131–132.

46 Crane 1988, 15; zur seligen Insel mit ihrer Vielfalt von Variationen in der mythologischen Tradition bleibt Rohde 1921, 68–110 die klassische Studie.

Auf das weinfarbige Meer schauend: Ein geeigneter Trost für diejenigen, die Heimweh haben, ist es, auf das Meer hinzusehen, durch welches sie von den Vaterländern getrennt werden. Auch Odysseus "auf das Meer, das unfruchtbare, blickte" (*Od.* 5.84).

Die Partie *Il.* 1.348–350 beschreibt Achill am Gestade, nachdem Briseis von den Gesandten des Agamemnon weggeführt worden ist:

> ἡ δ' ἀέκουσ' ἅμα τοῖσι γυνὴ κίεν· αὐτὰρ Ἀχιλλεὺς
> δακρύσας ἑτάρων ἄφαρ ἕζετο νόσφι λιασθείς,
> θῖν' ἔφ' ἁλὸς πολιῆς, ὁρόων ἐπὶ οἴνοπα πόντον·

Und widerwillig ging die Frau mit ihnen. Aber Achill setzte sich weinend alsbald, abseits von den Gefährten, an den Strand der grauen Salzflut und blickte auf das weinfarbige Meer.

Die Übereinstimmungen zwischen beiden Szenen lassen sich leicht veranschaulichen: Odysseus sitzt allein am Gestade (ὅ γ' ἐπ' ἀκτῆς … καθήμενος, *Od.* 5.82), Achill ebenfalls allein am Strand (ἕζετο … / θῖν' ἔφ' ἁλὸς πολιῆς, *Il.* 1.349–350), fern von seinen Gefährten (ἑτάρων ἄφαρ ἕζετο νόσφι λιασθείς, *Il.* 1.349); beide Helden weinen (δακρύσας, *Il.* 1.349, δάκρυ χέων, 1.357, δάκρυ χέοντος, 1.360; κλαῖε, *Od.* 5.82, δάκρυσι καὶ στοναχῇσι, 5.83, δάκρυα λείβων, 5.84) und schauen auf das Meer (ὁρόων ἐπὶ οἴνοπα πόντον, *Il.* 1.350; πόντον ἐπ' ἀτρύγετον δερκέσκετο, *Od.* 5.84). Die Interpretation der Raumfunktion des Gestades in *Il.* 1.348–350 ist in der älteren Forschung von der Tendenz zur Psychologisierung geprägt.[47] So hat Kirk zu *Il.* 1.350 folgendermaßen kommentiert: "The grey salt sea (…), the repetition inherent in ἁλὸς und πόντον, Akhilleus' gazing over the sea, the shore itself (…), all intensify the pathos of events and develop the loneliness and despair of the preceding verse; compare Odysseus on Kalupso's shore at *Od.* 5.82–84".[48] Diese Vorliebe zur Psychologisierung kommt bei den Philologen am deutlichsten dadurch zum Ausdruck, dass einige Editoren und Kommentatoren sich bei *Il.* 1.350 für die nur von Aristarch bezeugte Lesart ἐπ' ἀπείρονα πόντον entschieden haben, obwohl Handschriften und Scholien eindeutig für ἐπὶ οἴνοπα πόντον

47 Unter anderem hat Lesky 1947, 186 vorgeschlagen, das Meeresgestade mit der Einsamkeit des Charakters in Zusammenhang zu bringen, der sich verletzt oder unsicher fühlt. Vgl. Elliger 1975, 66; de Jong 2012b, 36.

48 Kirk 1985a, 88–89.

sprechen. Pucci führt diese 'philologische Wahl' auf unsere moderne Empfindung zurück: "The reason for this preference lies of course in our modern sensitivity, which appreciates that nature be described here in a sort of spiritual consonance, with the boundless grief of Achilles".[49]

Doch während sich Achills Blick ausschließlich auf das Ereignis in *Il.* 1 bezieht, stellt die iterative Form δερκέσκετο den Blick des Odysseus als habituelle und jeden Tag vollzogene Handlung dar.[50] Das Meer als Heimweg (Schol. bT *Il.* 1.350c *ex.*), auf das Achill schaut, spiegelt *eine* Alternative für seine Lebenswahl. Diesen Gedanken hat er vorher schon einmal im Zorn auf Agamemnon, der ihn bedroht und entehrt hatte, explizit geäußert, eine *spatial misdirection*:[51]

> *νῦν δ' εἶμι Φθίηνδ', ἐπεὶ ἦ πολὺ φέρτερόν ἐστιν*
> *οἴκαδ' ἴμεν σὺν νηυσὶ κορωνίσιν, οὐδέ σ' ὀΐω*
> ἐνθάδ' ἄτιμος ἐὼν ἄφενος καὶ πλοῦτον ἀφύξειν.
> *Il.* 1.169–171

> Nun aber gehe ich nach Phthia, da es wahrhaftig viel besser ist, heimzukehren mit den geschweiften Schiffen, und nicht denke ich, dir hier, ohne Ehre, Besitz und Reichtum aufzuhäufen!

Verba videndi in Kombination mit ἐπὶ οἴνοπα πόντον sind bei Homer nur an zwei Stellen belegt (ὁρόων ἐπὶ οἴνοπα πόντον, *Il.* 1.350; ἰδὼν ἐπὶ οἴνοπα πόντον, *Il.* 23.143).[52] In beiden Fällen beziehen sie sich auf Achill und zwar auf denselben Schauplatz. Genau wie in Schol. bT *Il.* 1.350c. bei der Kommentierung zu ὁρόων ἐπὶ οἴνοπα πόντον wird die Phrase ἰδὼν ἐπὶ οἴνοπα πόντον in Schol. bT *Il.* 23.143b *ex.* explizit auf Achills Heimweg bezogen:

---

49 Pucci 1998, 200; vgl. bereits Leafs 1900, 29 Kritik zu Ameis 1896 ad loc.: "ἐπὶ οἴνοπα: so MSS.; Ar. ἐπ' ἀπείρονα, perhaps on the ground that οἴνοπα is inconsistent with πολιῆς ... Ameis thinks that 'infinite' sea intensifies the feeling of despair and desolation – a German rather than a Greek idea".

50 Vgl. Snell 1955, 13–14.

51 Zum Begriff siehe Tsagalis 2012, 177: "Spatial misdirection can be defined as an anticipated change of location, temporarily or for a longer period of time, which a single individual or group of people make explicit but never carry out". Zur *misdirection* bei Homer im Allgemeinen siehe Nesselrath 1992, 5–38; Morrison 1992; Grethlein 2006, 257–259.

52 Zur Semantik von "ὁράω / εἶδον + ἐπί + Akk. 'auf etw. blicken'" siehe Kölligan 2007, 265.

> ἰδὼν ἐπὶ οἴνοπα πόντον: ὡς ἐπὶ τὴν πατρίδα καὶ τὸν Σπερχειὸν ἀποβλέψας.
>
> Auf das weinfarbige Meer schauend: wie auf das Vaterland und den Spercheios hinblickend.

In *Il.* 23 hat Achill nach der getroffenen Lebenswahl zwischen unvergänglichem Ruhm und seiner Heimkehr Rache an Hektor genommen. Er ist sich hier seiner verloren gegangenen Heimkehr sehr bewusst (νῦν δ' ἐπεὶ οὐ νέομαί γε φίλην ἐς πατρίδα γαῖαν, *Il.* 23.151).[53] In *Il.* 1.350 hingegen impliziert das Meer, auf das er schaut, die Heimkehr als Alternative.

Dieser Befund macht es plausibel, dass das Gestade, an dem Achill allein auf das Meer schaut, bereits von den frühen Rezipienten als Schauplatz, wo er den Gedanken der Heimkehr fasst, verstanden worden sein könnte. Das Gestade dient ebenfalls als Schauplatz der Lebenswahl des Odysseus. Wie Harbach zu Recht argumentiert hat, steht die bereits von den antiken Homerauslegern hervorgehobene Lebenswahl des Odysseus zwischen Kalypso und Penelope in einem größeren Kontext.[54] Seine Wahl ist die Wahl zwischen dem ewigen Leben (vgl. Kalypso zu Odysseus ἐνθάδε κ' αὖθι μένων σὺν ἐμοὶ τόδε δῶμα φυλάσσοις / ἀθάνατός τ' εἴης, *Od.* 5.208–209) und der Heimkehr, einer Rückkehr aus der Märchenwelt in die Menschenwelt, in der Odysseus Ruhm erlangen kann, welcher durch das Medium des Epos gesichert wird.[55]

Die kontrastreiche Beschreibung des *locus amoenus* (*Od.* 5.59–73) und der Figur des Helden am Gestade (*Od.* 5.82–84; 151–158) stehen *proleptisch* am Anfang der Kalypso-Episode; weitere Handlungen dieser Episode, vor allem Odysseus' Ablehnung von Kalypsos Angebot, sind bereits durch diesen Kontrast vorweggenommen.[56] Dadurch, dass man den Achill am Strand in der *Ilias*

---

53 Die von νῦν δ' eingeleitete Überzeugung hier (*Il.* 23.151) kontrastiert mit der "spatial misdirection" in *Il.* 1.169–171, die ebenfalls von νῦν δ' eingeleitet ist (νῦν δ' εἶμι Φθίην δ', ἐπεὶ ἦ πολὺ φέρτερόν ἐστιν, *Il.* 1.169).

54 Harbach 2010, 22–26. Zur Wahl zwischen Penelope und Kalypso siehe besonders Harder 1960, 162: "Odysseus wählt Penelope (...). Die Ehe mit Kalypso wäre eine paradiesische Einsamkeit zu zweit. Stattdessen verharrt Odysseus bei dem[,] was er hat und ist, und wählt es nochmals neu: seine eigene Ehe, die Heimat und Herrschaft und die volle, schicksalgegebene Menschenexistenz in sich enthält. Unsterblich will ihn die Nymphe machen: dieser Grieche aber weist es von sich, Gott zu sein, und wählt das Menschsein, mit seinen Leiden und seinen Schranken".

55 Siehe Segal 1994, 85–109 und Schlesier 2006. Vgl. *Od.* 1.241 νῦν δέ μιν ἀκλειῶς Ἅρπυιαι ἀνηρέψαντο (Telemach zu Athene Mentor über den vermissten Odysseus).

56 Vgl. Segal 1994, 15: "Yet Homer presents Odysseus on Ogygia at the moment when he is fully ready for his return, when all his thoughts are dominated by it. The goddess who 'hides' (Kalypso-*kaluptei*) can no longer hide the hero from the human world to which his

und den Odysseus am Gestade in *Od.* 5 vor dem Hintergrund der Lebenswahl vergleicht, wird der Nachweis erbracht, in welchem Ausmaß die Beschreibung des Raums mit der großen Thematik des Epos einhergeht.[57]

3 Die Sirenen-Wiese als Doublette zur Ogygia-Landschaft[58]

Der *locus amoenus* in *Od.* 5.59–73 als Ort der Verführung ist nicht ohne Parallele in der *Odyssee*. In diesem Abschnitt soll mit besonderem Augenmerk auf die Semantik des Raums gezeigt werden, dass Odysseus die Gefahr des *locus amoenus* bereits in seiner Begegnung mit den Sirenen kennengelernt hat.

Die Insel der Sirenen (νῆσον Σειρήνοιϊν, 12.167) und ihre Wiese (ἐν λειμῶνι, 12.45; λειμῶν' ἀνθεμόεντα, 12.159) werden in den Apologen erwähnt. Peponi hat in der Wiese der Sirenen eine Mischung von *locus amoenus* und *locus horridus* ("noteworthy combination of horror and idyllic landscape") gesehen und sie als Reminiszenz anderer *Odyssee*-Episoden interpretiert.[59] Diese Mischung

inextinguishable mortal nature draws him (...). The visit to Hades marks an acceptance of mortality in general and in Teiresias' prophecy, a specific acceptance of his own death from which Odysseus can no longer turn away".

57 Der räumliche sowie damit verbundene semantische Kontrast zwischen dem *locus amoenus* und dem Gestade des epischen Helden ist mit Lotmans Theorie der semantischen Gliederung des Raums im Text zu vergleichen. Wie Frank 2009, 67 ausführt, wird in Lotmans Frühwerk auf die Möglichkeit der Grenzüberschreitung der Figur hingedeutet: "Während die Grenze zwischen beiden Bereichen grundsätzlich unüberwindbar ist, erhält mindestens eine Figur die Möglichkeit, sie dennoch zu überschreiten: Odysseus, Aeneas und Dante steigen – um beim Beispiel des Epos zu bleiben – als Figuren aus der Welt der Lebenden in die Welt der Toten hinab. Es ist diese Grenzüberschreitung, die für Lotman ein Ereignis (als kleinstes Element der Plot-Struktur) konstituiert. Charaktere, die innerhalb des ihnen zugewiesenen semantischen Feldes verweilen, gehen gleichsam in dem Raum auf und werden Teil der Kulisse".

58 Unter einer narrativen Doublette verstehe ich mit Sammons 2013, 532–533: "The term 'narrative doublet' seems convenient to indicate more specifically the repetition of a particular narrative sequence – not, I emphasize, a repeated narrative of the same events, but rather the construction of two different episodes mirror each other, each including the same basic events but often featuring a different set of characters, along with any number of variations or expansions both great and small".

59 Siehe Peponi 2012, 77: "[A]lthough their 'flowery meadow' ... represents an early version of a *locus amoenus*, the bordering pile of rotting human flesh and bones (12.45–46) refers vividly to a *locus horridus*, more reminiscent of the cave of the Cyclops (albeit even the bones of his victims get devoured: *Od.* 9.292)"; übrigens liest Peponi 2012, 80 die Sirenen-Episode im Ganzen als eine Zwischenwelt: "In conclusion, the Odyssean Sirens are located on the cusp between gods and mortals, idyll and horror, monody and choral song, epic and lyric".

lässt sich mit der verführerischen Wiese auf Ogygia verbinden. Nach Kirkes Beschreibung sitzen auch die Sirenen singend auf einer Wiese:

Σειρῆνας μὲν πρῶτον ἀφίξεαι, αἵ ῥά τε πάντας
40 ἀνθρώπους θέλγουσιν, ὅτίς σφεας εἰσαφίκηται.
ὅς τις ἀϊδρείῃ πελάσῃ καὶ φθόγγον ἀκούσῃ
Σειρήνων, τῷ δ' οὔ τι γυνὴ καὶ νήπια τέκνα
οἴκαδε νοστήσαντι παρίσταται οὐδὲ γάνυνται,
ἀλλά τε Σειρῆνες λιγυρῇ θέλγουσιν ἀοιδῇ,
45 *ἥμεναι ἐν λειμῶνι·* πολὺς δ' ἀμφ' ὀστεόφιν θὶς
ἀνδρῶν πυθομένων, περὶ δὲ ῥινοὶ μινύθουσιν.
Od. 12.39–46

Zuerst wirst du zu den Sirenen gelangen, die alle Menschen bezaubern, wer auch zu ihnen hingelangt. Wer sich in seinem Unverstand ihnen nähert und den Laut der Sirenen hört, dem treten nicht Frau und unmündige Kinder entgegen, wenn er nach Hause kehrt, und freuen sich seiner, sondern die Sirenen bezaubern ihn mit ihrem hellen Gesang, auf einer Wiese sitzend, und um sie her ist von Knochen ein großer Haufen, von Männern, die verfaulen, und es schrumpfen rings an ihnen die Häute.

In Kirkes Beschreibung ist die Wiese der Sitz der (beiden) Sirenen,[60] auf dem sie mit ihrem hellen Gesang Menschen bezaubern (ἀλλά τε Σειρῆνες *λιγυρῇ* θέλγουσιν *ἀοιδῇ*, / *ἥμεναι ἐν λειμῶνι*, 12.44–45).[61] Überraschenderweise wird die

60 Kirke nennt später "die Stimme beider Sirenen" (ὄπ' ἀκούσῃς Σειρήνοιϊν, 12.52); vgl. ἵνα νωϊτέρην ὄπ' ἀκούσῃς *Od.* 12.185 (die Sirenen zu Odysseus) und νῆσον Σειρήνοιϊν *Od.* 12.167 (Odysseus zu Phaiaken). Zur Zahl der Sirenen in frühgriechischen Dichtungen siehe jetzt Bowie 2011, 57–58.

61 Reinhardt 1960, 61 interpretiert die Wiese als eine räumliche Erfindung des *Odyssee*-Dichters: "Auch die Landschaft hat sich in der Odyssee gewandelt. Bei den Vasenmalern singen die Sirenen nicht auf einer einladenden 'Wiese', sondern auf hoch aufragenden Klippen, und die Überlieferung, nach Timaios, stimmt auch damit überein. Dazu kommt bei den Vasenmalern offenbar die Vorstellung von einer Enge, wie die zwischen Skylla und Charybdis". Vgl. Pollard 1965, 137–145; Segal 1994, 101 mit Anm. 38; Peponi 2012, 77 mit Anm. 17. Nach Dietrich 2010, 170 kann man sich nicht sicher sein, was für ein Raumverhältnis auf den Vasenbildern der Sirenen geschildert ist, weil die Darstellung einerseits technisch bedingt ist und andererseits andere Schwerpunkte hat, als den Raum genau auszumalen: "Die Tatsache, dass die Sirenen auf zwei Felsen zu beiden Seiten des Schiffes sitzen, bedeutet nicht, dass es hier zwei Sireneninseln gäbe, zwischen denen das Schiff hindurchführe, und von denen jeweils ein Felsvorsprung ins Bild hineinragen würde. Vielmehr sind die Felsen, so wie sie in anderen Fällen an der 'Decke' des 'Bildfeldkastens'

Wiese in Odysseus' Wiedergabe an seine Gefährten nicht als Sitzplatz der Sirenen dargestellt, sondern mit der Stimme der Sirenen verbunden: Beide seien zu vermeiden:

> Σειρήνων μὲν πρῶτον ἀνώγει θεσπεσιάων
> φθόγγον ἀλεύασθαι καὶ λειμῶν' ἀνθεμόεντα.
> *Od.* 12.158–159

> Zuerst befahl sie, die Stimme der Sirenen, der göttlich Redenden, und die blumige Wiese zu vermeiden.

Dieses Nebeneinander deutet darauf hin, dass dieselbe Versuchung im Gesang ebenfalls in der Symbolik der Wiese zu finden ist. Sowohl die Stimme der Sirenen als auch ihre blumenreiche Wiese[62] entfalten eine verführerische Wirkung, der man entfliehen muss (12.159). Diese Kombination von bezaubernder Stimme und verführerischer Landschaft ist nicht ohne Parallele in der *Odyssee*. Neben Kalypsos bezaubernden Worten (αἰεὶ δὲ μαλακοῖσι καὶ αἱμυλίοισι λόγοισι / θέλγει, 1.56–57) und ihrer schön singenden Stimme (ἡ δ' ἔνδον ἀοιδιάουσ' ὀπὶ καλῇ, 5.61), durch welche die Nymphe versucht, Odysseus seine Heimat Ithaka vergessen zu lassen, steht die Ogygia-Landschaft als ein Ort der Verführung, wie ich im vorliegenden Kapitel gezeigt habe. Zudem stehen Sex und Gesang im kohärenten Verhältnis zueinander im Begriff der *thelxis*, wie Clay formuliert: "Body- and mind-altering substances, sexual seduction, and the magical charm of song are linked in Homer by the notion of *thelxis*, enchantment. The power to numb the mind, to cause forgetfulness of self, is, of course, profoundly ambiguous, both pleasurable and dangerous. For every healing drug, there is a lethal one; the delights of sex may be life-affirming, or they may entail disastrous consequences; and the Sirens' version of the *Iliad* offers not *kleos*, but death".[63]

---

verankert sein können, hier an den seitlichen Begrenzungsbänden verankert und um das zentrale Motiv des Schiffes angeordnet, ohne dass damit eine Aussage über das räumliche Verhältnis von Schiff und Sireneninsel verbunden wäre".

62 'Blumenreich' (ἀνθεμόεντα) könnte konventionell für die Insel der Sirenen sein. Nach Schol. Ap. Rhod. 4.892 zu καλὴν Ἀνθεμόεσσαν ist Apollonios Hesiod darin gefolgt, die Insel der Sirenen als "blumenreich" zu bezeichnen: ἠκολούθησεν Ἡσιόδῳ οὕτως ὀνομάζοντι τὴν νῆσον τῶν Σειρήνων· 'νῆσον ἐς Ἀνθεμόεσσαν, ἵνα σφίσι δῶκε Κρονίων' (Hes. Fr. 27 M-W). Bowie 2011, 51 schlägt vor, in λειμῶν' ἀνθεμόεντα *Od.* 12.159 einen Hinweis auf den mythologischen Hintergrund der Sirenen zu sehen, der in Alkman Fr. 1 *PMGF* beim Chor der παρθένοι widergespiegelt wird.

63 Clay 1994a, 40.

Während die Sirenen Odysseus sagen, dass "keiner hier mit dem schwarzen Schiff vorbeigerudert, / ehe er nicht die Stimme gehört, die honigtönende ... / sondern er ergötzt heimkehrt und an Wissen reicher (*ἀλλ' ὅ γε τερψάμενος νεῖται καὶ πλείονα εἰδώς*)" (12.186–188), schildert Kirke ihm ein grausames Bild: Um die Sirenen, die auf der Wiese sitzen und mit hellem Gesang Zauber üben, ist ein großer Haufen von Knochen verfaulender Männer, deren Haut ums Gebein einschrumpft (12.44–46). Dieser Haufen erzählt uns eine andere Geschichte über das Schicksal derer, die den Gesang der Sirenen vernommen haben.[64] Der von den Sirenen versprochene Wissensvorsprung (πλείονα εἰδώς, 12.188)[65] wird durch die Erinnerung an Kirkes Beschreibung widerlegt: Ein Mann zeige seinen Unverstand, der sich den Sirenen nähert und den Laut der Sirenen hört (ὅς τις *ἀϊδρείῃ πελάσῃ καὶ φθόγγον ἀκούσῃ* / Σειρήνων, 12.41–42). Man merke, dass εἰδώς (12.188) und ἀϊδρείῃ (12.41) dieselbe verbale Wurzel haben und einen scharfen Kontrast bilden.

Der Leichenhaufen neben der blumenreichen Wiese dient Odysseus als hinreichendes Beispiel dafür, welche große Gefahr im *locus amoenus* besteht. Trotz seiner anfänglichen Einwilligung in der Beziehung mit Kalypso (vgl. ἐπεὶ οὐκέτι ἥνδανε νύμφη, 5.153), bewahrt die Lektion, die er bei den Sirenen gelernt hat, ihn letztendlich davor, den Verführungen der Nymphe und deren Landschaft nachzugeben.[66] Die sich ähnelnden Landschaften bilden somit gemeinsam mit der in ihnen enthaltenen Semantik ein wiederkehrendes Motiv epischer Erzählung, das nicht zuletzt in Achills und Odysseus' einsamem Verweilen am Strand präfiguriert ist.

64 Heubeck 1989, 120 hat darauf hingewiesen, dass *Od.* 12.46 eine Ähnlichkeit mit *Od.* 1.161 aufweist. Die Reminiszenz an *Od.* 1.159–162 erzeugt hierbei Spannung: Wie Odysseus ohne das Intervenieren des Hermes Kirkes Zauberkraft nicht hätte überwinden können, wäre er ohne deren Anweisung dem bezaubernden Gesang der Sirenen zum Opfer gefallen.

65 Zu dieser Phrase und ihrer Evokation siehe Pucci 1998, 2–3.

66 Vgl. Rutherford 1986, der argumentiert, dass Odysseus durch seinen *nostos* mehrfach Morallektüre gelernt hat, und für eine Charakterentwicklung des Odysseus plädiert; siehe vor allem Rutherford 1986, 160: "In the course of the poem ... Odysseus acquires greater severity and self-control, and wins a deeper understanding of human feelings and motives, perhaps even of the wider condition of man".

KAPITEL 3

Die Beschreibung des Alkinoos-Palasts und die 'spatiale Form' des Epos

Es ist längst bekannt, dass in der *Odyssee* der Erzähler die Ankunftsszene nutzt, um Landschaften sowie Wohnorte auszumalen, wenn sich ein Besucher nähert.[1] So wird der Palast des Alkinoos in elaborierter Weise geschildert, als Odysseus seinen Zielort erreicht (αὐτὰρ Ὀδυσσεὺς / Ἀλκινόου πρὸς δώματ' ἴε κλυτά, *Od.* 7.81–82):[2]

ὥς τε γὰρ ἠελίου αἴγλη πέλεν ἠὲ σελήνης
85 δῶμα καθ' ὑψερεφὲς μεγαλήτορος Ἀλκινόοιο.
χάλκεοι μὲν γὰρ τοῖχοι ἐληλέδατ' ἔνθα καὶ ἔνθα,
ἐς μυχὸν ἐξ οὐδοῦ, περὶ δὲ θριγκὸς κυάνοιο·
χρύσειαι δὲ θύραι πυκινὸν δόμον ἐντὸς ἔεργον·
ἀργύρεοι δὲ σταθμοὶ ἐν χαλκέῳ ἕστασαν οὐδῷ,
90 ἀργύρεον δ' ἐφ' ὑπερθύριον, χρυσέη δὲ κορώνη.
χρύσειοι δ' ἑκάτερθε καὶ ἀργύρεοι κύνες ἦσαν,
οὓς Ἥφαιστος ἔτευξεν ἰδυίῃσι πραπίδεσσι
δῶμα φυλασσέμεναι μεγαλήτορος Ἀλκινόοιο,
ἀθανάτους ὄντας καὶ ἀγήρως ἤματα πάντα.
95 ἐν δὲ θρόνοι περὶ τοῖχον ἐρηρέδατ' ἔνθα καὶ ἔνθα
ἐς μυχὸν ἐξ οὐδοῖο διαμπερές, ἔνθ' ἐνὶ πέπλοι
λεπτοὶ ἐΰννητοι βεβλήατο, ἔργα γυναικῶν.
ἔνθα δὲ Φαιήκων ἡγήτορες ἑδριόωντο
πίνοντες καὶ ἔδοντες· ἐπηετανὸν γὰρ ἔχεσκον.
100 χρύσειοι δ' ἄρα κοῦροι ἐϋδμήτων ἐπὶ βωμῶν
ἕστασαν αἰθομένας δαΐδας μετὰ χερσὶν ἔχοντες,
φαίνοντες νύκτας κατὰ δώματα δαιτυμόνεσσι.
πεντήκοντα δέ οἱ δμωαὶ κατὰ δῶμα γυναῖκες
αἱ μὲν ἀλετρεύουσι μύλῃσ' ἔπι μήλοπα καρπόν,

1 Vgl. Arend 1933, 28; Müller 1968, 103–153; Edwards 1975, 64–67; Richardson 1990, 51–57; Reece 1993, 13–16; de Jong 2001, 127–132; de Jong/Nünlist 2004, 74–76.

2 Die Beschreibung des Palasts wird auch dadurch vorbereitet, dass Nausikaa zuvor von den Häusern ihres Vaters gesprochen (6.300–307) und Athene ihren Protegé vor dessen Eingang geführt hat (7.46); siehe Focke 1943, 118; Hölscher 1988, 122–123.

DOI:10.1163/9789004379473_004

105 αἱ δ' ἱστοὺς ὑφόωσι καὶ ἠλάκατα στρωφῶσιν
ἥμεναι, οἷά τε φύλλα μακεδνῆς αἰγείροιο·
καιρουσσέων δ' ὀθονέων ἀπολείβεται ὑγρὸν ἔλαιον.
ὅσσον Φαίηκες περὶ πάντων ἴδριες ἀνδρῶν
νῆα θοὴν ἐνὶ πόντῳ ἐλαυνέμεν, ὣς δὲ γυναῖκες
110 ἱστὸν τεχνῆσσαι· περὶ γάρ σφισι δῶκεν Ἀθήνη
ἔργα τ' ἐπίστασθαι περικαλλέα καὶ φρένας ἐσθλάς.
ἔκτοσθεν δ' αὐλῆς μέγας ὄρχατος ἄγχι θυράων
τετράγυος· περὶ δ' ἕρκος ἐλήλαται ἀμφοτέρωθεν.
ἔνθα δὲ δένδρεα μακρὰ πεφύκασι τηλεθάοντα,
115 ὄγχναι καὶ ῥοιαὶ καὶ μηλέαι ἀγλαόκαρποι
συκέαι τε γλυκεραὶ καὶ ἐλαῖαι τηλεθόωσαι.
τάων οὔ ποτε καρπὸς ἀπόλλυται οὐδ' ἀπολείπει
χείματος οὐδὲ θέρευς, ἐπετήσιος· ἀλλὰ μάλ' αἰεὶ
ζεφυρίη πνείουσα τὰ μὲν φύει, ἄλλα δὲ πέσσει.
120 ὄγχνη ἐπ' ὄγχνῃ γηράσκει, μῆλον δ' ἐπὶ μήλῳ,
αὐτὰρ ἐπὶ σταφυλῇ σταφυλή, σῦκον δ' ἐπὶ σύκῳ.
ἔνθα δέ οἱ πολύκαρπος ἀλῳὴ ἐρρίζωται,
τῆς ἕτερον μέν θ' εἰλόπεδον λευρῷ ἐνὶ χώρῳ
τέρσεται ἠελίῳ, ἑτέρας δ' ἄρα τε τρυγόωσιν,
125 ἄλλας δὲ τραπέουσι· πάροιθε δέ τ' ὄμφακές εἰσιν
ἄνθος ἀφιεῖσαι, ἕτεραι δ' ὑποπερκάζουσιν.
ἔνθα δὲ κοσμηταὶ πρασιαὶ παρὰ νείατον ὄρχον
παντοῖαι πεφύασιν, ἐπηετανὸν γανόωσαι.
ἐν δὲ δύω κρῆναι ἡ μέν τ' ἀνὰ κῆπον ἅπαντα
130 σκίδναται, ἡ δ' ἑτέρωθεν ὑπ' αὐλῆς οὐδὸν ἵησι
πρὸς δόμον ὑψηλόν, ὅθεν ὑδρεύοντο πολῖται.
τοῖ' ἄρ' ἐν Ἀλκινόοιο θεῶν ἔσαν ἀγλαὰ δῶρα.

Od. 7.84–132

Denn wie von der Sonne oder von dem Monde ging ein Glanz durch das hochbedachte Haus des großherzigen Alkinoos. Eherne Wände zogen sich hüben und drüben von der Schwelle bis hinein in das Innere, und ringsum war ein Gesims von blauem Glasfluß. Goldene Türen verschlossen das feste Haus nach innen, und silberne Pfosten standen auf der ehernen Schwelle, ein silberner Türsturz war darüber und golden war der Türring. Goldene und silberne Hunde waren zur Rechten und zur Linken, die Hephaist gefertigt hatte mit kundigem Sinne, um das Haus zu bewahren des großherzigen Alkinoos: unsterblich waren sie und ohne Alter alle Tage. Drinnen aber waren Lehnstühle, an die Wand gelehnt, hüben und drüben, durchgehend von der Schwelle bis ins Innere. Darauf aber waren Decken, feine, gutgewebte, gebreitet, Arbeiten der Frauen. Da pflegten die Ersten der Phaiaken zu sitzen, wenn sie tranken und aßen – sie hatten es auf das ganze Jahr hin –, und goldene Knaben standen auf gutgebauten Sockeln und hielten brennende Fackeln in den Händen und gaben die Nächte Licht im Hause den Schmausenden. Und es sind ihm fünfzig dienende Frauen in dem Hause: die einen mahlen auf der Mühle apfelfarbenes Korn, die anderen weben Gewänder und drehen Wolle auf der Spindel, sitzend, wie die Blätter der Schlanken Pappel, und von dem gutgeketteten Linnen träuft feuchtes Öl. So weit die Phaiaken geschickt sind vor allen Männern, ein schnelles Schiff auf dem Meer zu führen, so ihre Frauen kunstreich in Geweben, denn über die Maßen hat ihnen Athene gegeben, dass sie sich auf gar schöne Werke verstehen wie auch auf treffliche Gedanken. Draußen vor dem Hof aber ist ein großer Garten, nahe den Türen, vier Hufen groß, und um ihn ist auf beiden Seiten ein Zaun gezogen. Da wachsen große Bäume, kräftig sprossend: Birnen und Granaten und Apfelbäume mit glänzenden Früchten, und Feigen, süße, und Oliven, kräftig sprossend. Denen verdirbt niemals die Frucht noch bleibt sie aus, winters wie sommers, über das ganze Jahr hin. Sondern der West bläst immerfort und treibt die einen hervor und kocht reif die anderen. Birne altert auf Birne und Apfel auf Apfel, Traube auf Traube und Feige auf Feige. Dort ist ihm [Alkinoos], reich an Früchten, auch ein Weingarten gepflanzt, wovon der eine Teil als Trockenfeld auf einem ebenen Platz gedörrt wird in der Sonne; andere Trauben lesen sie und andere keltern sie. Und vorn sind Weinbeeren, die die Blüte abwerfen, andere bräunen sich schon ein wenig. Dort sind auch geordnete Gemüsebeete die letzte Reihe entlang gepflanzt, von aller Art, über das ganze Jahr hin prangend. Und darin sind zwei Quellen: die eine verteilt sich über den ganzen Garten, die andere läuft drüben unter der Schwelle des Hofs hinweg zu dem hohen Haus: Aus ihr holen die Bürger sich das Wasser. Solche herrlichen Gaben der Götter waren in dem Hause des Alkinoos.

In der Forschung wird diese detaillierte Beschreibung (7.84–132) kontrovers diskutiert,[3] nicht zuletzt wegen des Präsensgebrauchs in deren zweiter Hälfte. Im vorliegenden Kapitel soll zuerst das oben genannte philologische Problem,

3 Repräsentativ dafür Rijksbaron 2012, 356: "In the brilliantly structured passage 81–132 – called 'inorganic' by Heubeck et al. in their commentary, that elsewhere, too, shows a certain lack of sensitivity to the literary sophistication of the *Odyssey* – the phenomenon of Substitutionary Perception makes a quite spectacular entrance into European literature".

das bisher eine schlüssige Deutung des gesamten Passus erschwert, besprochen werden (1.). Im Anschluss daran werde ich mich der narrativen Funktion dieser Stelle zuwenden. Es soll gezeigt werden, dass die Deskription vielfältige Verknüpfungspunkte zu anderen Stellen des Epos aufweist und dadurch eine thematische Funktion hat (2.). Somit soll dieses Kapitel als ein Beitrag zur narrativen Bedeutung der Raumbeschreibung bei Homer verstanden werden, und zwar im Lichte des Begriffs der 'spatialen Form' (3.).

1 Der Präsensgebrauch in *Od.* 7.103–131

"Die beschreibung von Alkinoos pallast liest man von η 86–102 im ganzen ohne anstoss", sagt Friedländer, der gleich aber auf die folgenden Verse (103–105) aufmerksam macht:

> πεντήκοντα δέ οἱ δμῳαὶ κατὰ δῶμα γυναῖκες
> αἱ μὲν ἀλετρεύουσι μύλῃσ' ἔπι μήλοπα καρπόν,
> αἱ δ' ἱστοὺς ὑφόωσι καὶ ἠλάκατα στρωφῶσιν
>
> Und es sind ihm [Alkinoos] fünfzig dienende Frauen im Hause: die einen mahlen auf der Mühle apfelfarbenes Korn, die anderen weben Gewänder und drehen Wolle auf der Spindel.

Hierzu schreibt Friedländer: "… so muss dieser plötzliche übergang aus dem imperfectum ins praesens im höchsten grade auffallen", das bis zum Vers 131 gebraucht wird.[4] Er sieht keinen Grund für eine Veränderung des Tempus in derselben Beschreibung. Darüber hinaus hat er zu zeigen versucht, dass der Gebrauch des Präsens in der Erzählung bei Homer im Grunde genommen auf die Fälle beschränkt sei, "wo der erzählende sei es der dichter selbst oder eine seiner personen an die hörer ein beiläufiges wort über einen in die gegenwart fallenden gegenstand richtet".[5] Während man die präsentischen Formen in der

4 Friedländer 1851, 669.

5 Friedländer 1851, 671–672. Gelehrte sind sich darin einig, dass es das sogenannte historische Präsens bei Homer nicht gibt; siehe z.B. Chantraine 1953, 191: "Il est important d'observer que la langue épique ignore complètement le présent historique". Vgl. auch Clay 2011, 18: "A sign of the complexity of defining Homeric epic in spatial and temporal terms is the notorious absence of the 'historical' or, more accurately, the 'narrative present', as Fleischman calls it, which is characteristic of many epic traditions and indeed of much of our informal storytelling". Graziosi 2013, 18 interessiert sich für die Rezeptionsgeschichte dieses Phänomens: "One way to account for this is simply to say that, at the time when the *Iliad* was composed,

Beschreibung des Gartens (112–131), der vom Erzähler als "in dem wunderlande noch bestehend" gedacht werde, allenfalls ertragen könne,[6] seien diese in der Schilderung der mahlenden und spinnenden Frauen (103–105) endlich "geradezu unerträglich".[7] West hat es auf den Punkt gebracht: "Alcinous' fifty women had long since ground their last flour, woven their last fabrics, and drawn their last breath".[8] In Anbetracht des Präsens in 7.103–131 hat Friedländer die Schlussfolgerung gezogen, "dass die verse 103–131 in die fertige erzählung später eingeschoben sind".[9]

Viele Gelehrte – vor allem im deutschsprachigen Raum – sind Friedländer gefolgt und haben die Passage (7.103–131) als Interpolation eingestuft.[10] Zudem haben sie den Erklärungsversuch unternommen, woher dieser Einschub stammen könnte.[11] Ich halte die Interpolationslösung jedoch für sehr problema-

---

the historic present had not yet been 'invented'. But what interests me is not what was available to the actual composer(s) of the *Iliad*, but rather how ancient audiences heard the poet's voice. Even after ancient authors started using the historic present, Greek poets composing in the Homeric mould refrained from doing so, presumably because the present did not sound Homeric to them".

6 Vgl. auch Hölscher 1988, 123: "Die Schilderung evagiert aus der Erzählform in die der Wunderbeschreibung, aus dem Präteritum ins Präsens, so wie der Dichter an anderer Stelle das Wunder des Olymps beschreibt (6. 42 ff., mit wörtlichen Anklängen)".

7 Friedländer 1851, 679. Das οἱ (7.103; 122) ist gar nicht so verblüffend, wie Friedländer 1851, 679 meint. Sowohl in 7.103 als auch in 7.122 bezieht sich οἱ problemlos auf Alkinoos (richtig Hainsworth 1988, 328), dessen Besitz des Palasts zu Beginn und am Ende der Palastbeschreibung deutlich hervorgehoben wird (δῶμα καθ' ὑψερεφὲς μεγαλήτορος Ἀλκινόοιο, 7.85; τοῖ' ἄρ' ἐν Ἀλκινόοιο θεῶν ἔσαν ἀγλαὰ δῶρα, 7.132).

8 West 2000, 480. Hainsworth 1988, 328 und Garvie 1994, 178 nennen das Präsens bei *Od.* 7.103–105 deskriptiv, eine Kategorie, die auf Chantraine 1953, 191 und Bassett 1938, 88–90 zurückgeht. Als Beispiel des deskriptiven Präsens hat Chantraine 1953, 191 *Il.* 2.448 angeführt. Doch diese Stelle "refers to the tassels on Athena's immortal aegis" und "[t]he epic poet can always use a descriptive present for things that he thinks of as still existing in his own time, for example Hera's chariot (E 724–728), Poseidon's submarine dwelling at Aigai (N 21–22), the springs and basins of Scamander (X 147–154), the gods' home on Olympus (ζ 43–46), the harbour and cave of the Nymphs at Ithaca (ν 96–112)" (West 2000, 480).

9 Friedländer 1851, 681; siehe auch Friedländer 1851, 679: "So konnte der dichter nur einen zeitgenossen des Alkinoos reden lassen, so konnte Odysseus der Penelope erzählen, aber nimmermehr der rhapsode seinen zuhörern".

10 Zur Literatur siehe West 2000, 481 mit Anm. 12 und Marzullo 1970, 386–387. Auch phonologisch und morphologisch wird diese Stelle des Öfteren von den deutschen Philologen aus dem 19. Jahrhundert für "jung" und für "interpoliert" erklärt. Repräsentativ dafür ist Schulze 1892, 408 zu *Od.* 7.127: "Quae res fraudi fuit interpolatori qui carmini homerico velut pannum adsuit hortorum regis Alcinoi descriptionem; cum enim diversa νέατος sensu nativo non iam distinguere valeret, intulit alteri quod non nisi alterum decebat et pro νέ(*F*)ατος errore inscio dixit νεί(*F*)ατος, η 127 νείατον ὄρχον 'novissimum ordinem'".

11 Einen Überblick zu verschiedenen Überlegungen bietet West 2000, 482–485 mit Lite-

tisch: Ihr liegt das Konzept einer schriftlich fixierten Frühphase der epischen Komposition zugrunde, die mit der dominierenden Position der "oral dictated text theory" in der aktuellen Homerforschung kaum vereinbar wäre.[12] Auch aus der Perspektive der antiken Kritiker scheint der Gebrauch des Präsens an der vorliegenden Stelle kaum wirklichen Anstoß gefunden zu haben. In den Scholien wird gesagt, dass das Präsens das zu erwartende Vergangenheitstempus ersetzt (Schol. HP[1] *Od.* 7.104 zu ἀλετρεύουσαι] ἀντὶ τοῦ "ἠλέτρευον").[13] Zudem rechtfertigt Aristarch seine These, διώκετον bei *Il.* 10.364 sei ein Präsens, gerade dadurch, dass er auf *Od.* 7.104 als Parallelstelle verweist (Aristonikos' Anmerkung aus Schol. A *Il.* 10.364b ἔστιν οὖν τὸν Δόλωνα διώκουσιν ἀντὶ τοῦ ἐδίωκον, ὃν τρόπον "αἱ μὲν ἀλετρεύουσι μύλης" (η 104) ἔπι ἀντὶ τοῦ ἠλέτρευον). Während Friedländer Aristarch kritisiert, dass dieser "sonderbarer weise bei Homer eine sehr weit ausgedehnte licenz in der verwechslung der tempora" annahm,[14] und West Aristarchs Mangel an "a very fine sense of style" für diese Verwechslung verantwortlich macht,[15] erscheint es mir vielmehr angebracht, auch dies als Hinweis zu werten, dass die antiken Kritiker die Präsensformen in *Od.* 7.103–105 nicht als besonders anstößig empfunden haben müssten.[16]

Erhellend ist die Interpretation Rijksbarons, der aus linguistischer sowie narratologischer Perspektive den Tempuswechsel in der Beschreibung erläutert:[17] Er unterscheidet nämlich die Passage im fokalisierenden Imperfekt,[18] die der

---

raturangabe, von Friedländers Anmerkung ("Es liesse sich denken dass die ganze stelle ursprünglich in einer rede, etwa der Nausikaa an Odysseus vorgekommen sei; vgl. ζ 293", Friedländer 1851, 679 Anm. 17) bis zu seinem eigenen Vorschlag, der im Anschluss an 6.301–302 (Nausikaas Rede an Odysseus) den ursprünglichen Platz der vermeintlich interpolierten Passage (7.103–131) sieht.

12 Zu dieser Position siehe vor allem Janko 1998 und Ready 2015 jeweils mit ausführlicher Literaturangabe.

13 Vgl. auch Schol. b(BC)T *Il.* 1.163b ἔχω: ἀντὶ τοῦ ἔσχον. ἐναργοῦς δὲ ἀπαγγελίας τὰ γεγονότα ὡς γινόμενα ἀπαγγέλλειν. Dazu siehe jetzt Nünlist 2009, 196 Anm. 5: "It refers to the passage where Achilles complains that when it comes to the distribution of booty (*Il.* 163) 'I never have [ἔχω] a prize that is equal to yours [sc. Agamemnon's].' The present tense is here more likely to be generalising".

14 Friedländer 1851, 669.

15 West 2000, 480 Anm. 3.

16 Vgl. Matthaios 1999, 331–340; Schironi 2018, 195–196.

17 Siehe Rijksbaron 2009, 246 Anm. 11; 2012, 356–357. Eine ähnliche Interpretation des Tempuswechsels an der vorliegenden Stelle ist bereits Focke 1943, 117–118 zu entnehmen.

18 Vgl. bereits de Jong 2001, 176. Nach Rijksbaron 2009, 245 ist ein fokalisierendes Imperfekt "an imperfect which presents a certain state of affairs from the point of view of a character rather than that of the narrator". Der Begriff der 'Fokalisation' geht auf Genette 1972 zurück. De Jong 2004 [1987] hat diesen Begriff in die Interpretation der Homerischen Epen eingeführt. Zur Diskussion inkorrekter Anwendungen dieses Begriffes in der Homer-

Erzähler aus dem Blickwinkel des Charakters Odysseus schildere (86–102),[19] und die Stelle bezüglich des Palastinneren sowie der Außenseite des Hofs (vgl. ἔκτοσθεν αὐλῆς, 112), “neither of which can be seen by Odysseus is told by the omniscient narrator in omnitemporal present (and perfect) indicatives (103–131 ὑφηλόν)”; mit ὑδρεύοντο 131 gehe der Text auf die Wahrnehmung des Odysseus zurück, der die Bürger Wasser holen sehe.[20] Dabei lasse sich beobachten, dass dem fixierten Standpunkt des Charakters, der auf die Schwelle (οὐδός) des Palasts bezogen sei,[21] die *zoom-in-* sowie *zoom-out*-Technik der gesamten Stelle entgegenwirke.[22]

---

forschung siehe Nünlist 2002. Nach Allan 2013, 380 Anm. 24 hat das Plusquamperfekt in Umgebung von Imperfektformen ähnliche Funktion wie eine Imperfektform.

19 86 ἐληλέδατο, 88 ἔεργον, 89 ἔστασαν, 91 ἦσαν, 95 ἐρηρέδατο, 97 βεβλήατο, 98 ἑδριόωντο, 101 ἔστασαν. 92 ἔτευξεν (Aorist) gehört zu einem von οὓς eingeleiteten Relativsatz. 99 ἔχεσκον (iter.) gehört zur Paralepse des Erzählers, “providing all kinds of information which exceeds the perception or knowledge of the hero” (de Jong 2001, 176).

20 Rijksbaron 2012, 356–357. 104 ἀλετρεύουσι, 105 ὑφόωσι, 105 στρωφῶσιν, 107 ἀπολείβεται, 113 ἐλήλαται, 117 ἀπόλλυται, 117 ἀπολείπει, 119 φύει, 119 πέσσει, 120 γηράσκει, 122 ἐρρίζωται, 124 τέρσεται, 124 τρυγόωσιν, 125 τραπέουσι, 125 εἰσιν, 126 ὑποπερκάζουσιν, 128 πεφύασιν, 130 σκίδναται, 130 ἵησι. 110 δῶκεν (Aorist) gehört zur Paralepse des Erzählers (vgl. 92 ἔτευξεν). Ein textkritisches Problem hat Rijksbaron nicht besprochen. Die in 7.114 überlieferte Form πεφύκει (Plqpf.) scheint von der Regel abzuweichen; vgl. in der Fokalisation des Hermes ὕλη δὲ σπέος ἀμφὶ πεφύκει τηλεθόωσα (5.63). Bereits Wackernagel 1916, 169 sieht das Problem: “η 114 ist das noch von Herodian gelesene πεφύκασι τηλεθόωντα in allen Handschriften durch das in dem präsentischen Passus unmögliche πεφύκει verdrängt”. Das von Herodian stammende πεφύκᾰσι (Perf.) lässt sich leider schwer rechtfertigen, da bei Homer abgesehen von einem Beleg (λελόγχᾰσι, *Od.* 11.304) α in -ᾱσι (3. Pers. Pl. Perf.) immer lang gezählt wird, während das α in πεφύκασι hingegen kurz ist. Zudem lässt sich die Phrase δένδρεα μακρὰ πεφύκει auch sonst belegen (*Od.* 5.238, 241); siehe Hainsworth 1988, 329. Wackernagel 1916, 169 und Chantraine 1958, 470 plädieren dafür, in λελόγχᾰσι (*Od.* 11.304) und πεφύκᾰσι (*Od.* 7.114) mit anderen späteren Belegen einen Archaismus zu sehen, was ich für unwahrscheinlich halte. Andere Konjekturen wie πεφυκότα τηλεθόωσι (Schwartz) und πεφύκασιν θαλέθοντα (van Leeuwen) sind nicht nötig; vgl. Garvie 1994, 187. Der Vorschlag Hainsworths 1988, 329, dass es möglich sei, πεφύκει als von dem Dichter intendiertes Präsens zu interpretieren, hat eine nur schwache philologische Evidenz (ἐπέφυκον Hes. *Th.* 152, 673), würde aber zur Interpretation Rijksbarons passen, wenn man hier statt eines Plusquamperfekts ein Präsens haben will.

21 83 πρὶν χάλκεον *οὐδὸν* ἱκέσθαι; 133–135 *ἔνθα στὰς* θηεῖτο πολύτλας δῖος Ὀδυσσεύς. / αὐτὰρ ἐπεὶ δὴ πάντα ἑῷ θηήσατο θυμῷ, / καρπαλίμως *ὑπὲρ οὐδὸν* ἐβήσετο δώματος εἴσω.

22 Siehe bereits Minchin 2001, 117–118 Anm. 35: “This latter description [sc. of Alcinous' palace], which offers the listener a tour through the palace, takes us across the threshold, into the great hall, past the fifty serving women at their tasks, out into the orchard, the vineyard, and the vegetable garden, and finally to the springs which supply the house and the town”; vgl. auch de Jong/Nünlist 2004, 75–76.

Rijksbarons These wird zusätzlich gestützt von weiteren Stellen des Epos: Während die Insel Kalypsos (5.59–77) im Großen und Ganzen aus der Perspektive des Besuchers Hermes im Imperfekt beschrieben wird,[23] nutzt der Erzähler das Präsens "to describe a scene that the poet visualises before his eyes cf. 13.96–112"[24] (die Beschreibung der Ithaka-Landschaft). In ähnlicher Weise argumentiert Clay, dass der im Imperfekt vorgetragene Teil der Palastbeschreibung (7.86–102) die Fokalisation des Odysseus darstelle, während der im Präsens geschilderte Teil (103–131) "resembles the hodological 'you' and is directed at the audience as becomes clear from the summarizing concluding line: τοῖ' ἄρ' ἐν Ἀλκινόοιο θεῶν ἔσαν ἀγλαὰ δῶρα ('Such were the gifts of the gods in Alcinous' palace,' 7.132)".[25] Ich schließe mich der Deutung Rijksbarons zu 7.84–132 an[26] und beschäftige mich im Folgenden mit der literarischen Interpretation des uns vorliegenden Texts.

2 Die thematische Funktion der Palast-Deskription

Von dem Problem des Präsensgebrauchs abgesehen, ist die gesamte Beschreibung (84–132) in klarer Reihenfolge gestaltet. Nach Focke kann diese in drei

23 Die Interpretation, dass die Beschreibung der Insel Kalypsos (5.59–77) aus der Perspektive des ankommenden Hermes geschieht (de Jong 2001, 128), scheint von einem antiken Scholium bestätigt zu sein (Schol. T *Il.* 10.524a1 *ex.*); vgl. aber de Jong/Nünlist 2004, 75: "The actual description of the surroundings of the cave seems to surpass what can be seen by an observer who is located near the entrance of the cave".

24 Garvie 1994, 178.

25 Clay 2011, 100 Anm. 10. Das Wort τοῖος ist ein demonstrativ-pronominales Adjektiv, dessen Hauptfunktion darin besteht, referenzfähige Relationen auszudrücken; siehe Biraud 1988, 40. Unter den unterschiedlichen potenziellen Relationen sind an dieser Stelle die anaphorische und die deiktische Funktion von τοῖος für uns von Belang. *Od.* 7.132 τοῖ' ἄρ' … ἀγλαὰ δῶρα greift einerseits die vorausgehende Beschreibung wieder auf (anaphorisch) und hebt andererseits den *Hic-et-nunc*-Effekt der epischen Sprache hervor (deiktisch). Das Wort τοῖος in Kombination mit der evidentiellen Partikel ἄρα stärkt den *Hic-et-nunc*-Effekt insofern, als diese in ihrem homerischen Gebrauch "visual evidence in the here and now of the speaker" (Bakker 2005, 97) markiert. Vgl. Bakkers 2005, 80 Interpretation zu *Il.* 2.760, dem Schlussvers des Schiffskatalogs (οὗτοι ἄρ' ἡγεμόνες Δαναῶν καὶ κοίρανοι ἦσαν), der sich zum Vergleich mit unserer Stelle anbietet: "[T]he use of οὗτοι, in combination with the 'evidential' particle ἄρα …, reflects the special nature of the moment. The narrator addresses his audience directly, as if the object of reference is cut loose from the narrative, as a reality before everyone's eyes, as if he is saying: 'There you have them; those were the leaders of the Danaans'".

26 Die allgemeine Gültigkeit seiner Bezeichnung *focalising imperfect* sei dahingestellt.

Teile gegliedert werden:[27] den Saal der Herrscher (84–102), die Tätigkeit der Mägde im Inneren des Palasts (103–111) und den Garten außerhalb des Hofs (112–132).[28] Diese Einteilung ist der von de Jong/Nünlist vorgenommenen (7.84–94; 95–111; 112–132) vorzuziehen,[29] da sie die thematische Einheit der Partien stark in den Vordergrund rückt. Zudem gelingt Focke zu zeigen, dass die Beschreibung insofern kunstvoll gestaltet ist, als im ersten Teil "die Rücksicht auf das, was Odysseus von seinem Platz aus in dem erleuchteten Saal erkennen konnte, einigermaßen gewahrt bleibt und dabei eine vom Betrachter aus sinnvolle Reihenfolge eingehalten wird",[30] im Gegensatz zu Schwartz' Behauptung, dass die Partie (7.84–102) "eine unlebendige Protzerei mit Erz, Silber, Gold und toten Automatenkunststücken des Hephästos" sei.[31] Während die Modi dieser Beschreibung vielfach in den Blick genommen worden sind,[32] interessiere ich mich vielmehr für deren narrative Funktion, eine Fragestellung, die von den Interpreten häufig vernachlässigt worden ist. Brauneiser z. B. hält die gesamte Deskription für "ein richtiges Märchenmotiv ohne irgendwelchen tieferen Sinn", "rein der Lust am Fabulieren entsprungen, um die märchenhafte Umgebung faßbar zu machen".[33]

Unter den bisherigen Untersuchungen verdienen zwei Positionen eine Erwähnung.[34] Schönbeck hat die spannungserzeugende Funktion der Beschreibung herausgearbeitet: Die Erzählung habe in dem Augenblick, in dem Odysseus allein vor dem Palast des Alkinoos steht, ihre höchste Spannung erreicht; Odysseus solle nun von dem Königspaar empfangen werden. Statt dies zu erzählen, werde diese ungewöhnlich lange Deskription als ein retardierendes Element in den Handlungsablauf eingeschoben, "das die durch die Handlung geschaffene Spannung weiter andauern läßt und sogar steigert".[35] Auf der anderen Seite diene die Beschreibung der Charakterisierung der Phaiaken, wie de Jong illustriert hat: "They are a seafaring nation (108–109) and lead a semi-

27 Focke 1943, 117.

28 Vgl. Hainsworth 1988, 326.

29 Nach de Jong/Nünlist 2004, 75–76 beschreiben die Partien *Od.* 7.84–94 und 7.95–111 jeweils die Außen- sowie Innenseite des Palasts, während der letzte Teil der Beschreibung (112–132) vom Garten des Alkinoos handelt.

30 Focke 1943, 117.

31 Schwartz 1924, 17.

32 Focke 1943, 117–119; de Jong/Nünlist 2004, 75–76; Rijksbaron 2012, 356–357.

33 Brauneiser 1944, 139; vgl. Hainsworth 1988, 326: "Throughout the poet's intention is to impress and astound, rather than to describe a precisely conceived structure".

34 Ich distanziere mich ausdrücklich von dem Versuch, den Palast des Alkinoos vor dem Hintergrund des altorientalischen Modells zu interpretieren; vgl. Faraone 1987; Cook 2004.

35 Schönbeck 1962, 70–71.

divine life ... Their closeness to the gods is also indicated by the fact that it was Hephaestus who made Alcinous' golden and silver watchdogs and that Alcinous' garden was a gift of the gods".[36]

Es soll im Folgenden die thematische Funktion der vorliegenden Stelle hervorgehoben werden, die bisher zu wenig gewürdigt worden ist. Meine These ist, dass die gesamte Palastbeschreibung (84–132) in vielfältiger Weise thematische Verknüpfungen zu anderen Stellen des Epos aufweist und dadurch für dessen narrative Struktur von Bedeutung ist.[37] Die Dreiteilung der Passage entspricht drei Motiven, die im gesamten Epos wichtige Rollen spielen: das Schmausen im prächtigen Palast (84–102), die Arbeit der Dienerinnen (103–111) und die Fruchtbarkeit des Gartens (112–132). Die thematische Interpretation der Beschreibung steht in Einklang mit beiden oben genannten Positionen: Während die Kontrastpunkte zu anderen Stellen des Epos weitere Spannung bei den Rezipienten erzeugen können,[38] werden die Charakteristika der Phaiaken gerade durch den Bezug auf diese Motive hervorgehoben.

Die Palast-Deskription verleiht den Rezipienten einen ersten Eindruck des luxuriösen Lebens bei den Phaiaken: Diese schmausen und trinken im prächtig ausgestatteten Palast (84–97) das ganze Jahr hindurch (ἔνθα δὲ Φαιήκων ἡγήτορες ἑδριόωντο / πίνοντες καὶ ἔδοντες· ἐπηετανὸν γὰρ ἔχεσκον, 98–99). Dadurch, dass die Figuren im Saal des friedenvollen Festmahls in ihrer sozialen Hierarchie nacheinander dargestellt werden (98–99 Φαιήκων ἡγήτορες; 100–102 κοῦροι; auch 103–106 δμῳαὶ κατὰ δῶμα γυναῖκες), wird die Harmonie bei den Phaiaken zum Ausdruck gebracht, wie es Odysseus in der Einleitung seiner Apologe formuliert:[39]

---

36 De Jong 2001, 177. Interessanterweise wird hingegen in den Scholien vorgeschlagen, dass die elaborierte Beschreibung verschiedenartige Interessen der Rezipienten berücksichtigt: Schol. *Od.* 7.86a καὶ φύλακας τοῖς τοιούτοις οἴκοις ἐπέστησε κύνας ἀΰπνους ἐκ πολυτελοῦς ὕλης, καὶ ταύτης οὐχ ὁμοίας, ἀλλὰ διαφόρου, ἵν' ὁ μὲν φιλόπλουτος τὴν ὕλην θαυμάζῃ, ὁ δὲ φιλόκαλος τὴν τέχνην, EHM^{a}P^{1}TXY ὁ δὲ σπουδαιότερος τὴν χρείαν. HP^{1}T ('Als Wächter für die Häuser stellte er [der Dichter] schlaflose Hunde aus prächtigem – nicht gleichem, sondern unterschiedlichem – Material auf, damit der Reichtum liebende [Rezipient] das Material bestaunt, der Schönheit liebende die Kunst, der eifrigere aber den Nutzen').

37 De Jong 2001, 177 hat bereits auf das 'watchdog' Motiv (7.91–94) verwiesen und hat dessen Verknüpfungen zu anderen Stellen des Epos herausgearbeitet.

38 Insbesondere wird das Festmahl im Alkinoos-Palast als Kontrastfolie zur Situation auf Ithaka verstanden.

39 Zur Beziehung zwischen dieser Stelle und der Tradition des 'sympotic song' siehe Ford 1999.

ἦ τοι μὲν τόδε καλὸν ἀκουέμεν ἐστὶν ἀοιδοῦ
τοιοῦδ', οἷος ὅδ' ἐστί, θεοῖσ' ἐναλίγκιος αὐδήν.
5 οὐ γὰρ ἐγώ γέ τί φημι τέλος χαριέστερον εἶναι
ἢ ὅτ' ἐϋφροσύνη μὲν ἔχῃ κάτα δῆμον ἅπαντα,
δαιτυμόνες δ' ἀνὰ δώματ' ἀκουάζωνται ἀοιδοῦ
ἥμενοι ἑξείης, παρὰ δὲ πλήθωσι τράπεζαι
σίτου καὶ κρειῶν, μέθυ δ' ἐκ κρητῆρος ἀφύσσων
10 οἰνοχόος φορέῃσι καὶ ἐγχείῃ δεπάεσσι·
τοῦτό τί μοι κάλλιστον ἐνὶ φρεσὶν εἴδεται εἶναι.
Od. 9.3–11

Ja, das ist wahrhaftig schön, einen solchen Sänger zu hören, wie dieser ist, den Göttern an Stimme vergleichbar. Denn es gibt, so sage ich, keine lieblichere Erfüllung, als wenn Frohsinn im ganzen Volke herrscht und Schmausende durch die Häuser hin auf den Sänger hören, in Reihen sitzend, und daneben die Tische sind voll von Brot und Fleisch, und es schöpft den Wein der Weinschenk aus dem Mischkrug und bringt ihn herbei und füllt ihn in die Becher: das scheint mir das Schönste zu sein in meinem Sinne.

Im scharfen Kontrast dazu steht das Verhalten der Freier auf Ithaka.[40] Sie verzehren Odysseus' Güter, begehren die Frau des abwesenden Hausherrn, planen einen Anschlag gegen dessen Sohn und misshandeln die schutzsuchenden Gäste; zudem schlafen sie heimlich mit den Dienerinnen der Penelope. Dieser Kontrast ist auch im Hinblick auf die Raumdarstellung prominent. Während sich der Palast des Alkinoos als ein gemütlicher Ort des Festmahls, der Musik, des Tanzes und der epischen Rezitation darstellt, offenbart sich der Saal des Odysseus im Verlauf der Erzählung als eine Schreckenskammer für die Freier,[41] dessen Raumstruktur als Inversion der Höhle des Polyphem zu verstehen ist.[42]

40 Siehe Rüter 1969, 243: "Die Dichtung zeichnet uns diese Station der Heimkehr des Odysseus [Scheria] zugleich als ein Gegenbild zu Ithaka. Die Grundverhältnisse sind hier wie dort die gleichen: ein Staat auf einer Insel, ein Königshaus, die Edlen des Volks beim König versammelt zu großen Festmahlzeiten. Und doch ist Scheria ganz anders als Ithaka. In Scheria führt man das beste Leben, das man sich denken kann. Das Leben findet seine reinste Erfüllung in dem durch das Lied des Sängers verschönten Festschmaus, von dem Odysseus sagt: 'Das scheint mir das Schönste zu sein in meinem Sinne' (ι 11)". Zu diesem Kontrast unter besonderer Berücksichtigung der 'sympotic ethics' siehe Slater 1990.

41 Zu diesem Prozess siehe Saïd 1979; Kullmann 1992; Clay 1994b.

42 Während der Sieg des Odysseus in der Polyphem-Episode aus seiner erfolgreichen Flucht aus der Höhle, einem geschlossenen Raum wegen des unbeweglichen Türsteins, resultiert,

Der Fokus der Beschreibung des Inneren der Wirtschaftsräume (103–111) liegt auf den emsig arbeitenden Dienerinnen, denen die bösen Mägde in Penelopes Palast gegenübergestellt werden. Insbesondere wird ihre Weberei thematisiert (105–111), wofür die Gewebe auf den Stühlen, die Werke der Frauen (ἔνθ' ἐνὶ πέπλοι / λεπτοὶ ἐΰννητοι βεβλήατο, ἔργα γυναικῶν, 96–97), genannt werden. Spinnen und Weben sind bei Homer feste Bestandteile der Tätigkeit der Frauen aller sozialen Gruppen,[43] wobei "weaving and its associated products provide what appears to be a unique opportunity for women to circulate their *kleos* independently of men".[44] In der *Odyssee* beansprucht Helena mit ihrem Handwerk ihr eigenes *kleos*: Als sie Telemach zum Abschied mit einem Mantel beschenkt, bezeichnet sie ihn als μνῆμ' Ἑλένης (15.126). Während Penelope mit ihrer List, das tagsüber geschaffene Gewebe in der Nacht wieder zu lösen, den Drang der Freier hinhält, "Odysseus is clothed by women whom he encounters (…). Circe and Calypso clothe him in divine clothes fit for a man whom they wish to marry, and Nausicaa gives him one of the robes just washed in preparation for her wedding".[45] Zudem antizipiert das Erwähnen der Weberei (105–111) die spannungsreiche Szene in demselben Gesang, in der den Rezipienten klar wird, dass Arete längst erkannt haben muss, dass die schönen Gewänder, die Odysseus trägt, von ihr selbst gefertigt sind (233–235).[46]

Die Webekunst der phaiakischen Frauen geht jedoch auf Athenes Begabung zurück, die mit der Schiffskunst der Phaiaken in Beziehung zu setzen ist, einem Geschenk Poseidons (7.34–36):

---

hängt sein Sieg über die Freier davon ab, dass alle Freier in der Halle gehalten werden und dass die Halle bis zur Tötung der Freier verschlossen bleibt. Siehe Bakker 2013, 71: "The *megaron* of Odysseus' house, hermetically sealed, will serve as cave to the Suitors; the hero, standing on the threshold with his bow and his quiver, will not let anyone pass, unlike the Cyclops, who closed the entrance to his house 'just as if he put the lid on a quiver' (*Od.* 9.314)". Dieses Thema wird im sechsten Kapitel des vorliegenden Buchs ausführlich behandelt werden.

43 West 1988, 120 macht diesen Punkt deutlich: "Spinning and weaving, the domestic arts par excellence, are the normal occupation of Homeric women without regard to rank: cf. ii 94, xvii 97 (Penelope), iv 130 ff. (Helen), v 62 (Calypso), vi 306 (Arete), x 222–223 (Circe), Il. iii 125 ff. (Helen), xxii 440 ff. (Andromache)".

44 Mueller 2010, 1.

45 Yamagata 2005, 540 mit Belegstellen; vgl. bereits Block 1985.

46 Zur Interpretation dieser Szene siehe besonders Hölscher 1960; Besslich 1966, 143–147. Hölscher 1988, 124 hat treffend gesagt: "Das Thema der Kleider ist allerdings von lang her vorbereitet, ohne daß der Zuhörer es merken konnte. Die ganze Erfindung der Nausikaaerzählung, von ihrem Traum und dem Waschtag draußen am Fluß und von der Einkleidung des Odysseus, dient der Vorbereitung jenes Augenblicks, da Arete an Odysseus die Kleider, die er von ihrer Tochter bekommen hat, als die ihrigen erkennt".

> ὅσσον Φαίηκες περὶ πάντων ἴδριες ἀνδρῶν
> νῆα θοὴν ἐνὶ πόντῳ ἐλαυνέμεν, ὣς δὲ γυναῖκες
> ἱστὸν τεχνῆσσαι· περὶ γάρ σφισι δῶκεν Ἀθήνη
> ἔργα τ' ἐπίστασθαι περικαλλέα καὶ φρένας ἐσθλάς.
> *Od.* 7.108–111

> So weit die Phaiaken geschickt sind vor allen Männern, ein schnelles Schiff auf dem Meer zu führen, so ihre Frauen kunstreich in Geweben, denn über die Maßen hat ihnen Athene gegeben, dass sie sich auf gar schöne Werke verstehen wie auch auf treffliche Gedanken.

Im Nebeneinander von Schiffskunst und Webekunst spiegeln sich die Handlungsstränge des Epos wider, wie Dougherty unter besonderer Berücksichtigung des Genderaspekts gezeigt hat: "In fact, this gendered opposition of sailing and weaving reflects the overarching structure of the whole poem: as Odysseus sails across the wide seas in an attempt to return home, Penelope manages to keep this home intact through her skills and wiles at the loom".[47] Durch dieses Nebeneinander von Schiffskunst und Webekunst werden die Rezipienten dazu eingeladen, über das Schicksal der Gatten zu reflektieren: Während die Webelist der Penelope dreimal im Epos thematisiert wird (2.93–110; 19.138–156; 24.128–150),[48] stellt der Erzähler ausführlich dar, wie Odysseus – neben seiner Schifffahrt sowie Schiffbrüchen auf dem Meer – auf der Insel Kalypsos sein Floß baut (5.244–257), mit dem er nach seinem siebenjährigen Aufenthalt auf Ogygia die Heimfahrt wieder in Angriff nimmt.

Die Beschreibung der Außenseite des Hofs, des sogenannten Wundergartens des Alkinoos, zeigt auch inhaltliche Beziehungen zu anderen Ortsdarstellungen im Epos. In der Deskription werden die Fruchtbarkeit des Gartens sowie die Permanenz (7.117–118), welche an das Idealbild des Goldenen Zeitalters erinnert, thematisiert. Vor dem Hintergrund der Umsiedlungsgeschichte der Phaiaken (6.4–10) tritt die bereits zutage gebrachte Fruchtbarkeit in Alkinoos' Garten in einen Kontrast zur bloß potenziellen Ergiebigkeit der Ziegeninsel (9.116–141), die aus der Retrospektive des erzählenden Charakters Odysseus als ein idealer Siedlungsort geschildert wird (vgl. οἵ κέ σφιν καὶ νῆσον ἐϋκτιμένην ἐκάμοντο, 9.130) und dadurch ebenso das Bild des Goldenen Zeitalters (vgl. ἄφθιτοι ἄμπελοι, 9.133) hervorruft.[49] Zudem ist auffällig, dass Odysseus in der letzten *Anagnorisis* des Epos vor seinem Vater die Bäume aus dessen Garten auflistet:

47 Dougherty 2001, 32.
48 Dazu siehe vor allem Heubeck 1985; Krischer 1993; Pantelia 1993; Yamagata 2005.
49 Siehe Byre 1994a, 366: "The Goat Island that Odysseus envisages, implied beneath the

εἰ δ' ἄγε τοι καὶ δένδρε' ἐϋκτιμένην κατ' ἀλωὴν
εἴπω, ἅ μοί ποτ' ἔδωκας, ἐγὼ δ' ᾔτευν σε ἕκαστα
παιδνὸς ἐών, κατὰ κῆπον ἐπισπόμενος· διὰ δ' αὐτῶν
ἱκνεύμεσθα, σὺ δ' ὠνόμασας καὶ ἔειπες ἕκαστα.
340 ὄγχνας μοι δῶκας τρεισκαίδεκα καὶ δέκα μηλέας,
συκέας τεσσαράκοντ'· ὄρχους δέ μοι ὧδ' ὀνόμηνας
δώσειν πεντήκοντα, διατρύγιος δὲ ἕκαστος
ἤην; ἔνθα δ' ἀνὰ σταφυλαὶ παντοῖαι ἔασιν,
ὁππότε δὴ Διὸς ὧραι ἐπιβρίσειαν ὕπερθεν.

Od. 24.336–344

Doch auf, auch die Bäume in der wohlbebauten Pflanzung will ich dir nennen, die du mir einst gegeben hast – ich aber bat dich um einen jeden –, als ich noch ein Knabe war und dir durch den Garten folgte. Wir gingen unter ihnen einher, du aber nanntest und sagtest mir einen jeden. Birnbäume gabst du mir dreizehn, zehn Apfelbäume und vierzig Feigenbäume, und auch Reihen von Weinstöcken nanntest du mir fünfzig, um sie mir zu geben, und jede war das ganze Jahr hindurch zu lesen – darin waren Trauben von aller Art –, wenn die Jahreszeiten des Zeus hochher ein fruchtschweres Gedeihen gaben.[50]

Im Gespräch mit Laertes, so argumentiert Dougherty, "Odysseus thus invokes the Golden Age image of Alcinous' ever fruitful and productive orchard and plants it here in Ithaca".[51] Man vergleiche den Baumkatalog in der Deskription des Alkinoos-Gartens (7.114–121). Auch die Arbeit, die Laertes seinem Garten gewidmet hat (ὦ γέρον, οὐκ ἀδαημονίη σ' ἔχει ἀμφιπολεύειν / ὄρχατον, ἀλλ' εὖ τοι κομιδὴ ἔχει, 24.244–245), wird mit den landwirtschaftlichen Spuren im Garten des Alkinoos verknüpft: "[T]he results of its cultivation are evident: the orchard is fenced (ἕρκος ἐλήλαται, 7,113); the vineyard is planted (ἀλωὴ ἐρρίζωται, 7,122); the grapes gathered (τρυγόωσιν, 7,124) and trampled (τραπέουσι, 7,125)".[52] Die Gartenarbeiten auf Scheria und auf Ithaka stehen dem primitiven

negatives and the potential optatives, is much like Scheria: a land with all of the advantages of nature, whose potential can be brought to realization by the work of man". Die Verbindung zwischen der Siedlungsgeschichte Scherias (6.4–10) und dem Potenzial der Ziegeninsel in Odysseus' Schilderung (9.116–141) wird im vierten Kapitel des vorliegenden Buchs behandelt werden.

50 Diese Stelle wird im letzten Kapitel des vorliegenden Buchs ausführlich behandelt.

51 Dougherty 2001, 171.

52 Dougherty 2001, 125.

Zustand des Kyklopenlands (9.105–115) gegenüber, dem Potenzial der Ziegeninsel aber wohl nahe.[53]

Schließlich kommen wir zu Odysseus' bewunderndem Blick, der den Rahmen des gesamten Passus bildet:

> ἔνθα στὰς θηεῖτο πολύτλας δῖος Ὀδυσσεύς.
> αὐτὰρ ἐπεὶ δὴ πάντα ἑῷ θηήσατο θυμῷ,
> καρπαλίμως ὑπὲρ οὐδὸν ἐβήσετο δώματος εἴσω.
> *Od.* 7.133–135

> Da stand und staunte der vielduldende göttliche Odysseus. Doch als er nun alles bestaunt hatte in seinem Mute, schritt er schnell über die Schwelle in das Haus hinein.

Diese Stelle steht in enger Parallele zu 7.82–83 und bildet mit dieser eine Ringkomposition (82 πρὸς δώματ' ἴε, 135 δώματος εἴσω; 83 ἱσταμένῳ, 133 στάς; 83 πρὶν χάλκεον οὐδὸν ἱκέσθαι, 135 ὑπὲρ οὐδὸν ἐβήσετο).[54] Dadurch wird der Eindruck erweckt, dass die Erzählzeit der Beschreibung mit der erzählten Zeit gleichzusetzen ist, in welcher der überwältigte Odysseus die Häuser des Alkinoos besichtigt (82–83; 133–135).[55] Kommentatoren haben bereits darauf hingewiesen, dass die Bewunderung des Odysseus mit Telemachs Bestaunen des Menelaos-Palasts in Beziehung zu setzen ist (4.43–47).[56] Als unerfahrener junger Mann wundert sich Telemach über die Pracht des Palasts und verleiht seinem Staunen Ausdruck (4.71–75), während "the unsurpassed splendour of the Phaeacian king's domicile ... makes even an experienced traveller like Odysseus

53 Vgl. Byre 1994a, 360: "Goat Island is rich in a potential that is unrealized because of the want of human labor, while the land in which the Cyclopes dwell is fecund in actuality, producing grapes and grain of itself, without any labor on their part".

54 Nach Rijksbaron 2012, 356 fungieren ὥρμαιν' ἱσταμένῳ und πρὶν χάλκεον οὐδὸν ἱκέσθαι in 7.83 jeweils als 'Window Opener' und 'Window Closer' der folgenden Szene.

55 Ähnlich wie θαυμάζω bezeichnet θηέομαι gleichzeitig zwei miteinander verschränkte Bedeutungen, wie Hunzinger 2005, 35 zeigt: "la perception du monde et l'effet produit par la perception, la pure appréhension du spectacle extérieur et le retentissement intérieur". Die Erwähnung von Odysseus' Kontemplation vor der Beschreibung (πολλὰ δέ οἱ κῆρ / ὥρμαιν' ἱσταμένῳ, 7.82–83), die an deren Ende (133–135) wiederaufgegriffen wird, untermauert diese These. Die Dauer des Blicks wird einerseits durch zwei entgegengesetzte Aspekte desselben Verbs – durativ und punktuell – (θηεῖτο, 133; θηήσατο, 134) sichtbar, andererseits durch den Kontrast zwischen beiden Phrasen ἐπεὶ δή 'als nun' und αὐτίκ' ἄρ' 'sogleich', welche die zeitliche Dimension deutlich hervorheben. Siehe Elliger 1975, 130 Anm. 84; vgl. auch Müller 1968, 131–137.

56 West 1988, 195–196; Hainsworth 1988, 326; de Jong 2001, 176.

stand in awe".[57] Die oben zitierte Stelle weist unverkennbare Ähnlichkeiten mit der Szene auf, in welcher der ankommende Gott Hermes von der Grotte der Nymphe Kalypso und deren Umgebung verzaubert wird:

> ἔνθα στὰς θηεῖτο διάκτορος Ἀργεϊφόντης.
> αὐτὰρ ἐπεὶ δὴ πάντα ἑῷ θηήσατο θυμῷ,
> αὐτίκ' ἄρ' εἰς εὐρὺ σπέος ἤλυθεν.
> *Od.* 5.75–77

> Da stand und staunte der Geleiter, der Argostöter. Doch als er nun alles bestaunt hatte in seinem Mute, ging er sogleich in die breite Höhle.

Gelehrte haben längst erkannt, dass die Freude des Gottes an der Landschaft in einen scharfen Kontrast zu Odysseus' Desinteresse an ihr tritt: Letzterer sitzt am Strand, schaut mit starrem Blick auf das Meer und weint unablässig (5.81–84; 151–158). Der von Hermes Besuchte ist jetzt Besucher geworden, wobei Odysseus' Desinteresse am *locus amoenus* zu dessen Staunen über Alkinoos' Palast umgekehrt wird. Zudem wird die emotionale Perzeption des Alkinoos-Palasts seiner ironisch klingenden Rede zu Eumaios gegenübergestellt, als der Heimkehrer nach zwanzig Jahren zum ersten Mal vor seinem eigenen Palast steht und die Leier und den Gesang des Phemios hört:

> Εὔμαι', ἦ μάλα δὴ τάδε δώματα κάλ' Ὀδυσῆος·
> ῥεῖα δ' ἀρίγνωτ' ἐστὶ καὶ ἐν πολλοῖσιν ἰδέσθαι.
> *Od.* 17.264–265

> Eumaios, wirklich, das sind die schönen Häuser des Odysseus! Leicht herauszukennen sind sie auch unter vielen, wenn man sie sieht.

Diese Passage ruft zudem Nausikaas Anweisung an den Laertes-Sohn hervor, wie dieser die Häuser ihres Vaters finden könne (ῥεῖα δ' ἀρίγνωτ' ἐστί, καὶ ἂν πάϊς ἡγήσαιτο / νήπιος, 6.300–301).[58] Die Resonanz zwischen 17.265 und 6.300 dürfte mit dem mündlichen Charakter des Epos in engem Zusammenhang stehen: Ähnlichkeit provoziert ähnliche Wortwahl (im Sinne der Formelsprache), differente Passagen hingegen erlauben auch differente Formulierungen. Während

57 De Jong 2001, 176; vgl. auch Schol. HP¹T *Od.* 7.86 οὐδὲν οὖν μειρακιῶδες πάσχει ὁ Ὀδυσσεὺς καταπληττόμενος τὰ οὕτω παράδοξα.

58 Siehe bereits Goldhill 1988, 10.

West in unmittelbarer Folge von 6.301–302 den ursprünglichen Platz der vermeintlich interpolierten Passage (7.103–131) zu finden glaubt,[59] zeigen die oben angeführten Ankunftsszenen eine 'innere' Plausibilität des Verhaltens bei der Ankunft, die – neben der narratologischen Perspektive auf den Text – für die Echtheit der Passage spricht. Die scheinbar ungewöhnliche Länge der Palastbeschreibung (84–132), die gerade auch durch die Verse 7.81–83 und 133–135 umrahmt wird, ist insofern nicht überraschend, "als gerade dieses Haus poetisch von besonderer Bedeutung werden sollte":[60] Der Palast des Alkinoos ist der Ort, an dem Odysseus seinen *nostos* den Phaiaken vorträgt.

Es liegt nahe, den Palast des Alkinoos als Erzählraum zu bezeichnen. Im Gegensatz zu den von de Jong verwendeten Begriffen "fabula-space" und "story-space", denen Chatmans auf das Konzept des Films ausgerichtete Raumtheorie zugrundliegt,[61] verstehe ich unter 'Erzählraum' eine in der Haupterzählung eines literarischen Werkes konkret dargestellte Räumlichkeit, in der eine Binnenerzählung von einem Charakter erzählt wird.[62] Die Halle eines Palasts ist der übliche Ort der Gesangvorträge in der *Odyssee* und somit ein geläufiger Erzählraum des Epos. Man vergleiche Phemios' Performanz in Odysseus' Halle sowie Demodokos' ersten und dritten Gesang im Palast des Alkinoos, während der zweite Gesang des Demodokos auf merkwürdige Weise auf dem Markt der Phaiaken vorgetragen wird (vgl. κὰδ δ' ἐκ πασσαλόφι κρέμασεν φόρμιγγα λίγειαν, / Δημοδόκου δ' ἕλε χεῖρα καὶ ἔξαγεν *ἐκ μεγάροιο* / κῆρυξ· ἦρχε δὲ τῷ αὐτὴν ὁδὸν ἥν περ οἱ ἄλλοι / Φαιήκων οἱ ἄριστοι, ἀέθλια θαυμανέοντες. / βὰν δ' ἴμεν εἰς *ἀγορήν*, ἅμα δ' ἕσπετο πουλὺς ὅμιλος, / μυρίοι· ἂν δ' ἵσταντο νέοι πολλοί τε καὶ ἐσθλοί, 8.105–110).[63]

---

59 West 2000, 483–485; vgl. West 2000, 485: "[W]e are surely compelled to suppose that the transposition was a deliberate by the poet (or one of the poets) of our Odyssey. Perhaps he felt that the extended description made Nausicaa's speech too long, or that it would make a more vivid impression in the context of Odysseus' actual arrival".

60 Focke 1943, 118–119.

61 Vgl. de Jong 2012b, 2–3: "[T]he fabula-space would be a (theoretically) complete depiction of the location(s) of a narrative, while the story-space is the actual space as the text presents it to us". Vgl. Chatman 1978.

62 Kahrmann/Reiß/Schluchter 1977, 53: "Das Erzählen des fiktiven Erzählers konstruiert außer den erzählten Räumen auch den *Erzählraum*, d.h. die räumliche Dimension seiner fiktiven Redesituation (Erzählsituation)"; Neumann 2015, 98: "Dass sich der Großteil der Forschungsarbeiten vor allem mit dem Raum der Diegese bzw. dem Raum der erzählten Geschichte beschäftigt, hat wohl vor allem damit zu tun, dass der Raum des Diskurses bzw. der Erzählraum in der Regel nur bei homodiegetischen Erzählungen deiktisch konkretisiert ist. Thematisch relevant wird der Raum des Diskurses insbesondere dann, wenn er zum Auslöser des Erzählprozesses wird oder diesen auf bestimmte Weise beeinflusst (wie z.B. bei der *'prison narrative'*)".

63 Vgl. 8.256–264 ὣς ἔφατ' Ἀλκίνοος θεοείκελος, ὦρτο δὲ κῆρυξ / οἴσων φόρμιγγα γλαφυρὴν *δόμου*

Dieser Unterschied bezüglich des Erzählraums scheint auf die Themen der Lieder zugeschnitten. Denn Demodokos' zweiter Gesang ist eine sogenannte Götterburleske, welcher die Umgebung und Stimmung des Vortragsortes entsprechen, während dessen erster und dritter Gesang vom Trojanischen Krieg handeln. Zudem nimmt der Inhalt des zweiten Demodokos-Gesangs die darauffolgende Erzählung vorweg, nämlich den Wettkampf auf dem Marktplatz, wie bereits Matte formuliert hat: "Das Ares-Lied hat selbst eine Art Wettkampf-Charakter, es zeigt den 'Wettkampf' zwischen dem – wenn man will – Starken-Dummen und dem Hinkenden-Schlauen. Das Ares-Lied fügt sich also in die bestehende Wettkampf-Situation zwischen den Phäaken und Odysseus ein".[64]

Zudem tritt der Palast des Alkinoos als Erzählraum der Apologe in einen scharfen Kontrast zu dem Bett des Odysseus. Dieses Bett ergibt sich als der sicherste Ort, an dem der Inhalt der Apologe durch Odysseus' Resümee (23.310–341) seiner Gattin wiedergegeben wird.

3 Die 'spatiale Form' des Epos

Die oben dargestellte Interpretation soll einen Beitrag leisten zur Erkenntnis der narrativen Bedeutung der Raumbeschreibung bei Homer. Sowohl *Raum* – gegenüber *Zeit* – als auch *Beschreibung* – gegenüber *Erzählung* – sind in der Erzählforschung im Allgemeinen zumeist stiefmütterlich behandelt worden.[65] Doch Theoretiker haben bereits herausgearbeitet, dass die Raumbeschreibung eine wichtige Rolle für die narrative Struktur des gesamten Texts spielen kann. Bal z.B. hat exemplarisch und überzeugend gezeigt, dass in *Madame Bovary* die Deskription der Stadt Rouen, die Barthes für irrelevant im Hinblick auf die narrative Struktur hält,[66] die Handlung des Romans antizipiert, die Protagonistin charakterisiert und sogar als eine *mise en abyme* des ganzen Werks zu interpretieren ist.[67]

ἐκ βασιλῆος. / αἰσυμνῆται δὲ κριτοὶ ἐννέα πάντες ἀνέσταν, / δήμιοι, οἳ κατ' ἀγῶνα ἐῢ πρήσσεσκον ἕκαστα, / λείηναν δὲ χορόν, καλὸν δ' εὔρυναν ἀγῶνα. / κῆρυξ δ' ἐγγύθεν ἦλθε φέρων φόρμιγγα λίγειαν / Δημοδόκῳ· ὁ δ' ἔπειτα κί' ἐς μέσον· ἀμφὶ δὲ κοῦροι / πρωθῆβαι ἵσταντο, δαήμονες ὀρχηθμοῖο, / πέπληγον δὲ χορὸν θεῖον ποσίν.

64 Matte 1958, 97 Anm. 2.

65 Vgl. Zoran 1984, 310. Zur untergeordneten Stellung der Beschreibung in der Literaturtheorie, die *ancilla narrationis* (Genette 1969, 57) genannt wird, siehe besonders Chatman 1990, 23: "The tradition considers Description secondary or derivative – not just at the service of but positively inferior to Narrative (which usually gets elevated to 'epic' in the discussion)".

66 Barthes 1968.

67 Bal 1977, 94–109.

In ähnlicher Weise, so hoffe ich, ist im vorliegenden Kapitel illustriert worden, dass im Rahmen der Ankunftsszene (*Od.* 7.81–83; 133–135) die gesamte Palast-Deskription (7.84–132) – neben der spannungserzeugenden und charakterisierenden Funktion[68] – auch eine thematische Funktion hat, die der Dreiteilung der Beschreibung entspricht: Das Festmahl im prächtigen Palast der Phaiaken dient als Kontrastfolie zur Situation auf Ithaka (7.84–102); dieser Eindruck wird durch die Arbeit der Dienerinnen und vor allem durch das Nebeneinander von Schiffskunst und Webekunst verstärkt (103–111), das an das Schicksal des Odysseus und der Penelope erinnert; darüber hinaus antizipiert die Deskription des Gartens das Motiv der guten Siedlung (112–132), das später im Epos wiederaufgegriffen wird (vgl. 9.116–141; 24.336–344). Durch vielfältige Kontrast- und Vergleichspunkte bietet der gesamte Passus den Rezipienten die Chance, über das Epos zu reflektieren, in einem Moment, in dem die Handlung anscheinend angehalten wird:[69] Die Beschreibung unterstreicht die 'spatiale Form' des Epos.

Joseph Frank hat durch den metaphorisch verwendeten Begriff der 'spatialen Form' gezeigt, dass viele moderne Autoren wie Eliot, Proust und Joyce die Rezipienten dazu einladen, "to apprehend their work spatially, in a moment of time, rather than as a sequence".[70] Dieser Begriff wurde bereits von Andersen in die Homerforschung eingeführt, der dadurch neues Licht auf die Interpretation des mythischen Paradigmas bei Homer wirft.[71] Die *Odyssee* lässt sich besonders sinnvoll unter Betrachtung der 'spatialen Form' deuten: "Es gibt in der Odyssee Bilder und Gegenbilder, Beispiele und Gegenbeispiele, Entsprechungen in der verschiedensten Art und in allen Graden der Deutlichkeit".[72]

68 Schönbeck 1962, 70–71; de Jong 2001, 177.

69 Eine lange Beschreibung wird von den Narratologen häufig als Pause der Erzählung, die die erzählte Zeit bzw. Aktion anhält, gedeutet. Doch bereits Genette 1972, 134 merkt anhand von Beispielen aus dem Werk Prousts an, dass die als deskriptive Pausen der Erzählung gedachten Beschreibungen nie wirkliche Pausen der Handlung darstellen: "[E]n effet, jamais le récit proustien ne s'arrête sur un objet ou un spectacle sans que cette station corresponde à un arrêt contemplatif du héros lui-même (Swann dans *Un amour de Swann*, Marcel partout ailleurs), et donc jamais le morceau descriptif ne s'évade de la temporalité de l'histoire".

70 Frank 1963 [1945], 9. Zur 'spatialen Form' siehe auch Frank 1978; Smitten/Daghistany 1981.

71 Andersen 1987. Einen ähnlichen Gedanken hat auch Schadewaldt 1966, 85 Anm. 2 bei der Interpretation der narrativen Funktion von Binnenerzählungen in der *Ilias* geäußert: "Die Gesamtbedeutung dieser Technik ist klar: das Iliasgeschehen gewinnt vermöge dieser Durchblicke auf Älteres räumliche Tiefe".

72 Rüter 1969, 228. Das Paradebeispiel ist die bereits im Prolog erwähnte Aigisth-Klytaimnestra-Geschichte, die sich parallel zur Haupthandlung der *Odyssee* durch das ganze Epos

Die von Fenik herausgearbeiteten narrativen Doubletten in der *Odyssee* sind gute Beispiele dafür,[73] wie das Epos in seiner 'spatialen Form' wahrgenommen wird; denn spatial sind "auf der Ebene des gesamten Textes Elemente" vorhanden, "die ihm Einheit nicht durch die Handlungssequenz, sondern thematische Verbindungen geben",[74] die bei den Rezipienten narrative Spannung erzeugen. Die Deskription des Alkinoos-Palasts, die viele thematische Verknüpfungen mit dem Epos aufweist, ist nicht nur in diesem Sinne spatial. Ihre besonderen Modi tragen auch insofern zur 'spatialen Form' der Passage bei, als die Beschreibung "punktuell die erzählte Zeit ein[frieren] und den Flux der Handlung zum Erliegen bringen" kann.[75] Die *Odyssee* ist auch sonst reich an detaillierten Beschreibungen (e.g. *Od.* 5.59–77; 9.116–141; 13.96–112), in denen die erzählte Zeit angehalten wird und den Rezipienten die Möglichkeit geboten wird, über das gesamte Epos zu reflektieren. Somit bietet die gesamte Beschreibung des Palasts ein wichtiges Beispiel dafür, wie das Epos in seiner 'spatialen Form' wahrzunehmen ist.

---

hindurchzieht. Zu "Homer's juxtapositional technique" siehe Goldhill 1988; vgl. auch Fenik 1974; Rutherford 1985.

73 Fenik 1974.

74 Grethlein 2013, 66; vgl. auch Smitten/Daghistany 1981, 13.

75 Grethlein 2013, 66.

KAPITEL 4

Der *Chronotopos* der Ziegeninsel (*Od.* 9.116–141)

Im 9. Buch der *Odyssee* wird erzählt, dass Odysseus und seine Gefährten auf einer Insel landen (ἔνθα κατεπλέομεν, 9.142), die Ziegeninsel genannt wird, und dort übernachten. Sie jagen und essen die Ziegen am nächsten Morgen. Daraufhin nimmt Odysseus zwölf ausgewählte Gefährten mit und führt zu Schiff eine Expedition ins naheliegende Kyklopenland durch, da man auf der Insel Rauch von dort herziehen sieht und Laute des Viehs von dessen Bewohnern vernimmt (Κυκλώπων δ' ἐς γαῖαν ἐλεύσσομεν ἐγγὺς ἐόντων, / καπνόν τ' αὐτῶν τε φθογγὴν ὀΐων τε καὶ αἰγῶν, 9.166–167).[1]

Vor dem Bericht dieser Ereignisse wird die Ziegeninsel bereits ausführlich beschrieben, oder besser gesagt, vom internen Erzähler Odysseus kommentiert:

νῆσος ἔπειτα λάχεια παρὲκ λιμένος τετάνυσται,
γαίης Κυκλώπων οὔτε σχεδὸν οὔτ' ἀποτηλοῦ,
ὑλήεσσ'· ἐν δ' αἶγες ἀπειρέσιαι γεγάασιν
ἄγριαι· οὐ μὲν γὰρ πάτος ἀνθρώπων ἀπερύκει,
120 οὐδέ μιν εἰσοιχνεῦσι κυνηγέται, οἵ τε καθ' ὕλην
ἄλγεα πάσχουσιν κορυφὰς ὀρέων ἐφέποντες.
οὔτ' ἄρα ποίμνῃσιν καταΐσχεται οὔτ' ἀρότοισιν,
ἀλλ' ἥ γ' ἄσπαρτος καὶ ἀνήροτος ἤματα πάντα
ἀνδρῶν χηρεύει, βόσκει δέ τε μηκάδας αἶγας.
125 οὐ γὰρ Κυκλώπεσσι νέες πάρα μιλτοπάρῃοι,
οὐδ' ἄνδρες νηῶν ἔνι τέκτονες, οἵ κε κάμοιεν
νῆας ἐϋσσέλμους, αἵ κεν τελέοιεν ἕκαστα
ἄστε' ἐπ' ἀνθρώπων ἱκνεύμεναι, οἷά τε πολλὰ
ἄνδρες ἐπ' ἀλλήλους νηυσὶν περόωσι θάλασσαν·
130 οἵ κέ σφιν καὶ νῆσον ἐϋκτιμένην ἐκάμοντο.
οὐ μὲν γάρ τι κακή γε, φέροι δέ κεν ὥρια πάντα·

1 Zur narrativen Signifikanz dieser geographischen Entfernung zum Land der Kyklopen siehe Byre 1994a, 357: "It is near enough so that Odysseus saw the smoke of their fires and heard the sound of their animals (166–167) and determined to visit them (171–176), and near enough so that Odysseus easily returned after his escape from Polyphemus (542–547). Yet it is distant enough to provide a place of safety for his ships and men, since the Cyclopes have no ships to reach it (119–130)". Vgl. de Jong 2001, 233–234.

 DOI:10.1163/9789004379473_005

ἐν μὲν γὰρ λειμῶνες ἁλὸς πολιοῖο παρ’ ὄχθας
ὑδρηλοὶ μαλακοί· μάλα κ’ ἄφθιτοι ἄμπελοι εἶεν·
ἐν δ’ ἄροσις λείη· μάλα κεν βαθὺ λήϊον αἰεὶ
135 εἰς ὥρας ἀμόῳεν, ἐπεὶ μάλα πῖαρ ὑπ’ οὖδας.
ἐν δὲ λιμὴν εὔορμος, ἵν’ οὐ χρεὼ πείσματός ἐστιν,
οὔτ’ εὐνὰς βαλέειν οὔτε πρυμνήσι’ ἀνάψαι,
ἀλλ’ ἐπικέλσαντας μεῖναι χρόνον, εἰς ὅ κε ναυτέων
θυμὸς ἐποτρύνῃ καὶ ἐπιπνεύσωσιν ἀῆται.
140 αὐτὰρ ἐπὶ κρατὸς λιμένος ῥέει ἀγλαὸν ὕδωρ,
κρήνη ὑπὸ σπείους· περὶ δ’ αἴγειροι πεφύασιν.
Od. 9.116–141

Alsdann erstreckt sich dort querab vom Hafen eine flache Insel, weder nah am Lande der Kyklopen noch weit ab, eine bewaldete, und darauf leben unendliche wilde Ziegen. Denn kein Pfad der Menschen vertreibt sie, noch betreten die Insel Jäger, die im Wilde Schmerzen leiden, wenn sie die Häupter der Berge durchstreifen. Weder von Herden ist sie eingenommen noch von Ackerbau, sondern unbesät und unbepflügt alle Tage ist sie von Menschen leer und nährt nur meckernde Ziegen. Denn den Kyklopen sind keine Schiffe zu Gebote mit mennigfarbenen Wangen, und auch keine Zimmermänner von Schiffen sind unter ihnen, die wohlverdeckte Schiffe bauen könnten, die da jegliches ausrichten, zu den Städten der Menschen fahrend, so wie vielfach die Männer auf Schiffen zueinander das Meer durchqueren. Diese hätten ihnen wohl auch die Insel zu einer gutbebauten machen können; denn sie ist gar nicht schlecht, und sie würde alles tragen nach der Jahreszeit. Denn auf ihr sind Wiesen an den Gestaden der grauen Salzflut, feuchte, weiche: da könnten recht wohl unvergängliche Reben sein. Und ebenes Ackerland ist darauf: dort könnte man recht wohl eine tiefe Saat jeweils zu den Zeiten der Ernte schneiden, denn sehr fett ist der Boden darunter. Und auf ihr ist ein Hafen, gut anzulaufen, wo kein Haltetau nötig ist und auch nicht nötig, Ankersteine auszuwerfen noch Hecktaue anzubinden, sondern man braucht nur aufzulaufen und eine Zeit zu warten, bis der Mut der Schiffer sie treibt und die Winde heranwehen. Doch am Kopf des Hafens fließt helles Wasser, eine Quelle, hervor aus einer Grotte, und Pappeln wachsen darum.

In einem ersten Schritt wird diese ungewöhnlich lange Beschreibung in deren narrativen sowie interpretatorischen Kontext situiert (1.). Vor dem Hintergrund der kolonialen Bewegung wird der oben zitierte Passus im Lichte der Vorgeschichte der Phaiaken sowie des Begriffs *Chronotopos* näher erläutert (2.). Im

Anschluss daran soll gezeigt werden, dass Bachtins Begriff *Chronotopos* ein vielversprechendes Mittel ist, mit dem das facettenreiche Verhältnis der Raumbeschreibung bei Homer zu deren narrativem Kontext herausgearbeitet werden kann (3.).

1 Der Kontext der Ziegeninsel

Die Beschreibung der Ziegeninsel ist nicht darauf ausgerichtet, deren realen Zustand darzustellen; vielmehr ist sie vom Nichtvorhandensein und vom Optativ als Modus geprägt.[2] Nach einer geographischen Einleitung werden die Präsenz der Ziegen und die Abwesenheit der Menschen einander gegenübergestellt (116–124); während der zweite Teil von den potenziellen Siedlern handelt (125–130), steht das vielversprechende Potenzial der Insel im Zentrum (131–141) des letzten Abschnittes.[3]

Die Ziegeninsel bietet einen sicheren Ort, einen guten Naturhafen (ἐν δὲ λιμὴν εὔορμος, 136), für die anderen elf Schiffe des Odysseus,[4] die durch ihre Entfernung vor den Kyklopen geschützt sind.[5] Zudem wird das Motiv der begeisterten Expedition in Erwartung eines Gastgeschenkes (229) in den Vordergrund gerückt,[6] welches im Kontrast zu dem Motiv der vorsichtigen Erkundung in der Laistrygonen- sowie der Kirke-Episode steht.[7] Beide narrativen Vorteile der Ziegeninsel können dennoch die ungewöhnliche Länge der Beschreibung (116–141) kaum rechtfertigen, einer Landschaft, die nach Reinhardt "[n]irgends sonst … in der Odyssee in solchem Maß um ihrer selbst willen gegeben" wird.[8]

2 Wie Byre 1994a, 358 zurecht betont hat, "instead of giving concrete and vivid details about what sort of place the island is, much of the description consists of comments about what the island is *not*, and about what it might be or could have been".

3 Zu dieser Dreiteilung siehe Austin 1983, 25–29.

4 Schol. QV *Od.* 9.116 *οἰκονομικῶς* δὲ εἰς ταύτην νύκτωρ κατήχθησαν, ἵνα μὴ ἀπόλωνται πάντες ('In einer gut geordneten Weise wurden sie [die Schiffe] auf diese [Insel] bei Nacht geführt, damit nicht alle zugrunde gehen'). Vgl. auch Reinhardt 1960, 62–63; Clay 1980, 261; Reece 1993, 127; Byre 1994a, 357; Pucci 1998, 154–155; de Jong 2001, 233.

5 Stanford 1947, 353 zu *Od.* 9.116; vgl. 9.541–544.

6 Vgl. Rutherford 1986, 150: "[I]ndeed, the whole débâcle of the Cyclops episode is due, as he [Odysseus] himself admits, to his insatiable curiosity, and to his eagerness to win friends and acquire gifts".

7 Siehe Reinhardt 1960, 66; Clay 1980, 261.

8 Reinhardt 1960, 63; vgl. auch Kirk 1985b, 84 ("Sometimes an important episode is marked out at its beginning by an elaborate description, of armament or locality for instance; but that does not entirely account for the description of the island at such length"); Byre 1994a, 357 ("But if the need for the island in the narrative economy of the poem is immediately obvious,

Unter den bisherigen Interpretationen dominieren zwei Positionen. Auf der einen Seite lesen viele Gelehrte die Ziegeninsel als Erweiterung des Kyklopenlandes (9.106–115), die eine negative Charakterisierung der Kyklopen im Kontrast zu den zivilisierten Phaiaken zeitigt.[9] Doch die Ziegeninsel ist keine Doublette des Landes der Kyklopen, wie Byre aufs Deutlichste illustriert: "Goat Island is rich in a potential that is unrealized because of the want of human labor, while the land in which the Cyclopes dwell is fecund in actuality, producing grapes and grain of itself, without any labor on their part".[10] Sie nehme vielmehr eine Zwischenstellung in der Antithese von Natur und Zivilisation ein und "represents nature in its ideal benign form, not as opposed to culture, as savage and repellent, but as waiting to be developed by culture, as its exemplary precondition".[11]

Auf der anderen Seite ist längst suggeriert worden, dass die Beschreibung der Ziegeninsel vor dem Hintergrund der Koloniebewegung der archaischen Zeit zu verstehen sei.[12] Ein literarisches Werk wie die *Odyssee* mit fiktiven Ele-

---

the need for so lengthy a description of it, and the rather peculiar form that it has taken, is not"). Nicht überzeugend nennt Richardson 1990, 218–219 die Beschreibung "a descriptive pause" der Erzählung.

9 Siehe bereits Nitzsch 1840, 31: "Der Dichter selbst wollte nur die Rohheit der Kyklopen schildern, und hatte bloss gesagt: denn die Kyklopen kommen nicht herüber, sie haben keine Schiffe, und bei ihnen sind keine Schiffsbaumeister; sonst, wenn sie die Cultur hätten, Schiffe zu bauen, würden sie auch eine solche Insel nicht unangebaut liegen lassen". Für Sauter 1953, 336 sind "[a]lle diese verschiedenen Beschreibungen" in *Od.* 9, nämlich die "Schilderung der Kyklopen und ihres Landes, der Ziegeninsel, Polyphems und seines Anwesens, der Höhle des Kyklopen", "von einem Grundmotiv durchzogen: die erstaunliche Kulturlosigkeit der Kyklopen soll in ganz sinnfälliger Weise festgehalten werden". Vgl. Austin 1975, 144–145; Eisenberger 1973, 133. Auch Edwards 1993, 28 hält "the island's undeveloped state" für "an index of the savagery of the Cyclopes".

10 Byre 1994a, 360. Für de Jong 2001, 234 dienen die Details der Beschreibung dazu, "to point up the contrast between the primitive Cyclopes (who live near an extremely fertile island, but leave it unexplored) and Odysseus, who immediately realizes its potential", während nach Byre 1994a, 366 die Beschreibung auf das rhetorische Ziel des Odysseus gerichtet ist, damit dieser Gunst bei seinen zivilisierten Gastgebern, den Phaiaken, findet.

11 Kirk 1970, 165. Nach Clay 1980, 263 Anm. 10 lässt sich diese Ambivalenz genau durch die symbolische Bedeutung der Ziegen auf der Insel illustrieren.

12 Wilamowitz 1916, 497–505; von der Mühll 1940, 720; Schadewaldt 1944, 111–115; Finley 1954, 61–63; Reinhardt 1960, 63–64; Kirk 1970, 165; Elliger 1975, 143 mit Anm. 124; Jeffery 1976, 50–59; Clay 1980, 261; Hall 1989, 47–50; Rose 1992, 134–140; Crielaard 1995, 236–239; Dougherty 2001, 127–130; Rinon 2007, 308–311; Grethlein 2017, 130–141. In jüngster Zeit tendiert man dazu, die einheitliche Koloniebewegung in der archaischen Zeit kritisch zu sehen. Man unterscheidet beim Begriff "Kolonisation", "a conventional yet misleading modern term", zumindest zwei Bedeutungen: "the founding of mostly independent city-states" und "the creation of *emporia*"; siehe Malkin 2011, 209. Diese Bewegung, die in der Wende vom

menten ist keineswegs Spiegel der historischen Ereignisse. Vielmehr nimmt der Dichter Material aus seinem Alltag und integriert es – kunstvoll verbergend – in seine Darstellung der heroischen Zeit.[13] Der *nostos* des Odysseus scheint zwar die Gegenrichtung der kolonialen Bewegung zu sein;[14] an deren Diskurs werden die Rezipienten der archaischen Zeit dennoch mittels der epischen Erzählung beteiligt, die als poetisches Produkt über die historische Wirklichkeit hinausgeht, wie es die Anhänger des *New Historicism* nachdrücklich betonen.[15] Dougherty zeigt vor allem deutlich, dass das Thema der Kolonisation sich wie ein roter Faden durch den Text der *Odyssee*, vor allem im 9. Buch, hindurchzieht.[16] Darüber hinaus lässt sich das unverkennbare Interesse des Odysseus am Potenzial der Ziegeninsel, mit dem die Optativformen und die Partikel κε(ν)/ἄν einhergehen, als Ausdruck seiner kolonialen Fokalisation verstehen.[17]

---

8. zum 7. Jahrhundert begann, musste der Dichter des homerischen Epos gekannt haben, dessen Entstehungszeit von der heute vorherrschenden Meinung ins 7. Jahrhundert datiert wird. Vgl. Burkert 1976; Crielaard 1995, 274; West 1995; 2012, 15–19; 2014, 35–43. Zur Darstellung der Kolonisation in der griechischen Literatur im Allgemeinen siehe Dougherty 1993; 1994; Miller 1997.

13 Siehe Morris 1986; Grethlein 2014. Man denke auch an Homers kunstvolle Auseinandersetzung mit (In)schrift (Clay 2016) und Symposium (Węcowski 2002). Wie unlängst Stein-Hölkeskamp 2006, 324 gezeigt hat, können die Beschreibung der Ziegeninsel und die folgende Expedition ins Kyklopenland im Licht der Rezeptionsgeschichte der archaischen Zeit "sehr wohl als literarische Verarbeitung der Hoffnung und Ängste verstanden werden, die die Immigranten bei ihren stets ambivalenten und risikoreichen Unternehmungen umgetrieben haben müssen. Darüber hinaus mag ihr Vortrag an den heimeligen Feuerstätten in den mutterländischen *oikoi* die Neugier und die Abenteuerlust des einen oder anderen Zuhörers angestachelt und ihn zur Nachahmung gereizt haben. Erzählter Text und reale Lebenswelt mögen sich so auf vielfältige Weise gegenseitig durchdrungen und beeinflußt haben".

14 Siehe Hartog 1996, 24–25: "Sur un mode plus mondain et plus grec, les voyages de colonisation, que les Grecs menèrent à partir du VIIIe siècle avant J.-C. sur le pourtour de la Méditerranée, n'étaient-il pas conçus comme des voyages sans retour pour ceux qui, volontaires ou tirés au sort, devaient s'embarquer, sous la conduire d'un *oikiste* (fondateur), pour ne plus revenir?" Vgl. auch Malkin 1998, der die *Odyssee* für ein Epos der Proto-Kolonisation hält.

15 Zum *New Historicism* im Allgemeinen siehe Greenblatt 1982; zu dessen Anwendung in der Homerforschung siehe Thalmann 1998; Dougherty 2001; 2003.

16 Siehe Dougherty 2001, 212 Anm. 28: "Both of the shorter episodes that precede Odysseus' encounter with the Cyclops can also be seen within the conventions of colonial discourse. The raid on the Ciconians is reminiscent of the kind of force often necessary for colonial settlement. The episode with the Lotus-Eaters represents the threat that colonists will go native – not want to return to Greece or stay Greek".

17 Siehe Rinon 2007, 309–310: "This emphatically subjective accent to imaginary amelioration culminates in focalization representing this island as a potential harbor for would-be

2 Die Vergangenheit der Phaiaken und der *Chronotopos* der Ziegeninsel

Der koloniale Hintergrund der Ziegeninsel wird zudem dadurch erkennbar, dass diese Episode mit der Umsiedlungsgeschichte der Phaiaken (6.4–12) thematisch eng verbunden ist. Diese beiden Episoden sind nicht nur die am häufigsten genannten Beispiele, das koloniale Bewusstsein in der *Odyssee* zu entdecken;[18] sie laden die Rezipienten dazu ein, durch diese Verbindung über die spannungsreiche Vergangenheit der Phaiaken zu reflektieren.[19] Bachtins Begriff *Chronotopos*, unter welchem er "den grundlegenden wechselseitigen Zusammenhang der in der Literatur künstlerisch erfaßten Zeit-und-Raum-Beziehungen" versteht,[20] scheint mir für die Interpretation der Ziegeninsel besonders geeignet zu sein. Die Raum-Zeit-Beziehungen kommen in diesem Begriff zu einem sinnvollen Ganzen zusammen: Während der Raum durch die Zeit ein größeres Spektrum an Dimensionen hat, wird die abstrakte Zeit im Raum sichtbar. Mit dem Kulturhistoriker Schlögel lässt sich ebenfalls für die Ziegeninsel behaupten: "Im Raume lesen wir die Zeit".[21]

Meine Interpretation dieser Beschreibung schließt an den kolonialen Hintergrund der Ziegeninsel an, zielt aber darauf ab, deren zeitliche Dimension zu verdeutlichen: Die Insel bietet nicht nur einen sicheren Hafen für die anderen Schiffe des Odysseus (Schol. QV *Od.* 9.116), sie lässt vielmehr die Vergangenheit der Phaiaken hervortreten, die sowohl mit den Kyklopen als ehemaligen Nachbarn als auch mit Poseidon – vor allem in Bezug auf das Schiff – in Beziehung zu setzen sind.

In der ersten Götterversammlung macht Zeus klar, dass Odysseus wegen Poseidons Wut von seiner Heimat fernbleiben müsse, weil er Polyphem, den Sohn des Meeresgottes, geblendet habe:

---

settlers. This subjectivity, characteristic of all focalization by definition and heightened here, is especially evident in a colonizing context in which verbal appropriation reflects a fantasized subjugation". In Rinons Verwendung des Begriffes werden der Fokalisation nach Rimmon-Kenan 1983 mehr Aspekte zugeschrieben, als dies bei Genette 1972 der Fall ist. Diese hat nämlich drei Aspekte: eine Sinneswahrnehmung wie das Sehen und Hören, einen psychologischen Aspekt mit einer emotionalen und kognitiven Komponente und eine ideologische Reflexion über Werte und Normen.

18 Siehe vor allem Antonaccio 2009, 318–319.

19 Nach Clay 1980 ist die Ziegeninsel direkt mit der Insel Hypereia, dem vorherigen Siedlungsort der Phaiaken, zu identifizieren; zur Auseinandersetzung mit dieser These siehe unten.

20 Bachtin 2008 [1975], 7–8.

21 Schlögel 2003. Das Diktum stammt von Friedrich Ratzel.

ἀλλὰ Ποσειδάων γαιήοχος ἀσκελὲς αἰὲν
Κύκλωπος κεχόλωται, ὃν ὀφθαλμοῦ ἀλάωσεν,
70 ἀντίθεον Πολύφημον, ὅου κράτος ἐστὶ μέγιστον
πᾶσιν Κυκλώπεσσι· Θόωσα δέ μιν τέκε νύμφη,
Φόρκυνος θυγάτηρ, ἁλὸς ἀτρυγέτοιο μέδοντος,
ἐν σπέεσι γλαφυροῖσι Ποσειδάωνι μιγεῖσα.
ἐκ τοῦ δὴ Ὀδυσῆα Ποσειδάων ἐνοσίχθων
οὔ τι κατακτείνει, πλάζει δ' ἀπὸ πατρίδος αἴης.
Od. 1.68–75

Allein Poseidon, der Erdbeweger, zürnt ihm unbeugsam immer um des Kyklopen willen, den er am Auge blind gemacht hat, den gottgleichen Polyphem, dessen Gewalt die größte ist unter allen Kyklopen. Thoosa, die Nymphe hat ihn geboren, des Phorkys Tochter, der über die unfruchtbare Salzflut waltet, nachdem sie in den gewölbten Höhlen sich mit Poseidon vereinigt hatte. Von daher sucht Poseidon, der Erderschütterer, den Odysseus nun zwar nicht zu töten, doch treibt er ihn ab von dem väterlichen Lande.

Dieser Aussage wird Zeus' Ankündigung in der zweiten Götterversammlung gegenübergestellt, dass Odysseus am zwanzigsten Tage nach der Entlassung durch Kalypso das Land der götterverwandten Phaiaken erreichen werde, die ihn mit reichlichen Geschenken zu Schiff in sein Vaterland Ithaka begleiten würden (5.33–42). Poseidon weiß, dass das Land der Phaiaken der Ort ist, wo es Odysseus bestimmt ist, endlich der großen 'Schlinge' des Leids, das ihn traf, zu entkommen (καὶ δὴ Φαιήκων γαίης σχεδόν, ἔνθα οἱ αἶσα / ἐκφυγέειν μέγα πεῖραρ ὀϊζύος, ἥ μιν ἱκάνει, 5.288–289). Das phaiakische Volk ist mit Poseidon eng verwandt; denn Nausithoos, der frühere König der Phaiaken, ist sein Sohn – wie Polyphem, der stärkste der Kyklopen. Darüber informiert Athene, verkleidet als phaiakische Magd, den Heimkehrer, bevor er in Alkinoos' Palast eintritt:

Ναυσίθοον μὲν πρῶτα Ποσειδάων ἐνοσίχθων
γείνατο καὶ Περίβοια, γυναικῶν εἶδος ἀρίστη,
ὁπλοτάτη θυγάτηρ μεγαλήτορος Εὐρυμέδοντος,
ὅς ποθ' ὑπερθύμοισι Γιγάντεσσιν βασίλευεν.
60 ἀλλ' ὁ μὲν ὤλεσε λαὸν ἀτάσθαλον, ὤλετο δ' αὐτός·
τῇ δὲ Ποσειδάων ἐμίγη καὶ ἐγείνατο παῖδα
Ναυσίθοον μεγάθυμον, ὃς ἐν Φαίηξιν ἄνασσε·
Ναυσίθοος δ' ἔτεκεν Ῥηξήνορά τ' Ἀλκίνοόν τε.
Od. 7.56–63

Zuerst hat den Nausithoos der Erderschütterer Poseidon gezeugt und Periboia, die an Aussehen beste unter den Frauen, die jüngste Tochter des großherzigen Eurymedon, der einst unter den übermütigen Giganten König war. Doch der richtete sein frevelhaftes Volk zugrunde und ging selbst zugrunde. Mit dieser vereinigte sich Poseidon und zeugte einen Sohn, Nausithoos, den hochgemuten, der unter den Phaiaken herrschte. Nausithoos aber zeugte den Rexenor und den Alkinoos.

Eurymedon, der König der Giganten und der Großvater des Nausithoos mütterlicherseits, hat ein schreckliches Ende: Er bringt sein frevelndes Volk zu Fall, fällt dann selbst (7.60).[22] Dies tritt in scharfen Kontrast zum Wohlstand der Phaiaken auf Scheria, wirft zugleich auch Schatten über sie wegen ihrer nahen Verwandtschaft – wie man Alkinoos' Worten entnehmen kann – mit den Giganten und den übergewaltigen Kyklopen:[23]

αἰεὶ γὰρ τὸ πάρος γε θεοὶ φαίνονται ἐναργεῖς
ἡμῖν, εὖθ' ἔρδωμεν ἀγακλειτὰς ἑκατόμβας,
δαίνυνταί τε παρ' ἄμμι καθήμενοι ἔνθα περ ἡμεῖς.
εἰ δ' ἄρα τις καὶ μοῦνος ἰὼν ξύμβληται ὁδίτης,
οὔ τι κατακρύπτουσιν, ἐπεί σφισιν ἐγγύθεν εἰμέν,
ὥς περ Κύκλωπές τε καὶ ἄγρια φῦλα Γιγάντων.
Od. 7.201–206

Denn immer zeigen sich uns jeher die Götter sichtbar, wenn wir hochberühmte Hundertopfer darbringen, und speisen bei uns, sitzend, wo auch wir. Und wenn sogar einer allein als Wanderer geht und ihnen begegnet, verbergen sie sich nicht, da wir ihnen nah sind wie die Kyklopen und wie die wilden Stämme der Giganten.

Die Phaiaken sind den Göttern nahe (vgl. Φαιήκων ἐς γαῖαν, οἳ ἀγχίθεοι γεγάασιν·, 5.35) – wie die Kyklopen und die Giganten. Sie haben das Privileg, mit

22 Gut beobachtet hat Clay 1980, 264 Anm. 13: "Hence there are no Giants in the *Odyssey*. But consider the Laestrygonians who are likened to Giants (*Od.* 10.120)". Zu verbalen Resonanzen der Kyklopen- und Laistrygonen-Episode siehe Heubeck 1989, 49–50.

23 Sowohl die Phaiaken als auch die Kyklopen werden ὑπερφίαλοι genannt (6.274; 9.106). Der Kontext, in dem die Phaiaken als ὑπερφίαλοι bezeichnet werden (6.274), handelt von ihrer potenziell feindlichen Gesinnung gegenüber Fremden. Das ist eine Eigenschaft, die auch die Kyklopen charakterisiert. Dougherty 2001, 127 macht dies deutlich: "In other words, the strong set of contrasts between the Phaeacians and the Cyclopes – ships, social structure, *xenia* – is reinforced by some significant similarities between them".

den Unsterblichen zu schmausen.[24] Aber da die Götter *früher* leibhaftig unter ihnen erschienen (*αἰεὶ γὰρ τὸ πάρος γε θεοὶ φαίνονται ἐναργεῖς*, 7.201) – im Gegensatz zur seltenen Epiphanie der Unsterblichen unter den Menschen (vgl. *οὐ γάρ πως πάντεσσι θεοὶ φαίνονται ἐναργεῖς*, 16.161)[25] –, nimmt Alkinoos sich besonders vor Odysseus, dem Fremden, in Acht, als ob dieser ein sich tarnender Gott sei. Die Partikel γε, die die vorausgehende Phrase τὸ πάρος hervorhebt, "raises the possibility that such divine appearances may have ended".[26]

Die Phrase τὸ πάρος (7.201) geht zudem mit der oftmals erwähnten Vergangenheit der Phaiaken einher,[27] von welcher sie nicht nur zeitlich sondern auch räumlich getrennt sind:

οἳ πρὶν μέν ποτ' ἔναιον ἐν εὐρυχόρῳ Ὑπερείῃ,
5 ἀγχοῦ Κυκλώπων ἀνδρῶν ὑπερηνορεόντων,
οἵ σφεας σινέσκοντο, βίηφι δὲ φέρτεροι ἦσαν.
ἔνθεν ἀναστήσας ἄγε Ναυσίθοος θεοειδής,
εἷσεν δὲ Σχερίῃ, ἑκὰς ἀνδρῶν ἀλφηστάων,
ἀμφὶ δὲ τεῖχος ἔλασσε πόλει καὶ ἐδείματο οἴκους
10 καὶ νηοὺς ποίησε θεῶν καὶ ἐδάσσατ' ἀρούρας.
ἀλλ' ὁ μὲν ἤδη κηρὶ δαμεὶς Ἄϊδόσδε βεβήκει,
Ἀλκίνοος δὲ τότ' ἦρχε, θεῶν ἄπο μήδεα εἰδώς.

Od. 6.4–12

24 Das gemeinsame Sitzen und Speisen von Göttern und Menschen gilt bei den Halbgöttern als Norm (vgl. ξυναὶ γὰρ τότε δα⌊ῖτες ἔσαν, ξυνοὶ δὲ θόωκοι / ἀθανάτοις τε θε⌊οῖσι κατα θνητοῖς τ' ἀνθρώποις, Hes. Fr. 1.6–7 M-W); siehe Thalmann 1984, 99–102. Auf diese Praxis wird am Anfang der *Odyssee* angespielt, wenn angemerkt wird, dass Poseidon, der bei den Äthiopen sitzt, sich an der Speise erfreut (ἔνθ' ὅ γε τέρπετο δαιτὶ παρήμενος, 1.26). Das gemeinsame Festmahl zwischen Poseidon und den Äthiopen steht in scharfem Kontrast zur Abwesenheit Poseidons von den Phaiaken, die unmittelbar von ihm abstammen und sich rühmen, dass die Götter sich ihnen in Epiphanien zeigen und mit ihnen schmausen. Vgl. Vidal-Naquet 1983, 63 Anm. 144.

25 Zur Semantik von ἐναργεῖς bei Homer vgl. Pucci 1987, 110–111: "A study of the expression *phainesthai enargēs* shows that the etymological meaning of *enargēs* – 'in full light' and thus 'manifestly,' 'without any disguise,' 'truly' – pertains only in *Od.* 7.202 and is probably what is meant in *Il.* 20.131; while other meanings such as 'visible' and 'in the physical form' are suggested or made necessary by the contexts in *Od.* 3.420 and in *Od.* 16.161".

26 Garvie 1994, 205.

27 Vgl. (Alkinoos zu den Phaiaken) ἡμεῖς δ', ὡς *τὸ πάρος περ*, ἐποτρυνώμεθα πομπήν· / οὐδὲ γὰρ οὐδέ τις ἄλλος, ὅτις κ' ἐμὰ δώμαθ' ἵκηται, / ἐνθάδ' ὀδυρόμενος δηρὸν μένει εἵνεκα πομπῆς. / ἀλλ' ἄγε νῆα μέλαιναν ἐρύσσομεν εἰς ἅλα δῖαν / πρωτόπλοον, κούρω δὲ δύω καὶ πεντήκοντα / κρινάσθων κατὰ δῆμον, ὅσοι *πάρος* εἰσὶν ἄριστοι, 8.31–36. Während Sergent 2002 sich für die mythische Vorgestalt der Phaiaken vor der *Odyssee*-Tradition interessiert, steht deren in der *Odyssee* erwähnte Vergangenheit im Vordergrund der Ausführung meiner These.

> Die früher einst in der weiträumigen Hypereia wohnten, nahe den Kyklopen, den übermächtigen Männern, die ihnen beständig Schaden taten und an Kräften stärker waren. Von dort hatte sie aufstehen lassen und hinweggeführt Nausithoos, der gottgleiche, und angesiedelt in Scheria, fern von erwerbsamen Menschen. Und er zog eine Mauer um die Stadt und baute Häuser und schuf Tempel der Götter und verteilte die Äcker. Aber der war nun schon, von der Todesgöttin bezwungen, in den Hades gegangen, und Alkinoos herrschte damals, der Gedanken wusste, die von den Göttern waren.

Früher wohnten sie (*πρὶν μέν ποτ'* ἔναιον, 6.4) auf Hypereia, *nahe* den übergewaltigen Kyklopen; jetzt wohnen sie auf Scheria, *fernab* von den Gerste essenden Menschen. Während die Nachbarschaft mit den Kyklopen ihre schmerzliche Vergangenheit verursacht hat (6.6), schützt die geographische Ferne der Insel Scheria sie vor Eindringlingen, wie es Nausikaa behauptet:[28]

> οὐκ ἔσθ' οὗτος ἀνὴρ διερὸς βροτὸς οὐδὲ γένηται,
> ὅς κεν Φαιήκων ἀνδρῶν ἐς γαῖαν ἵκηται
> δηϊοτῆτα φέρων· μάλα γὰρ φίλοι ἀθανάτοισιν.
> οἰκέομεν δ' ἀπάνευθε πολυκλύστῳ ἐνὶ πόντῳ,
> ἔσχατοι, οὐδέ τις ἄμμι βροτῶν ἐπιμίσγεται ἄλλος.
>
> *Od.* 6.201–205

> Nein, den Mann gibt es nicht, der da lebt, ein Sterblicher, und wird nicht geboren werden, der in der Phaiakenmänner Land gelangt und Feindseligkeit hereinträgt. Sehr lieb sind sie den Unsterblichen. Wohnen wir doch weitab in dem vielflutenden Meer, zuäußerst, und kein anderer der Sterblichen gesellt sich zu uns.

Die Umsiedlung der Phaiaken von Hypereia nach Scheria, am äußersten Rand des rastlos brandenden Meeres (6.204–205), setzt ihre Fähigkeit der Schifffahrt voraus. Diese verraten uns bereits das Epitheton des Volks, ναυσίκλυτοι 'durch Schiffe berühmt',[29] und der sprechende Name ihres Anführers, Nausi-

---

28 Siehe bereits Danek 1998, 134: "ζ 201–205 Die Aussage über die Phaiaken steht in Beziehung zu schon zuvor Gesagtem (vgl. zu ζ 4–12), wobei die Aussage μάλα γὰρ φίλοι ἀθανάτοισιν das Prädikat ἀγχίθεοι (ε 35) umschreibt".

29 Zu demselben Wortfeld bei Homer siehe *LfgrE* s.v. φιλήρετμοι 'rudervertraut' (vgl. Ahl/Roisman 1996, 98–99 mit Anm. 7 und 8) und δολιχήρετμοι 'with long oars' (Φαίηκες δολιχήρετμοι, ναυσικλυτοὶ ἄνδρες 8.191 = 8.369 = 13.166).

thoos ‘schnell mit den Schiffen’. Darüber hinaus findet man zahlreiche Phaiaken, deren Namen mit dem Schiff zu tun haben,[30] z. B. Nausikaa (‘hervorragend an den Schiffen’) und Echeneos (‘das Schiff haltend’), den ältesten Mann der Phaiaken (7.155–157). Ihre Schiffskunst, derer Alkinoos sich rühmt,[31] ist jedoch ein Geschenk des Poseidon:[32]

> νηυσὶ θοῇσιν τοί γε πεποιθότες ὠκείῃσι
> λαῖτμα μέγ’ ἐκπερόωσιν, ἐπεί σφισι δῶκ’ ἐνοσίχθων·
> τῶν νέες ὠκεῖαι ὡς εἰ πτερὸν ἠὲ νόημα.
> *Od.* 7.34–36, Athene zu Odysseus

> Auf ihre schnellen Schiffe vertrauend, die eilenden, überqueren sie die große Meerestiefe, da es ihnen der Erderschütterer gegeben. Ihre Schiffe sind schnell wie ein Flügel oder ein Gedanke.

νηυσὶ θοῇσιν τοί γε πεποιθότες tritt in Kontrast zu den primitiven Kyklopen, die “auf die unsterblichen Götter vertrauen” (οἵ ῥα θεοῖσι πεποιθότες ἀθανάτοισιν, 9.107), evoziert aber zugleich den König Nausithoos (‘schnell mit den Schiffen’), unter dessen Führung Umsiedlung und Stadtgründung vollzogen worden sind. Es ist keine Phantasie, wenn man sagt, die Schiffe ermöglichten ihnen die Flucht aus Hypereia – wie es später bei Odysseus und seinen Gefährten der Fall ist –, als die benachbarten Kyklopen sie bedrängten. Durch diese gewannen sie unvergänglichen Ruhm, indem sie an einem einzigen Tag Radamanthys nach Euboia, also zu dem entferntesten Ort, brachten und wieder nach

30 Siehe Hainsworth 1988, 293–294; zuletzt Kanavou 2015, 120–126 mit weiterer Literatur.

31 Siehe de Jong 2001, 188–189: “Alcinous displays a tendency to boast of the excellence of Phaeacian athletes (8.102–103, 247), dancers (8.252–253), and sailors/ships, who escort people quickly and safely (192–196; 8.247, 252–253, 556–563, 566; 13.4–6, 74). The latter quality is of course most relevant to their role in the story, as the people who finally bring Odysseus home; his actual voyage (13.81–92 and 113) will confirm their reputation. The magic quality of the Phaeacian ships is gradually revealed: first Nausicaa tells Odysseus of the existence of the ships (6.264–265); Athena and Alcinous add that the ships, a gift of Poseidon, are fast (7.34–35, 194, 325–326; 8.561); and finally Alcinous explains that they need no steersmen (8.556–563)”.

32 Zu Poseidons Rolle in der Phaiaken-Episode vgl. de Jong 2001, 166 zu *Od.* 6.266. Den Phaiaken mangelt es nicht an Göttergeschenken: Der Webkunst, die Athene den phaiakischen Frauen “über die Maßen gegeben hat, dass sie sich auf gar schöne Werke verstehen wie auch auf treffliche Gedanken” (7.110–111), wird die Kunst des Schiffbaus bei den phaiakischen Männern (7.108–109) gegenübergestellt; die goldenen und silbernen Hunde des Hephaist (7.91–94) stehen in engem Zusammenhang mit den in 7.132 erwähnten Göttergeschenken im Hause des Alkinoos (τοῖ’ ἄρ’ ἐν Ἀλκινόοιο θεῶν ἔσαν ἀγλαὰ δῶρα).

Hause zurückkehrten (7.321–326).[33] Aber gerade weil sie so sicher und gefahrlos alle Menschen geleiten, werde Poseidon im Zorn auf sie ein von solchem Geleit heimkehrendes Schiff zerschmettern und ihnen hohe Berge rings um die Stadt ziehen, wie Nausithoos einst zu Alkinoos sagte (8.564–571): Freilich bezieht sich diese Prophetie auf die Heimkehr des Odysseus mit einem fremden Schiff,[34] so wie Polyphem ihn verflucht hat (ὀψὲ κακῶς ἔλθοι, ὀλέσας ἄπο πάντας ἑταίϝους, / *νηὸς ἐπ' ἀλλοτρίης*, εὕροι δ' ἐν πήματα οἴκῳ, 9.534–535), und Poseidons Rache an den Phaiaken wegen des Geleits (13.125–187):[35] "The anci-

33 Garvie 1994, 232 hat bereits die paradigmatische Funktion dieser Rede erkannt: "The use by a speaker of a paradigma to illustrate his point (here that the Phaeacians are experienced in conveying passengers on long voyages) is a characteristic of H.". Alkinoos' Rede basiert also auf der Autopsie seiner Landsleute (φάσ' ἔμμεναι οἵ μιν ἴδοντο / λαῶν ἡμετέρων, 7.322–323) und schafft – wie viele Exempla aus der *Ilias* – "aufgrund der Annahme einer Regularität aus der Gegenüberstellung eines vergangenen Ereignisses Orientierung für die Gegenwart" (Grethlein 2006, 334).

34 Diese Prophetie bietet sich zum Vergleich mit der des Telemos an, der Polyphems Blendung durch Odysseus vorhergesagt hat (9.507–512); beide Prophetien werden jeweils von Polyphem und von Alkinoos zu spät erkannt (vgl. ὢ πόποι, ἦ μάλα δή με παλαίφατα θέσφαθ' ἱκάνει, 9.507 = 13.171). Zur Prophetie in der *Odyssee* siehe Gartziou-Tatti 2010; zur Verbindung von Telemos' und Nausithoos' Prophetien siehe Erbse 1972, 146–147.

35 Schol. T *Od.* 8.564a zieht aus inhaltlichen Gründen – unter pragmatischem Aspekt – die Authentizität der Verse 8.564–571 in Zweifel: Hätte Odysseus bereits vor den Apologen diesen Spruch vernommen, dann hätte er den Phaiaken sein Schicksal – vor allem Polyphems Fluch – nicht mitgeteilt, Alkinoos aber hätte nicht in übermäßiger Gastfreundlichkeit das Geleit gegeben (εἰ δὲ ἔμαθεν Ὀδυσσεὺς τὸν χρησμόν, οὐκ ἂν αὐτοῖς ἐμήνυσεν τὰ ὑπὲρ αὐτοῦ, οὐδὲ Ἀλκίνοος ἔπεμψεν ὑπερβολῇ φιλοξενίας); vgl. 10.330, wo Kirke die Identität des Odysseus daran erkennt (ἦ σύ γ' Ὀδυσσεύς ἐσσι πολύτροπος), dass er nicht von ihren Kräutern verzaubert worden ist, indem sie sich an Hermes' Spruch erinnert (10.330–331). Erbse 1972, 146–147, der diesen Einwand für wertlos hält, meint: "Jedenfalls hat er [Alkinoos] vor dem Vortrag der Apologe keinen hinreichenden Grund, das Schicksal seines Gastes mit dem Spruch in Verbindung zu bringen. Ebensowenig hat Odysseus Veranlassung, die dunklen Worte auf sich zu beziehen. Unter dem Eindruck seiner Erzählungen aber denkt keiner seiner Gastgeber daran, in dem bereits beschlossenen Geleit eine Gefahr für sein Volk zu befürchten. Obwohl Poseidons Groll mehrmals erwähnt worden ist, wäre das gar zu kleinlich". Beide Positionen vernachlässigen die Rolle der externen Rezipienten, bei denen Alkinoos' Erwähnung des Spruchs und Odysseus' Wiedergabe des Fluchs Spannungen erzeugen; denn durch Zeus' antizipierende Rede (5.33–42) haben sie Einsicht darin, dass sich das in Polyphems Fluch erwähnte fremde Schiff auf das Geleit der Phaiaken bezieht und Poseidons Groll auf dieses Volk unvermeidbar ist, die Frage ist das 'Wie?'. Im Kontrast zu einer Bemerkung in Schol. T *Od.* 8.564a, dass die Phaiaken sich über Polyphems Blendung gefreut hätten, wenn sie an ihr Leiden durch die Kyklopen in der Vergangenheit – den Beweggrund ihrer Umsiedlung – gedacht hätten (ἀλλὰ καὶ αὐτοὶ ἴσως ἔχαιρον τῇ πηρώσει τοῦ Κύκλωπος, δι' αὐτὸν ἀναγκασθέντες μετοικῆσαι), scheint diese dunkle Seite der Vergangenheit den Phaiaken in Vergessenheit geraten zu sein. Sie zeigen keine besondere Reaktion auf einzelne Geschichten der Apologe. Ihre Reaktion auf Odys-

ent connection between the Cyclopes and the Phaecians who fled from their βίη reemerges as the curse of Polyphemus finally succeeds in reducing the Phaeacians to oblivion, if not destruction. The circle draws to a close".[36] Nach Sternbergs Modell ist die Geschichte der Phaiaken voller *suspense* – wegen ihres unklaren Endes (13.184–187) – und erweckt immer wieder die *curiosity* der Rezipienten, nicht zuletzt durch die Erwähnung ihrer Vergangenheit, die mit Odysseus' jüngster Erfahrung – vor allem seiner Begegnung mit den Kyklopen – in Beziehung zu setzen ist.[37]

Von diesen letzten Ereignissen abgesehen, hat das Schiff durchaus ein positives Bild in der Beschreibung der Ziegeninsel, ein Symbol für die Zivilisation, das den Kyklopen fehlt:

> οὐ γὰρ Κυκλώπεσσι νέες πάρα μιλτοπάρηοι,
> οὐδ' ἄνδρες νηῶν ἔνι τέκτονες, οἵ κε κάμοιεν
> νῆας ἐϋσσέλμους, αἵ κεν τελέοιεν ἕκαστα
> ἄστε' ἐπ' ἀνθρώπων ἱκνεύμεναι, οἷά τε πολλὰ
> ἄνδρες ἐπ' ἀλλήλους νηυσὶν περόωσι θάλασσαν·
> οἵ κέ σφιν καὶ νῆσον ἐϋκτιμένην ἐκάμοντο.
> *Od.* 9.125–130

Denn den Kyklopen sind keine Schiffe zu Gebote mit mennigfarbenen Wangen, und auch keine Zimmermänner von Schiffen sind unter ihnen, die wohlverdeckte Schiffe bauen könnten, die da jegliches ausrichten, zu

seus' Erzählung ist offenbar das Schweigen (οἱ δ' ἄρα πάντες ἀκὴν ἐγένοντο σιωπῇ, 11.333 = 13.1), das durch die Zauberkraft der Erzählung verursacht wird (κηληθμῷ δ' ἔσχοντο κατὰ μέγαρα σκιόεντα, 11.334 = 13.2); dazu vgl. Besslich 1966, 131–135. Dieses Schweigen korrespondiert mit dem schattigen Raum (κατὰ μέγαρα σκιόεντα), in dem die Apologe erzählt werden. Warum haben Odysseus' Erzählung über die Ziegeninsel und seine Erfahrungen in Polyphems Höhle, die durchaus mit der Vergangenheit der Phaiaken in Verbindung gebracht werden könnten, keine Reaktionen bei ihnen hervorgerufen, während Odysseus beim Zuhören des ersten und dritten Gesangs des Demodokos über seine Vergangenheit zu Tränen gerührt wurde? Eine plausible Antwort auf diese Frage könnte die folgende sein: Odysseus' Erlebnis haben sie nicht erfahren; es ähnelt zwar der Erfahrung ihrer Vorfahren, die Ähnlichkeit der Erfahrungen wird jedoch durch die Kluft der Generation stark reduziert.

36 Clay 1980, 264.

37 Sternberg 1993, 65: "They [suspense and curiosity] differ, however, in that suspense derives from a lack of desired information concerning the outcome of a conflict that is to take place in the narrative future, a lack that involves a clash of hope and fear; whereas curiosity is produced by a lack of information that relates to the narrative past, a time when struggles have already been resolved, and as such it often involves an interest in the information for its own sake".

> den Städten der Menschen fahrend, so wie vielfach die Männer auf Schiffen zueinander das Meer durchqueren. Diese hätten ihnen wohl auch die Insel zu einer gutbebauten machen können.

Das Unvermögen der Kyklopen, die Ziegeninsel zu erreichen, wird der Aussicht gegenübergestellt, dass die Insel von zivilisierten Siedlern, die über Schiffe verfügen, gut besiedelt wird (νῆσον ἐϋκτιμένην, 9.130).[38] Man kann allerdings nicht unreflektiert mit Dougherty von "Cyclops' lack of familiarity with ships" ausgehen; denn Polyphem fragt Odysseus an einer Stelle, wo dieser sein Schiff hingebracht habe (ὅπῃ ἔσχες ἰὼν εὐεργέα νῆα, / ἤ που ἐπ' ἐσχατιῆς ἦ καὶ σχεδόν, ὄφρα δαείω, 9.279–280).[39] Zutreffender ist die These Rinons, dass die Abwesenheit der Schiffe bei den Kyklopen nicht auf "a lack of alternatives stemming from ignorance",[40] sondern vielmehr auf ihren absichtlichen Verzicht auf die Einführung der Schiffe zurückzuführen ist. Während die meisten Interpreten 125–130 als Kritik an den Kyklopen verstanden haben,[41] argumentiert Byre, dass diese Stelle stattdessen vielmehr als Lob derer zu verstehen ist, die die Insel besiedeln könnten, nämlich der schiffsberühmten Phaiaken.[42] Dafür spricht, dass das Subjekt von 9.130 nicht die Kyklopen (vgl. 9.125) sind, sondern vielmehr die in 9.126 genannten Schiffsbaumeister (ἄνδρες νηῶν … τέκτονες),[43] mit deren Hilfe die Kyklopen diese Insel hätten erreichen können. In der Tat waren die Phaiaken, ein Seefahrervolk, in ihrer Nähe (6.5). Das Nebeneinander der Kyklopen und der Schiffsbaumeister rückt die Präsenz der Phaiaken sowie ihre schmerz-

38 Clay 1980, 261: "And, in any case, as we have already learned, the Cyclopes do not plough or sow but limit themselves to the care of sheep (9.108–111)".

39 Dougherty 2001, 124. Dazu siehe Besslich 1966, 36: "Der Schlußsatz ὄφρα δαείω (280) wirkt, gerade weil er verhalten ist und die Absicht nicht offenbart, als hinterhältige Drohung".

40 Rinon 2008, 79–80; vgl. auch Austin 1975, 144: "The Kyklopes, Homer says, had no shipbuilders, but this cannot be because of their lack of technical skill. Rather, they lacked shipbuilders because they had never thought of going to sea".

41 Vgl. Kirk 1970, 165: "If the Cyclopes had possessed ships and could have reached it, the poets adds, they would have made it ἐϋκτιμένην (130, literally 'well-established')"; Mondi 1983, 26 bezieht demzufolge σφιν in 9.130 auf die Kyklopen ("*for the Cyclopes*").

42 Byre 1994a, 361–362. Vgl. Byre 1994a, 362: "The Cyclopes, in fact, are referred to only in passing in the description, when we are told in 125 that they have no ships; a detail whose purpose, I believe, is simply to show that the island is beyond their reach, and therefore safe, and is not to underscore an implied and extended criticism of them". Segal 1994, 31 Anm. 23 äußert die gleiche Vermutung: "This passage (9.125–129) is perhaps intended by Odysseus as an encomium of seafaring as a mark of civilization which would interest and please the Phaeacians".

43 Vgl. bereits Ameis/Hentze 1908, 74.

liche Vergangenheit in den Vordergrund dieses Schiffsdiskurses (9.125–130). Die Schwerpunkte in der gesamten Beschreibung – das Nichtvorhandensein und das Potenzial der Ziegeninsel – fügen sich in deren zeitliche Dimension ein: Während das Nichtvorhandensein verpasste Chancen evoziert (οἵ κέ σφιν καὶ νῆσον ἐϋκτιμένην ἐκάμοντο, 9.130), weist das Potenzial (131–135) auf eine bessere Zukunft hin.

Für die Rezipienten, die über die Umsiedlung der Phaiaken informiert sind, wird eine Spannung zwischen dem Potenzial der Ziegeninsel und der Wirklichkeit in Alkinoos' Garten (7.112–131) erzeugt. Zu Alkinoos' Garten merkt Dougherty an: "[T]he results of its cultivation are evident: the orchard is fenced (ἕρκος ἐλήλαται, 7.113); the vineyard is planted (ἀλῳὴ ἐρρίζωται, 7.122); the grapes gathered (τρυγόωσιν, 7.124) and trampled (τραπέουσι, 7.125)".[44] Nicht nur die Fruchtbarkeit, die aus dem Potenzial der Ziegeninsel hervorgehen kann (ὥρια πάντα, 9.131; vgl. παντοῖαι πεφύασιν, ἐπηετανὸν γανόωσαι, 7.128), sondern auch die Permanenz (7.117–118), welche an das Ideal-Bild des goldenen Zeitalters erinnert (vgl. ἄφθιτοι ἄμπελοι, 9.133),[45] sind im Garten des Alkinoos Wirklichkeit.[46] Edwards hat bereits die Beschreibung der Ziegeninsel im Sinne der *Polis*-Planung interpretiert: "Odysseus organizes this empty landscape into a progression of four regions in terms of their utility to man: the wilderness suited to hunting, grazing land, farm land divided into plow land and vineyard, and the site for a city with a spring and a good harbor".[47] Während die beiden Beschreibungen – die der Ziegeninsel und die von Alkinoos' Palast – mit einer Erwähnung der Quellen enden (7.129–131; 9.140–141), gibt es nur auf Scheria Bürger, die aus der Quelle ihr Wasser schöpfen.[48] Zudem wird die gute Naturgestalt des Hafens (λιμὴν εὔορμος, 9.136) der Ziegeninsel mit den technisch komplexen Häfen, Schiffen und den anderen zivilisatorischen Institutionen im Phaiakenland (vgl. οἵ κέ σφιν καὶ νῆσον ἐϋκτιμένην ἐκάμοντο, 9.130) kontrastiert, die Odysseus sehr bewundert:

44 Dougherty 2001, 125; vgl. auch Bichler und Sieberer 1996, 146–147.

45 Diese Resonanz (vgl. Gatz 1967, 203; Dougherty 2001, 86–97) kann allerdings nicht als "eine einfache Variante des Paradiesgedankens" interpretiert werden, der "vorhomerisches Alter" habe, wie Eisenberger 1973, 133 Anm. 10 es tut. Nach Nagy 1979, 181 zeigt ἄφθιτοι in 9.133 "permanence in terms of *culture* imposed on *nature*".

46 Vgl. bereits Clay 1980, 263: "Finally, the rich soil of the island which would bear ὥρια πάντα and imperishable vines corresponds to the *temenos* of Alcinoos (7.114–132) where the natural potential is almost magically realized".

47 Edwards 1993, 28.

48 Ferguson 1975, 14; Bichler/Sieberer 1996, 146.

> θαύμαζεν δ' Ὀδυσεὺς λιμένας καὶ νῆας ἐΐσας,
> αὐτῶν θ' ἡρώων ἀγορὰς καὶ τείχεα μακρά,
> ὑψηλά, σκολόπεσσιν ἀρηρότα, θαῦμα ἰδέσθαι.
>
> *Od.* 7.43–45

> Und Odysseus staunte über die Häfen und die ebenmäßigen Schiffe und die Märkte der Edlen selbst und die langen Mauern, die hohen, mit Pfählen gefügten, ein Wunder anzusehen.

Wie oben erwähnt, sind die Phaiaken und die Kyklopen über Poseidon miteinander verwandt und waren einst Nachbarn. Die schmerzliche Vergangenheit der Phaiaken wegen der Gewalt (βίη) der Kyklopen lässt ihren Erfolg der neuen Stadtgründung auf Scheria hervortreten. Es ist deswegen ein verlockendes Angebot, die Ziegeninsel, die weder ganz nahe noch ganz fern vom Land der Kyklopen liegt (9.116), mit der Insel Hypereia, dem früheren Siedlungsort der Phaiaken, in Beziehung zu setzen. Clay sieht die Signifikanz der Ziegeninsel in der korrekten Interpretation des Wortes χηρεύει ('verwitwet' 9.124), "a *hapax* in Homer": "Now a spinster can never be a widow, and nothing can be bereft of a thing it never possessed. In other words, ἀνδρῶν χηρεύει implies that the island of the goats was formerly inhabited, but had become deserted by the time Odysseus and his men arrive there. The reflections on the island's potential but unrealized wealth and prosperity, then, refer *backward* to a time when the island was actually so exploited".[49] Daraufhin identifiziert sie diese früheren Einwohner der Ziegeninsel mit den Phaiaken und diese Insel mit Hypereia, von wo sie vor den Kyklopen geflohen sind.[50]

Doch drängt sich die Frage auf: Wie hätten die Kyklopen den Phaiaken – falls diese dort gewohnt haben – ständig Schaden zufügen können? Denn nach der Beschreibung der Ziegeninsel können die Kyklopen die Insel nicht erreichen (9.125–127).[51] Der Ausdruck ἀνδρῶν χηρεύει lässt sich besser als Inversion der sexuellen Pflug-Metapher verstehen. In der griechischen Literatur ist es ein *topos*, dass die Braut "zum Pflügen ehelicher Kinder" gegeben sei: "By means of

49 Clay 1980, 261–262. Sie weist auch auf die Plünderung Trojas durch Herakles in *Il.* 5.642 (Ἰλίου ἐξαλάπαξε πόλιν, *χήρωσε* δ' ἀγυιάς) hin.

50 *Contra* Bremmer 1986; Byre 1994a, 360 Anm. 5: "But her [Clay's] evidence is much too slight, I believe, to bear the weight of this inference". *Pro* Vidal-Naquet 1983, 64 Anm. 148.

51 Wenn ich Clay 1980, 263 Anm. 8 richtig verstehe, spricht sie sich für die Meinung 'einiger' aus einem *Odyssee*-Scholium aus, dass die Insel früher dem Kyklopenland näher war (ἄλλοι δὲ ὅτι νῆσος ἦν πρότερον πλησίον τῆς τῶν Κυκλώπων χώρας, Schol. BEPQV *Od.* 6.4; hier zitiert nach Dindorfs Edition). Das könnte eine Lösung dieser Frage sein, ist allerdings sehr spekulativ.

the πόνος of sex, the Greek husband domesticates his wild bride and, just as he does for his land and the beasts on it, brings to fruition what would otherwise remain savage and unproductive … Woman, like the Greek soil, reverts to wildness if not 'worked'".[52] Die Ziegeninsel wird durch diesen metaphorischen Ausdruck ironisch als eine Frau dargestellt, die ohne einen Mann lebt, der sie 'umpflügen' könnte.

Wie dem auch sei, kann man kaum verleugnen, dass der Ziegeninsel eine zeitliche Dimension der fiktiven Welt zuzuschreiben ist: Neben der historischen Zeit der Koloniebewegung, deren Diskurs Homers originelle Hörerschaft interessiert haben müsste,[53] wird die Vergangenheit der Phaiaken als Siedler durch die Beschreibung der Insel evoziert, deren Gegenwart in scharfen Kontrast zum noch nicht verwirklichten Potenzial der Ziegeninsel tritt. Zudem verknüpft das Erwähnen des Schiffs sowie der Schiffsbaumeister (9.125–130; vgl. ναυτέων, 9.138) die Vergangenheit des phaiakischen Volks mit der Zukunft potenzieller Siedler, die ebenfalls mit Schiffen vertraut sein müssten. Die Signifikanz des Schiffs, auf das die Phaiaken vertrauen (7.34), wird dadurch sowohl in die nicht verwirklichte Vergangenheit der Ziegeninsel als auch in deren potenzielle Zukunft eingeschrieben.[54]

52 Carson 1990, 149 mit Anm. 31; zu Belegstellen siehe duBois 1988, 65–78.

53 Vgl. von Bachtin 2008 [1975] 183–184 selbst erwähnte Beispiele des Schlosses in dem gotischen Roman und des Empfangssalons in den Romanen Stendhals und Balzacs, die mit der historischen Zeit außerhalb der literarischen Werke angefüllt sind.

54 Während die Phaiaken unter der Führung von Nausithoos ('schnell mit den Schiffen') der Gewalttat der Kyklopen entfliehen und einen neuen Siedlungsort erreichen können, ermöglicht das Schiff nicht nur Odysseus' Flucht aus dem Land der Kyklopen, sondern dessen Technik ist bei Odysseus zum Mittel der Rache an Polyphem, dem stärksten Kyklopen, geworden; denn die Blendung Polyphems durch Odysseus wird damit verglichen, "wie ein Mann einen Schiffsbalken anbohrt mit dem Bohrer" (ὡς ὅτε τις τρυπᾷ δόρυ νήϊον ἀνὴρ / τρυπάνῳ, *Od.* 9.384–385). Vgl. Segal 1994, 32–33, der die Blendung Polyphems in der *Odyssee* "in images of the arts of civilization, metalworking and shipbuilding (*Od.* 9.384–386, 391–393)" gesehen hat. Auffällig ist, dass auf dem Aristonothos-Krater die Szenen des Schiffskampfes und der Blendung Polyphems parallel dargestellt werden, was auf die Verbindung des Schiffsdiskurs und der Blendung des Riesen bei den frühen Rezipienten hindeuten könnte. Dazu siehe Hölscher 1999, 21–22: "Una conferma di questa interpretazione è data dal cratere del pittore Aristonothos: qui la leggenda di Polifemo è giustapposta al mondo dei viaggi e dei combattimenti per mare"; vgl. auch Dougherty 2003, 38; Grethlein 2017, 141–158.

3 *Chronotopos* bei Homer

Bei Homer werden Gegenstände des Öfteren als Dokumente der signifikanten Vergangenheit dargestellt.[55] Man denke z. B. an die Waschgruben, die an die Friedenszeit erinnern, in der die trojanischen Frauen dort ihre Wäsche wuschen:

> ἔνθα δ' ἐπ' αὐτάων πλυνοὶ εὐρέες ἐγγὺς ἔασι
> καλοὶ λαΐνεοι, ὅθι εἵματα σιγαλόεντα
> πλύνεσκον Τρώων ἄλοχοι καλαί τε θύγατρες
> τὸ πρὶν ἐπ' εἰρήνης, πρὶν ἐλθεῖν υἷας Ἀχαιῶν.
> *Il.* 22.153–156

> Dort bei ihnen sind die breiten Waschgruben in der Nähe, die schönen, steinernen, wo die schimmernden Gewänder wuschen der Troer Frauen und schöne Töchter vormals im Frieden, ehe die Söhne der Achaier kamen.

Doch sind diese Gegenstände in ihre Umgebung eingebunden, in der sich die Handlung des Epos abspielt. Achill jagt Hektor nach unter der Mauer der Troer. Beide kommen zu den beiden Brunnen, "wo die Quellen, die zwei, entspringen des wirbelnden Skamandros" (*Il.* 22.147–148). Im Anschluss an die Beschreibung dieser Quellen (*Il.* 22.149–152) werden die steinernen Waschgruben dort (ἔνθα, 153) dargestellt, welche Reminiszenzen an die Zeit im Frieden sind (τὸ πρὶν ἐπ' εἰρήνης πρὶν ἐλθεῖν υἷας Ἀχαιῶν), in der trojanische Frauen an demselben Ort Gewänder zu waschen pflegten (πλύνεσκον, *Il.* 22.155). Dieser Rückblick auf die Friedenszeit tritt in einen Kontrast zur gegenwärtigen epischen Szenerie des Krieges und vor allem zu den Duellen zwischen Achill und Hektor. Die alltägliche Regularität in der Vergangenheit (Iterativ), deren Spur durch die Erzählung des Dichters die steinernen Waschgruben dokumentieren, wurde mit dem Ausbruch des Krieges aufgelöst.[56]

Im vorliegenden Buch soll gezeigt werden, dass bei Homer die Vorgeschichte der Haupterzählung oftmals durch räumliche Beschreibung evoziert wird. In meiner Interpretation des *locus amoenus* in *Od.* 5 habe ich die These vertre-

---

55 Siehe Griffin 1980, 1–49; Minchin 2001, 100–131; Bassi 2005; Grethlein 2008; de Jong 2012b.

56 Griffin 1980, 21–22; de Jong 2012a, 98. Nicht überzeugend interpretiert Scully 1990, 13–14 die Quelle bei Homer im Allgemeinen und für diese Episode im Besonderen symbolisch als Markstein des Übergangs "between polis and *agros* ('tilled land'), or the even more antithetical *agrios* ('the wild')".

ten, dass durch die erotisch aufgeladene Beschreibung der Insel Kalypsos die Zeit, in der die Nymphe Odysseus gefiel (vgl. ἐπεὶ οὐκέτι ἥνδανε νύμφη, 5.153), vor Augen geführt wird. Man denke etwa an die Nymphengrotte (13.105), in welcher Mischgefäße und Krüge in engem Zusammenhang mit Odysseus' Vergangenheit stehen. Dies wird durch die Beschreibung des Erzählers angedeutet und im Nachhinein durch Athenes Beschreibung bestätigt (13.349–350).[57] Ein weiteres Beispiel in der *Odyssee* findet man dort, wo ein zu Ithakas Gründungszeit gebauter Brunnen beim Nymphenhain (17.204–211) erwähnt wird, als Odysseus mit Eumaios vom Hof zur Stadt geht und gerade dort auf den bösen Ziegenhirten Melantheus trifft.[58] Nicht zuletzt soll in dem letzten Kapitel des Buchs gezeigt werden, dass Laertes' baumreicher Garten mit der Kindheit des Odysseus als eines jungen Erben angefüllt ist.

Die oben genannten Beispiele zeigen, dass Bachtins Begriff *Chronotopos* ein fruchtbares Mittel ist, mit dem das facettenreiche Verhältnis der Raumbeschreibung bei Homer zu deren narrativem Kontext herausgearbeitet werden kann, wie es auch die zeitliche Dimension der Ziegeninsel deutlich illustriert: Das Potenzial der Ziegeninsel steht im Kontrast zum gut besiedelten Land der Phaiaken und lädt die Rezipienten dazu ein, über deren Vergangenheit zu reflektieren: In der räumlichen Darstellung eines potenziellen Siedlungsorts lesen wir die Zukunft eines Seefahrervolks, die bei einem anderen, nämlich dem phaiakischen, bereits Wirklichkeit geworden ist.

57 Dieses Thema wird im nächsten Kapitel ausführlich behandelt.

58 Der Erzähler berichtet uns, dass Ithakos, Neritos und Polyktor – nach dem Historiker Akousilaos die Begründer von Kephallenia und Ithaka (Schol. v *Od.* 17.207) – diesen Brunnen bauten (τὴν ποίησ' Ἴθακος καὶ Νήριτος ἠδὲ Πολύκτωρ, 17.207). Diese Geschichte dient als Folie zu Odysseus' Rolle als Ithakas Wiedereroberer bzw. als ihrem neuen Begründer. Dazu vgl. Elliger 1975, 149: "Auch ist die Begegnung mit Melantheus insofern bedeutsam, als Odysseus zum ersten Mal Bekanntschaft mit den Freiern macht, zwar noch mittelbar durch einen untergeordneten Diener, aber doch gleich mit aller Drastik, die auf die Gesinnung der Herren schließen läßt. Eine gewisse Relation zwischen Bedeutung der Szene und Ausführlichkeit der szenischen Angaben ist also durchaus vorhanden".

KAPITEL 5

Die Ithakalandschaft in *Od.* 13

Odysseus' Heimkehr endet nicht mit der Schifffahrt. Die Landung des phaiakischen Schiffs auf Ithaka markiert "the most important narrative-break" des Epos.[1] Sie bedeutet zwar das Ende der äußeren Heimkehr, zugleich aber auch den Beginn einer ganz neuen Episode: den Anfang seiner inneren Heimkehr, den "Wiedereintritt in die Existenz des Königs und Hausherrn".[2] Während das Schiff sich Ithaka nähert und der Protagonist Odysseus in seinem Märchenschlaf bleibt,[3] werden der Phorkyshafen und die Nymphengrotte (13.96–112) den Rezipienten ausführlich vor Augen geführt. Im 13. Gesang wird die Ithakalandschaft nicht nur einmal in der Stimme des Erzählers, sondern auch zweimal von Athene Odysseus gegenüber beschrieben – jeweils vor und nach der Bekanntgabe ihrer Identität (13.237–249, 344–351). Während die meisten Interpreten dieser Episoden sich entweder für die Modi der Raumdarstellung[4] oder für die angebliche Inkonsistenz der Ithakabeschreibungen interessieren,[5] ste-

1 Olson 1995, 235–236 Anm. 16; vgl. auch Taplin 1992, 19.

2 Müller 1966, 87; vgl. Elliger 1975, 123 mit Anm. 62. Zum Begriff der äußeren und inneren Heimkehr in der *Odyssee* siehe Schadewaldt 1958, 29.

3 Zum Märchenschlaf siehe Hölscher 1988, 274–275. Gelehrte wie Rüter 1969, 232 und Fenik 1974, 31–33 haben Parallelen zwischen Odysseus' Schlaf und Erwachen bei seiner Ankunft auf Scheria und auf Ithaka herausgearbeitet.

4 Die Beschreibung des Phorkyshafens und der Nymphengrotte gehört zum sogenannten 'There is a place X'-Motiv (Kahn 1973, 246–248; vgl. de Jong 2001, 83, die das 'There is a place X'-Motiv dem 'There was a person X'-Motiv gegenüberstellt). Dieses Motiv wird durch eine Kopula wie ἔστι (vgl. Φόρκυνος δέ τίς ἐστι λιμήν, *Od.* 13.96) oder eine andere Verbalform (κεῖται, *Od.* 7.244; τετάνυσται, *Od.* 9.116; κικλήσκεται, *Od.* 15.403), die die gleiche Funktion hat, gekennzeichnet. Es führt eine neue Ortschaft in die Erzählung ein. Während die Indogermanisten dieses Motiv auf einen idg. "Erzählertypus" zurückführen (Wackernagel 1943, 18; siehe auch Schmitt 1967, 274–275 und Risch 1985, 8–9), interpretieren die Klassischen Philologen eine solche Ortsbeschreibung als Pause oder "break" in der Erzählung, wie es Janko 1992, 46 getan hat: "The 'topographical introduction', marked by the ancient usage 'there is …', breaks the narrative flow to fix attention on what follows". Wichtig ist die Beobachtung von Byre 1994b, 7 – in Kontrast zu Richardson 1990, 50–69 –, dass die Beschreibung des Phorkyshafens und der Nymphengrotte keine wirkliche Pause der Erzählung ist: "[I]t is not really true that the story time stops while the narrating continues during the description … the poet suggests that the story has been moving forward while he has stopped to describe a place in it"; vgl. auch Hellwig 1964, 34 Anm. 15; de Jong/Nünlist 2004, 76.

5 Neben den drei Beschreibungen der Ithakalandschaft in *Od.* 13 (96–112; 237–249; 344–351) gibt es zwei weitere wichtige Stellen, an denen Ithaka von Charakteren dargestellt wird. Zum einen begründet Telemach seine Ablehnung der Pferde, die Menelaos ihm als Gastge-

 | DOI:10.1163/9789004379473_006

hen die semantische Signifikanz und die erzählerische Funktion dieser drei Episoden im Zentrum des vorliegenden Kapitels.[6]

Die Interpretation beginnt mit einem Kontrast: Unter der friedlichen Oberfläche der Ithakabeschreibung des Erzählers spüren die Rezipienten Gefahren, da sie sich an Odysseus' vergangene Erfahrungen erinnern (1.). Athenes erste Beschreibung ist in enkomiastischem Stil gehalten und wird als Reminiszenz an Odysseus' Ithakabeschreibung interpretiert, die er den Phaiaken vorgetragen hat (2.). Die zweite evoziert wortwörtlich die Version des Erzählers und verleiht dieser zusätzlich eine klare zeitliche Dimension, sodass die Vergangenheit des Odysseus miteinbezogen und die Landschaft so ein räumlich-zeitlicher Komplex wird (3.). Schließlich soll der Nachweis erbracht werden, dass die Ithakalandschaft in die Tiefenstruktur des Epos eingeschrieben ist: Odysseus' Verkennen von Ithaka steht mit dem noch nicht erkennenden Blick der Penelope auf ihren Gatten in engem Zusammenhang; die Analogie im Verhältnis zwischen Frau und Mann und Mann und Heimat ist bereits im Schiffbrüchigen-Gleichnis (23.233–240) angelegt (4.).

1 Die Beschreibung des Erzählers (*Od.* 13.96–112)

In der *Odyssee* liegen Häfen im Interesse der heimkehrenden Charaktere. Der ruhige Hafen steht als Zufluchtsort in einem scharfen Kontrast zum Meer, wo den Reisenden durch die vieltosenden Wogen Schiffbruch droht. Voll Bewunderung beschreibt Odysseus die natürliche Gestalt der Ziegeninsel (9.136–

schenk zugedacht hat, damit, dass Ithaka aufgrund der natürlichen Gestalt nicht befahrbar ist (4.605–608). Zum anderen gibt Odysseus sich zu Beginn der Apologe den Phaiaken zu erkennen, legt dabei aber den Schwerpunkt seiner Bekanntgabe auf die Beschreibung seines Vaterlandes (9.19–28). Vor allem die deutschsprachigen Homerphilologen haben sich für die Widersprüche in den oben genannten Ithakabeschreibungen interessiert, die sie dazu veranlassten, Verse, die nach ihren Beurteilungen "zu allen sonstigen Schilderungen von Ithaka in Widerspruch" stehen (Wilamowitz 1927, 9 Anm. 2), zu Interpolationen zu erklären. Doch bilden Focke und Elliger Ausnahmen: Während Focke 1943, 274 zu interpretieren versucht, wie die einzelnen Ithakabeschreibungen "den dortigen Umständen angepaßt" sind, erwägt Elliger 1975, 120–121 die Möglichkeit, "nicht unbedingt die Widersprüchlichkeit einer schlechten Kontamination" zuzuschreiben, sondern vielmehr solche scheinbaren Widersprüche "aus der Erzählsituation" heraus zu erklären, obwohl er sich mit dieser Möglichkeit nicht zufrieden gibt und die analytische Methode weiterhin praktiziert.

6 *Contra* Reinhardt 1960, 64: "Ohne Ich-Erzählung keine Landschaft. Zwar wird darüber hinaus wohl auch die Heimat Ithaka mit ein paar landschaftlichen Zügen ausgestattet, dort der Ölbaum, hier die Nymphengrotte, doch das sind Erkennungszeichen und als solche weniger ein Sinn an sich".

139). Immerhin ist sie ein sicherer Hafen: Weder Haltetaue, Ankersteine noch Hecktaue sind nötig, 'sondern man landet nur an und wartet die Zeit, bis der Mut der Schiffer sie zur Weiterfahrt treibt und günstige Winde heraufziehen' (9.138–139). Ähnliches schreibt Menelaos dem Hafen der Insel Pharos zu (4.354–359).[7] In der Beschreibung des Phorkyshafens wird dieser Kontrast mit räumlichen Begriffen zum Ausdruck gebracht:

> Φόρκυνος δέ τίς ἐστι λιμήν, ἁλίοιο γέροντος,
> ἐν δήμῳ Ἰθάκης· δύο δὲ προβλῆτες ἐν αὐτῷ
> ἀκταὶ ἀπορρῶγες, λιμένος ποτὶ πεπτηυῖαι,
> αἵ τ' ἀνέμων σκεπόωσι δυσαήων μέγα κῦμα
> ἔκτοθεν· ἔντοσθεν δέ τ' ἄνευ δεσμοῖο μένουσι
> νῆες ἐΰσσελμοι, ὅτ' ἂν ὅρμου μέτρον ἵκωνται.
>
> *Od.* 13.96–101

> Es ist aber eine Bucht des Phorkys, des Meeresalten, in dem Gau von Ithaka, und es sind an ihr zwei vorspringende Gestade, schroff abgebrochene, nach der Bucht hin flach abfallende. Die halten den großen Wogengang von schlimmwehenden Winden ab von außen, aber drinnen bleiben die gutgedeckten Schiffe ohne Vertäuung ruhig liegen, wenn sie auf Anlegeweite hingelangt sind.

Während außerhalb (ἔκτοθεν, 100) beider vorspringender Gestade schlimme Winde große Wogen auftürmen, können die Schiffe drinnen (ἔντοσθεν, 100) – d.h. innerhalb des Hafens – ohne Vertäuen ruhig liegen bleiben, immer wenn sie den Anlegeplatz (ὅρμου μέτρον, 101) erreichen. Das Nebeneinander von ἔκτοθεν und ἔντοσθεν markiert die Grenze zweier Welten: das heftig wogende Meer bei Odysseus' Heimkehr und der ruhige Hafen von Ithaka. Das Maß des Anlegeplatzes (ὅρμου μέτρον, 101) erinnert uns an die Maße des Heimweges des Menelaos und des Odysseus (ὁδὸν καὶ μέτρα κελεύθου / νόστον θ', 4.389–390 = 10.539–540).[8] Während die Maße des vieltosenden Meeres auf unzählige Gefahren verweisen, ist das Maß des Anlegeplatzes scheinbar ruhig und gefahrlos, zumin-

---

7 Zu auffälligen wörtlichen Anklängen beider Stellen siehe West 1988, 216.

8 Siehe Peradotto 1990, 87 und besonders Purves 2010, 77–78: "On two different occasions in the *Odyssey*, for example, Proteus and Tiresias instruct characters within the poem on the 'path and measures of their route' (ὁδὸν καὶ μέτρα κελεύθου). As its connection to the verb *metreô* (used to describe [Nestor's] traversal of space at 3.179) suggests, *metra* here might equally refer to the physical distance, as in 'units of measure', of the journey home, as well as to the metrical units of the prophet's speech or to his particular knowledge concerning the theme of the hero's return".

dest in diesem Augenblick.[9] Doch könnte dieser Eindruck nur eine Täuschung sein. Segal hat eine narrative Spannung in der Beschreibung entdeckt: "The description of the harbor of Phorkys and the cave of the Nymphs calls up, vague and transformed, the world of fantasy through which Odysseus has voyaged".[10] Die vorspringenden Felsen rufen den Rezipienten etwa Skylla und Charybdis (12.73–126) ins Gedächtnis und die Grotte erinnert an die Kalypso- sowie die Kyklopen-Episode. Besonders aufschlussreich scheint mir die Evokation der Laistrygonen-Episode zu sein, in der Odysseus vom Anführer einer Flotte von zwölf Schiffen auf den Kapitän eines einzigen Schiffes reduziert wird. Die Schilderung des Laistrygonenhafens, eine der längsten Hafenbeschreibungen in der *Odyssee*,[11] untermauert diese Evokation:

ἔνθ' ἐπεὶ ἐς λιμένα κλυτὸν ἤλθομεν, ὃν πέρι πέτρη
ἠλίβατος τετύχηκε διαμπερὲς ἀμφοτέρωθεν,
ἀκταὶ δὲ προβλῆτες ἐναντίαι ἀλλήλῃσιν
90 ἐν στόματι προὔχουσιν, ἀραιὴ δ' εἴσοδός ἐστιν,
ἔνθ' οἵ γ' εἴσω πάντες ἔχον νέας ἀμφιελίσσας.
αἱ μὲν ἄρ' ἔντοσθεν λιμένος κοίλοιο δέδεντο
πλησίαι· οὐ μὲν γάρ ποτ' ἀέξετο κῦμά γ' ἐν αὐτῷ,
οὔτε μέγ' οὔτ' ὀλίγον, λευκὴ δ' ἦν ἀμφὶ γαλήνη.
95 αὐτὰρ ἐγὼν οἶος σχέθον ἔξω νῆα μέλαιναν,
αὐτοῦ ἐπ' ἐσχατιῇ, πέτρης ἐκ πείσματα δήσας.
Od. 10.87–96

Als wir dort in den herrlichen Hafen kamen, um den sich rings der Fels hinzieht, steil aufsteigend, fort und fort auf beiden Seiten, und vorspringende Gestade ragen vor, einander gegenüber an der Mündung, und schmal ist die Einfahrt – da lenkten die anderen alle die beiderseits geschweiften Schiffe ins Innere hinein. Die wurden drinnen im hohlen Hafen dicht beieinander festgebunden. Denn niemals wuchs die Flut in ihm heran, weder groß noch gering, sondern rings war lichte Meeres-

9 Bowie 2013, 115 verzichtet ausdrücklich auf diese Verbindung; doch seine Beobachtung, dass die Phrase ὅτ' ἂν ὅρμου μέτρον ἵκωνται "a slightly awkward development of say 11.317 εἰ ἥβης μέτρον ἵκοντο" sei (vgl. Stanford 1948, 202), bietet keinen Anlass, die Verbindung von μέτρα κελεύθου und ὅρμου μέτρον als hinfällig anzusehen.

10 Siehe Segal 1994, 51.

11 Die Laistrygonen-Episode hat mit der Kyklopen-Episode vieles gemein; siehe Germain 1954, 415–417; Page 1973, 25–32. Hopman 2012, 57 bietet einen guten Überblick über die gemeinsamen Motive, während Saïd 2011, 169 vielmehr die Unterschiede zwischen ihnen betont.

glätte. Nur ich allein hielt draußen das schwarze Schiff daselbst zurück am äußersten Rande und band die Taue an einen Felsen.

Man hat früher die Ähnlichkeiten zwischen dem Laistrygonenhafen und dem Hafen der Insel Scheria (6.262–264) im Hinblick auf die gute natürliche Gestalt herausgearbeitet.[12] Die direkten verbalen Wiederholungen und die ähnlichen Ausdrücke zwischen dem Phorkyshafen und dieser Stelle sind m. E. noch deutlicher: Die Gestade sind vorspringend (προβλῆτες … / ἀκταί 13.97–98; ἀκταὶ δὲ προβλῆτες, 10.89); das Innere (ἔντοσθεν, 13.100; ἔντοσθεν λιμένος, 10.92) des Hafens ist wogenlos (αἵ τ' ἀνέμων σκεπόωσι δυσαήων μέγα κῦμα / ἔκτοθεν· ἔντοσθεν δέ τ' ἄνευ δεσμοῖο μένουσι, 13.99–100; οὐ μὲν γάρ ποτ' ἀέξετο κῦμά γ' ἐν αὐτῷ, / οὔτε μέγ' οὔτ' ὀλίγον, λευκὴ δ' ἦν ἀμφὶ γαλήνη, 10.93–94); der Gegensatz zwischen Draußen und Innen (ἔκτοθεν· ἔντοσθεν, 13.100; ἔντοσθεν 10.92 / ἔξω, 10.95) ist in beiden Episoden auffällig.

In der Laistrygonen-Episode versteckt sich unter dem gefahrlosen, ruhigen Anschein des Hafeninneren große Gefahr: Antiphates, der König der Laistrygonen, frisst einen Gefährten des Odysseus und treibt andere Laistrygonen dazu an, den Gefährten und ihren Schiffen mit Feldsteinen Verderben zu bringen,[13] denen also, die 'im Inneren des vieltiefen Hafens' liegen (λιμένος πολυβενθέος ἐντός, 10.125). Allein Odysseus kann die Haltetaue seines Schiffs lösen und sich und seine Gefährten auf dem Schiff vor dem Unheil retten, da er 'allein (οἶος) draußen (vom Hafen) das schwarze Schiff am äußersten Rande zurückhält und die Taue an einen Felsen bindet' (αὐτὰρ ἐγὼν οἶος σχέθον ἔξω νῆα μέλαιναν, / αὐτοῦ ἐπ' ἐσχατιῇ, πέτρης ἐκ πείσματα δήσας, 10.95–96), während andere Schiffe seiner Gefährten 'drinnen im hohlen Hafen dicht beieinander festgebunden werden' (αἱ μὲν ἄρ' ἔντοσθεν λιμένος κοίλοιο δέδεντο / πλησίαι, 10.92–93). Der traditionelle Kontrast zwischen dem vieltosenden Meer und dem ruhigen Hafen wird in der Szene des Entkommens von Odysseus' Schiff umgekehrt:

οἱ δ' ἅμα πάντες ἀνέρριψαν, δείσαντες ὄλεθρον.
ἀσπασίως δ' ἐς πόντον ἐπηρεφέας φύγε πέτρας
νηῦς ἐμή· αὐτὰρ αἱ ἄλλαι ἀολλέες αὐτόθ' ὄλοντο.
Od. 10.130–132

---

12 Siehe Marzullo 1970, 449–450; Heubeck 1989, 48–49.

13 Die Details in *Od.* 10.87–88, dass 'sich der Fels um den Hafen hinzieht, steil aufsteigend, beiderseits ununterbrochen' (ὃν πέρι πέτρη / ἠλίβατος τετύχηκε διαμπερὲς ἀμφοτέρωθεν), bereiten nach de Jong 2001, 254 diese Szene vor: "[T]he Laestrygonians stand on these rocks and throw down enormous stones at the Greek ships".

> Die wirbelten alle die Salzflut auf, in der Furcht vor dem Verderben, und glücklich entkam mein Schiff auf das offene Meer von den überhängenden Felsen. Doch die anderen gingen alle miteinander daselbst zugrunde.

Odysseus und seine Gefährten wirbeln die Salzflut auf, um sich so schnell wie möglich vom Hafen zu entfernen, 'in der Furcht vor dem Verderben'; das Meer, das sonst den Schiffsleuten viel Verderben bereitet, scheint ihnen jetzt willkommen (ἀσπασίως, 10.131). Nicht nur die Laistrygonen wie Antiphates drohen die Gefährten zu fressen, sondern auch der Hafen selbst. Der räumliche Kontrast zwischen den Gefährten, die in den Hafen hineingefahren sind und dort halten (ἔνθ' οἵ γ' εἴσω πάντες ἔχον, 10.91), und Odysseus, der außerhalb des Hafens bleibt (οἶος σχέθον ἔξω νῆα μέλαιναν, 10.95), "constructs an analogy between the harbor and the mouth of the Laestrygones. Over the course of fifty lines, standing in the harbor becomes synonymous with being eaten".[14]

Zwei weitere Aspekte können den Vergleich zwischen dem Laistrygonenhafen und dem Phorkyshafen bereichern. Zum einen tritt der schlafende Odysseus in 13.92 in Kontrast zu dem allein wachsamen Odysseus der Laistrygonen-Episode (αὐτὰρ ἐγὼν οἶος, 10.95).[15] Zum anderen erinnert uns die Einfahrt der Schiffe von Odysseus' Gefährten in den Laistrygonenhafen (ἔνθ' οἵ γ' εἴσω πάντες ἔχον νέας ἀμφιελίσσας, 10.91) stark an die Einfahrt des phaiakischen Schiffes in den Phorkyshafen (ἔνθ' οἵ γ' εἰσέλασαν, 13.113).[16] Ein ähnliches Verderben könnte dem Anschein nach im ruhigen Hafen verborgen sein wie in der Laistrygonen-Episode. Die Einfahrt der Phaiaken könnte – wie die Einfahrt von Odysseus' unbesonnenen Gefährten – ihn einer ähnlichen Gefahr aussetzen. Odysseus aber, der in der Laistrygonen-Episode wachsam bleibt und sich aus dem Unheil rettet, 'schläft nun ruhig, vergessend alles, was er erlitten hat' (δὴ τότε γ' ἀτρέμας εὗδε, λελασμένος ὅσσ' ἐπεπόνθει, 13.92).[17]

---

14 Hopman 2012, 68. Zur metaphorischen Bedeutung der Landschaft bei Homer siehe Hopman 2012, 65–68.

15 Zur Frage, ob Odysseus dies aus Vorsicht tut, vgl. de Jong 2001, 254: "Odysseus is the only who does not moor his ship inside the harbour. Odysseus-narrator does not indicate whether this was an act of foresight, as when he took Maron's wine with him in 9.197–215; this may be part of his strategy not to reveal the outcome of the episode in advance".

16 Die Phrase ἔνθ' οἵ γ(ε) ist in der *Odyssee* nur an diesen beiden Stellen belegt; in der *Ilias* noch einmal (*Il.* 21.391). Der an beiden Stellen unmittelbar vorausgehende Vers empfiehlt diesen Vergleich: ἀραιὴ δ' εἴσοδός ἐστιν, / ἔνθ' οἵ γ' εἴσω, *Od.* 10.90–91; ἀλλ' ἀθανάτων ὁδός ἐστιν. / ἔνθ' οἵ γ' εἰσέλασαν, *Od.* 13.112–113.

17 Vgl. Rüter 1969 231, Anm. 6: "Ein tiefer Schlaf ist nicht von vornherein etwas Gutes". Zweimal müssen Odysseus und seine Gefährten schmerzhafte Dinge erleiden, die während seines Schlafs geschehen. Nachdem sie sich bereits dem Vaterland nähern und aus der Nähe die Feuerwächter Ithakas gesehen haben, öffnen die Gefährten den Schlauch der

Bei der Landung auf Ithaka evoziert die Beschreibung des Phorkyshafens und der Nymphengrotte die vergangenen Übel, die Odysseus und seine Gefährten in ihren Abenteuern im Allgemeinen und in der Laistrygonen-Episode im Besonderen erleiden mussten. Bei den Rezipienten wird durch ihre Vorkenntnis eine Spannung erzeugt, welche der Entspannung des ruhigen Hafens entgegengesetzt wird. Diese Ambivalenz wird durch den halbgöttlichen Charakter der Nymphengrotte verstärkt.[18] Die Raumbeschreibung eröffnet nach Elliger mit der "Erwähnung der Nymphen" "eine neue Dimension" und gleitet "unmerklich aus der vordergründigen Realität heraus".[19] Dieser Wandel steht in einem Kontrast zum Kontext der Deskription der Landschaft, da Odysseus gerade aus der Märchenwelt der Heimkehr in die reale Welt der Insel Ithaka gebracht worden ist. Unter den mystisch scheinenden Details der Nymphengrotte, des tiefsten Ortes in der Bucht,[20] sind die beiden Eingänge der Grotte auffällig:

δύω δέ τέ οἱ θύραι εἰσίν,
αἱ μὲν πρὸς βορέαο καταιβαταὶ ἀνθρώποισιν,
αἱ δ' αὖ πρὸς νότου εἰσὶ θεώτεραι· οὐδέ τι κείνῃ
ἄνδρες ἐσέρχονται, ἀλλ' ἀθανάτων ὁδός ἐστιν.

Od. 13.109–112

Und zwei Türen hat sie, die einen nach dem Nord zu, zugänglich für Menschen, die anderen nach dem Süden zu, göttlichere, und durch diese gehen nicht die Männer hinein, sondern der Weg der Unsterblichen ist es.

Die meisten Interpreten dieser Stelle setzen ihren Akzent auf die Interaktion zwischen Göttern und Menschen.[21] Die Grotte ist zwar sowohl für die Sterbli-

Winde, den Aiolos Odysseus gegeben hat, als ein süßer Schlaf über den ermatteten Odysseus kommt (ἔνθ' ἐμὲ μὲν γλυκὺς ὕπνος ἐπέλλαβε κεκμηῶτα, 10.31). Noch trauriger ist es auf Thrinakia: Obwohl Odysseus (12.320–323) die mehrmals wiederholten Ermahnungen (von Teiresias, 11.106–113, und Kirke, 12.279–293) kundtut, schlachten die Gefährten die Rinder des Helios und bringen alle ins Verderben, als Odysseus schläft (οἱ δ' ἄρα μοι γλυκὺν ὕπνον ἐπὶ βλεφάροισιν ἔχευαν, 12.338).

18 Die Nymphengrotte in der *Odyssee* hat später allegorische Deutungen hervorgerufen; siehe Lamberton 1986, 119–133; Domaradzki 2020.

19 Elliger 1975, 127.

20 Siehe Elliger 1975, 127: "Je tiefer man in die Bucht eindringt, desto geheimnisvoller scheint sie zu werden".

21 Elliger 1975, 127–128; Paché 2011, 120.

chen als auch für die Unsterblichen zugänglich, doch der Weg (ὁδός, 112), der ins Innere der Grotte führt, ist separat.[22] Dabei wird eine Spannung zwischen der Götter- und der Menschenwelt erzeugt, welche mit der Opposition der scheinbar gefahrlosen Landschaft und der Erinnerung an die unheilvolle Vergangenheit korrespondiert. Doch nimmt die Darstellung der beiden Eingänge Athenes Eintritt in die Grotte vorweg, in der Odysseus die phaiakischen Geschenke versteckt (ὣς εἰποῦσα θεὰ δῦνε σπέος ἠεροειδές, / μαιομένη κευθμῶνας ἀνὰ σπέος· αὐτὰρ Ὀδυσσεὺς / ἆσσον πάντ' ἐφόρει, χρυσὸν καὶ ἀτειρέα χαλκὸν / εἵματά τ' εὐποίητα, τά οἱ Φαίηκες ἔδωκαν, 13.366–369).

2 Athenes erste Beschreibung (*Od.* 13.237–249)

Athene, die noch in der Verkleidung eines jungen Hirten steckt, beschreibt die Ithakalandschaft Odysseus (13.237–249), der sich grämt, dass er in irgendein anderes Land als Ithaka gebracht worden ist. Die Interpreten von Athenes erster Ithakabeschreibung haben bereits gemeinsame Charakteristika mit anderen Ithakabeschreibungen gesehen, wie Bowie jüngst zusammengefasst hat: "Athena's description of Ithaca … corresponds to other descriptions of Ithaca, which make it 'rough' (9.27, 10.417, 463), 'rocky' (1.247, 15.510, 16.124, 21.346), 'grazed by goats', 'attractive but not suitable for horses' and 'lacking good meadows' (4.605–607)".[23] Solche Behauptungen basieren fast ausschließlich auf verbalen Anklängen und vor allem auf gleichen Epitheta. Darüber hinaus soll im Folgenden gezeigt werden, dass Athenes erste Ithakabeschreibung als Reminiszenz an Odysseus' Ithakabeschreibung vor den Phaiaken (9.21–28) zu interpretieren ist. Das Hauptargument meiner These resultiert im Unterschied zu den Thesen anderer Interpreten aus dem Motivvergleich beider Episoden.

Zum einen merkt man, dass beide Passagen das Ruhmmotiv thematisieren. Odysseus' Ithakabeschreibung schließt sich unmittelbar an seine Behauptung an, sein Ruhm reiche bis zum Himmel:

---

22 Der Weg, der nur den Göttern offensteht (θεώτεραι, 111, ἀθανάτων ὁδός, 112), ist den sterblichen Menschen nicht zugänglich (οὐδέ τι κείνῃ / ἄνδρες ἐσέρχονται, 111–112). Das heißt: Die Zweiteilung der Eingänge ist lediglich eine Beschränkung des menschlichen Erfahrungsraums und ihres Wissensbereichs. Nichts hindert die Götter und Menschen daran, den menschlichen Eingang zur Begegnung zu benutzen. Entscheidend ist, dass der Weg der Unsterblichen (ἀθανάτων ὁδός, 112) den Menschen versperrt ist. Vgl. Bowie 2013, 113: "[T]he cave is also a place where men and gods meet, but it marks both 'communion' and 'separation', figuring the mixed relationships that exist between the two worlds".

23 Bowie 2013, 137.

εἴμ’ Ὀδυσεὺς Λαερτιάδης, ὃς πᾶσι δόλοισιν
ἀνθρώποισι μέλω, καί μευ κλέος οὐρανὸν ἵκει.
ναιετάω δ’ Ἰθάκην εὐδείελον·

Od. 9.19–21

Ich bin Odysseus, des Laertes Sohn, der ich mit allfältigen Listen die Menschen beschäftige, und es reicht die Kunde von mir bis zum Himmel. Ich wohne aber auf Ithaka, der gut sichtbaren.

Odysseus gibt sich zu erkennen und betont zugleich die Allbekanntheit seines Ruhms. Das Nennen seines Namens (Ὀδυσεὺς Λαερτιάδης, 9.19) korrespondiert mit der Bekanntgabe seiner Heimat (Ἰθάκην εὐδείελον, 9.21). Obwohl seine Abfahrt von Ithaka zu dem Zeitpunkt, an dem er im Palast des Alkinoos von seinem eigenen *nostos* berichtet, bereits zwanzig Jahre zurückliegt, bezeichnet er sich als Ithakas Herrn: 'Ich wohne (ναιετάω Präsens!)[24] aber auf Ithaka, der gut sichtbaren' (9.21). Während er aufgrund seiner Listen (δόλοισιν) allen Menschen (πᾶσι ... / ἀνθρώποισι) bekannt ist,[25] besteht die Notwendigkeit, seine Heimat ausführlich zu beschreiben:

ἐν δ’ ὄρος αὐτῇ,
Νήριτον εἰνοσίφυλλον, ἀριπρεπές· ἀμφὶ δὲ νῆσοι
πολλαὶ ναιετάουσι μάλα σχεδὸν ἀλλήλῃσι,
Δουλίχιόν τε Σάμη τε καὶ ὑλήεσσα Ζάκυνθος.
25 αὐτὴ δὲ χθαμαλὴ πανυπερτάτη εἰν ἁλὶ κεῖται
πρὸς ζόφον, αἱ δέ τ’ ἄνευθε πρὸς ἠῶ τ’ ἠέλιόν τε,
τρηχεῖ’, ἀλλ’ ἀγαθὴ κουροτρόφος· οὔ τι ἐγώ γε
ἧς γαίης δύναμαι γλυκερώτερον ἄλλο ἰδέσθαι.

Od. 9.21–28

Und ein Berg ist auf ihr [der Insel Ithaka], Neritos, der blätterschüttelnde, stark ins Auge fallend. Ringsum aber liegen Inseln viele, gar dicht beieinander: Dulichion und Same und die bewaldete Zakynthos. Sie selber aber liegt niedrig ganz zuoberst in dem Salzmeer, nach dem Dunkel hin, die anderen von ihr weg nach Morgen und zur Sonne. Rau ist sie, aber gut, um Männer aufzunähren. Kann ich für meinen Teil, als das eigene Land, doch sonst nichts Süßeres erblicken.

24 Zur morphologischen und semantischen Besonderheit dieser Verbalform siehe Leumann 1950, 191–194.

25 Vgl. Ἀργὼ πᾶσι μέλουσα in *Od.* 12.70; siehe Hopman 2012, 49–50.

Das gleiche Motiv kommt auch in Athenes erster Ithakabeschreibung ins Spiel. Athene antwortet, als ein Hirte verkleidet, auf Odysseus' Frage, in welchem Land er sei, mit der Aussage, dies sei ein allen bekanntes Land:

> οὐδέ τι λίην
> οὕτω νώνυμός ἐστιν· ἴσασι δέ μιν μάλα πολλοί,
> ἠμὲν ὅσοι ναίουσι πρὸς ἠῶ τ' ἠέλιόν τε,
> ἠδ' ὅσσοι μετόπισθε ποτὶ ζόφον ἠερόεντα.
> *Od.* 13.238–241

> Ist es doch nicht gar so namenlos, und wissen doch von ihm gar viele, sei es, die nach Morgen und zur Sonne wohnen, sei es die hinten nach dem dunstigen Dunkel hin.

Dieses Land ist 'nicht namenlos' (οὐδέ ... νώνυμός) und gar viele Menschen wissen von ihm (13.239–241).[26] Die angebliche Allbekanntheit von Ithaka korrespondiert mit der Allbekanntheit des Odysseus in den Apologen, der mit seiner Heimat eng verbunden ist (9.19–21): Statt von seinen Ruhmestaten zu berichten, beschreibt Odysseus ausführlich das von ihm bewohnte Land (9.21–28). Während Odysseus den Phaiaken unmittelbar zu Beginn seiner Erzählung den Namen seiner Heimat kundtut, nennt Athene den Namen Ithaka erst am Ende ihrer Beschreibung:[27]

> τῶ τοι, ξεῖν', Ἰθάκης γε καὶ ἐς Τροίην ὄνομ' ἵκει,
> τήν περ τηλοῦ φασὶν Ἀχαιΐδος ἔμμεναι αἴης.
> *Od.* 13.248–249

> Darum ist, Fremder, von Ithaka der Name dir auch nach Troja hineingedrungen, von dem sie sagen, dass es weit entfernt sei von dem Achaierlande.

Dieser Unterschied lässt sich mit der jeweiligen Erzählsituation gut erklären: Odysseus gibt sich und seine Heimat den Phaiaken als minimales Hintergrundwissen in den ersten Versen der Apologe bekannt, in der Erwartung, dass seine

26 Man vergleiche ἴσασι δέ μιν μάλα πολλοί (13.239) mit ὃς πᾶσι δόλοισιν / ἀνθρώποισι μέλω (19.19–20).

27 Zur Frage, warum Athene erst am Ende der Beschreibung den Namen Ithaka nennt, vgl. Krehmer 1973, 115–117.

Adressaten ihn später zum Zielort begleiten;[28] Athene dagegen hält die Spannung für den unwissenden Odysseus so lange wie möglich hoch. Der Name und der Ruhm Ithakas werden dabei thematisiert. Während der Ruhm des Odysseus bis zum Himmel reicht (μευ κλέος οὐρανὸν ἵκει, 9.20), reicht der Name Ithakas ('Ιθάκης γε) – von der Partikel γε hervorgehoben – bis nach Troja ('Ιθάκης γε καὶ ἐς Τροίην ὄνομ' ἵκει, 13.248), 'von dem sie sagen, dass es weit entfernt sei von dem Achaierland'. Für Odysseus ist es eine große Überraschung[29] und Freude, ganz am Ende der Beschreibung zu erfahren, dass dieses Land, das allen bekannt ist, sein eigenes Vaterland ist (ὣς φάτο, γήθησεν δὲ πολύτλας δῖος 'Οδυσσεὺς / χαίρων ᾗ γαίῃ πατρωΐῃ, 13.250–251). Für die Rezipienten evoziert Athenes erste Ithakabeschreibung Odysseus' Ithakabeschreibung in den Apologen, und zwar dadurch, dass der Ruhm in den beiden Episoden thematisiert wird, wobei der Held und seine Heimat – auf den jeweiligen Kontext zugeschnitten – den Adressaten einmal zu Beginn (εἴμ' 'Οδυσεὺς Λαερτιάδης, 9.19) und einmal am Ende ('Ιθάκης γε … ὄνομ', 13.248) namentlich genannt werden.

Zum anderen fällt es den Rezipienten auf, dass sowohl Odysseus gegenüber den Phaiaken als auch Athene gegenüber Odysseus von derselben rhetorischen Figur, nämlich der *correctio*,[30] Gebrauch machen. Odysseus bezeichnet vor den Phaiaken Ithaka zuerst als 'rau' (τρηχεῖ', 9.27), korrigiert sich aber sofort: 'Es ist doch gut, um Männer zu ernähren' (ἀλλ' ἀγαθὴ κουροτρόφος, 9.27). Diese *correctio* führt unmittelbar zu seiner Schlussaussage über seine Heimat: 'Für meinen Teil gibt es doch sonst nichts Süßeres als das eigene Land zu erblicken' (9.27–28).

In Athenes erster Ithakabeschreibung ist die *correctio* noch deutlicher ausgeführt:

28 Odysseus gibt hier – im Unterschied zu anderen Beschreibungen – detaillierte geographische Informationen über Ithaka und Orientierungen "an nautischen Gesichtspunkten" (Elliger 1975, 119; vgl. Focke 1943, 274). Nicht umsonst betont er, dass Ithaka 'gut sichtbar' (εὐδείελον, 9.21) ist. Zur Semantik von εὐδείελος siehe García-Ramón 1998–1999, 141: "[I]n Homeric synchrony (as far as this term can be accepted) εὐδείελος, used as an epithet of islands (especially of Ithaca) related to δείελος, means 'well distinct at the sunset', whence 'well visible'. In its last sense εὐδείελος can be felt as a literary quasi-synonym of εὔδηλον (Aesch. +)".

29 Verbale Anklänge an andere Ithakabeschreibungen wie τρηχεῖα und αἰγίβοτος sollten nicht als von Athene beabsichtigte Andeutungen der wahren Identität Ithakas gelesen werden. Siehe Krehmer 1973, 117: "Die Göttin will ihren Schützling überraschen, nicht etwa durch Andeutungen auf die Wahrheit vorbereiten".

30 Zum Begriff siehe Lausberg 1990, 386; zur *correctio* in Athenes erster Ithakabeschreibung siehe Bowie 2013, 137: "She stokes Od.'s bemusement by obfuscating use of what rhetoricians called *epanorthosis* or *correctio*, the withdrawing or qualification of a statement as soon as it is made".

ἦ τοι μὲν τρηχεῖα καὶ οὐχ ἱππήλατός ἐστιν
οὐδὲ λίην λυπρή, ἀτὰρ οὐδ' εὐρεῖα τέτυκται.
ἐν μὲν γάρ οἱ σῖτος ἀθέσφατος, ἐν δέ τε οἶνος
245 γίνεται· αἰεὶ δ' ὄμβρος ἔχει τεθαλυῖά τ' ἐέρση.
αἰγίβοτος δ' ἀγαθὴ καὶ βούβοτος· ἔστι μὲν ὕλη
παντοίη, ἐν δ' ἀρδμοὶ ἐπηετανοὶ παρέασι.

Od. 13.242–247

Freilich, rau ist es und für Pferde nicht befahrbar, doch auch nicht gar zu armselig – wiewohl nun auch nicht weit geschaffen –, denn in ihm wächst Korn, unendliches, und in ihm Wein, und immer gibt es Regen und schwellenden Tau, und gut ist es zur Ziegen- und Rinderweide, und da ist Holz von aller Art, und auf ihm sind Tränken bereit über das ganze Jahr.

Nicht nur die gleichen Adjektive τρηχεῖα (13.242) und ἀγαθή (13.246) dienen wie in 9.27 dem Effekt der *correctio*: Das zunächst negative Bild Ithakas (13.242–243) steht der durchaus idealisierten Beschreibung der folgenden Verse gegenüber, welche Athene durch die *correctio* οὐδὲ λίην λυπρή in 13.243 einleitet. Beide Ithakabeschreibungen machen von der *correctio* Gebrauch: Die eine bereitet auf Odysseus' Schlusswort ('nichts Süßeres als das eigene Land zu erblicken') vor (9.28–29), die andere steigert den bereits lobenden Ton in der Landbeschreibung (13.238–241).[31]

Der enkomiastische Stil in Athenes erster Ithakabeschreibung und die Aussage, dass der Name der Insel Ithaka bis hin nach Troja gedrungen ist, evozieren spielerisch Odysseus' Ruhm: Der Mann, dessen Ruhm bis zum Himmel reicht, ist endlich zu seinem eigenen Land gelangt (vgl. Odysseus' Ruhm in 1.344 τοῦ κλέος εὐρὺ καθ' Ἑλλάδα καὶ μέσον Ἄργος).

3 Athenes zweite Beschreibung (*Od.* 13.344–351)

Odysseus freut sich zwar, den Namen seiner Heimat zu hören, verhält sich jedoch zurückhaltend.[32] Statt sich zu erkennen zu geben, erzählt er Athene

31 Ich spreche mich ausdrücklich gegen die Deutung von Elliger 1975, 122 aus: "ι 21 ff. (Odysseus) und ν 242 ff. (Athene) verhalten sich wie Erwartung und Erfüllung".

32 Seine Zurückhaltung nach Athenes erster Ithakabeschreibung wird dadurch unterstrichen, dass sich Odysseus nach Athenes zweiter Ithakabeschreibung nicht nur freut (γήθησέν τ' ἄρ' ἔπειτα πολύτλας δῖος Ὀδυσσεὺς / χαίρων ᾗ γαίῃ), sondern auch das Land küsst (κύσε

seine erste Lügengeschichte auf Ithaka (13.256–286). Athene tadelt ihn und will nicht mehr weiter mit ihm in Konkurrenz stehen, was die Listen betrifft, da er unter den Sterblichen und sie unter den Göttern die weitaus besten an Klugheit und List seien. Sie gibt sich zu erkennen und zeigt ihm die Ithakalandschaft:[33]

> ἀλλ' ἄγε τοι δείξω Ἰθάκης ἕδος, ὄφρα πεποίθῃς·
> 345 Φόρκυνος μὲν ὅδ' ἐστὶ λιμήν, ἁλίοιο γέροντος,
> ἥδε δ' ἐπὶ κρατὸς λιμένος τανύφυλλος ἐλαίη·
> ἀγχόθι δ' αὐτῆς ἄντρον ἐπήρατον ἠεροειδές,
> ἱρὸν Νυμφάων, αἳ Νηϊάδες καλέονται·
> τοῦτο δέ τοι σπέος εὐρὺ κατηρεφές, ἔνθα σὺ πολλὰς
> 350 ἔρδεσκες Νύμφῃσι τελήεσσας ἑκατόμβας·
> τοῦτο δὲ Νήριτόν ἐστιν ὄρος καταειμένον ὕλῃ.
>
> *Od.* 13.344–351

Doch auf, so will ich dir zeigen den Sitz von Ithaka, auf dass du überzeugt bist! Des Phorkys Bucht ist dies, des Meeresalten, und dies am Kopf der Bucht der blätterstreckende Ölbaum. Dicht bei ihm ist eine anmutige, dämmrige Höhle, ein heiliger Ort der Nymphen, die Naiaden genannt sind. Dies da ist die weite, überdachte Höhle, in der du viele vollgültige Hundertopfer den Nymphen dargebracht hast, und dies ist Neriton, der Berg, mit Wald bekleidet.

Diese sogenannte zweite Ithakabeschreibung Athenes weist viele verbale Übereinstimmungen mit der Beschreibung des Erzählers (13.96–112) auf, wie Byre es veranschaulicht: “Her description follows the same general sequence as the narrator's, and many of her words are the same as his. Lines 345 and 346 are close adaptations of lines 96 and 102, respectively, to the changed context, and lines 347 and 348 are identical to lines 103 and 104”.[34] An dem, was Byre “identical lines” und “adaptations” nennt, nehmen die Analytiker Anstoß: Sie erklären einzelne Verse – z.B. 13.347–348 – für interpoliert und ersparen sich damit die

δὲ ζείδωρον ἄρουραν, 13.353–355). Dazu vgl. Murnaghan 1987, 22: “In their typical form, the *Odyssey*'s recognition scenes act out the essential mutuality of the relationships that are being revived. They involve a process of identification and testing leading to emotionally-charged reunions, which are experienced in gestures of physical union such as embracing, kissing, or in the case of Odysseus and Penelope, making love”.

33 De Jong 2001, 332–333 bietet eine kurze Zusammenfassung darüber, welche Bezugspunkte dieser Abschnitt zu anderen Stellen in der *Odyssee* aufweist.

34 Byre 1994b, 9.

Mühe der Interpretation.[35] Stattdessen könnte man die Wiederholungen auf die Ökonomie der oralen Komposition zurückführen, doch auch diese Deutung vermag nicht vollends zu überzeugen.[36]

Die folgende Ausführung der Interpretation baut auf Byres These auf, dass die verbalen Wiederholungen in den Ithakabeschreibungen des Erzählers und der Athene die Rezipienten dazu einladen, "the similarities and dissimilarities between it and the narrator's version" zu vergleichen.[37] Zwei Unterschiede zwischen Athenes zweiter Ithakabeschreibung und der des Erzählers sind m.E. erwähnenswert, die sich jeweils in Anlehnung an Bühlers Begriff der *deixis* und an Bachtins Begriff des *Chronotopos* fruchtbar deuten lassen.

Erstens sind die Demonstrativpronomen auffällig (ὅδ', 13.345; ἥδε, 346; τοῦτο, 349; 351), die in der Beschreibung des Erzählers fehlen.[38] Der Erzähler gibt sich in seiner Beschreibung (96–112) zwar Mühe, den Rezipienten die Ithakalandschaft vor Augen zu führen.[39] Doch befinden sich weder der Erzähler noch die Rezipienten – nur im Modus des 'Als-ob' – unmittelbar in der epischen Gegenwart. Sowohl ὅδ' (Φόρκυνος μὲν ὅδ' ἐστὶ λιμήν, 345) als auch ἥδε (ἥδε δ' ἐπὶ κρατὸς λιμένος τανύφυλλος ἐλαίη, 346) in Athenes zweiter Ithakabeschreibung deuten hingegen "auf einen Gegenstand, der sich in der unmittelbaren Nähe des Redenden befindet",[40] nämlich den Phorkyshafen und den Ölbaum. Durch Bühlers Begriff der *deixis*, die verschiedene Modi hat, lässt sich der Unterschied prägnant beschreiben: Während die Beschreibung des Erzählers durch den Modus der *deixis am Phantasma* den Rezipienten den Hafen und die Grotte vor ihrem inneren Auge visualisiert, zeigt Athene ihrem Protegé im Modus der *deixis ad oculos* die Gegenstände auf Ithaka in seiner Nähe.[41]

Der Wechsel von ὅδ' (345) und ἥδε (346) zu zweimaligem τοῦτο (349, 351),[42] das sich auf die Nymphengrotte (τοῦτο δέ τοι σπέος εὐρὺ κατηρεφές) bzw. den Berg Neriton (τοῦτο δὲ Νήριτόν ἐστιν ὄρος) in nicht unmittelbarer Nähe der

35 Repräsentativ dafür siehe Krehmer 1973, 237–238 Anm. 2: "13, 347–348 sind nach allgemeiner Ansicht – der ich mich anschließe – Interpolation nach 13, 103f.".

36 Zur Kritik siehe Byre 1994b, 9–10.

37 Byre 1994b, 10.

38 Vgl. de Jong 2001, 324–325: "Throughout the dialogue the use of deictic pronouns (referring to the Ithacan scenery and Odysseus' possessions) is conspicuous …; this brings it close to drama".

39 Siehe Byre 1994b, 6: "In so presenting the description, the narrator becomes more than usually overt, and the communication between him and the audience more than usually intimate"; vgl. Clay 2011, 100.

40 Kühner-Gerth 1904, 641.

41 Bühler 1982.

42 Vgl. Kühner-Gerth 1904, 641: "οὗτος, *iste*, deutet auf einen Gegenstand, der sich zwar noch in dem Bereiche und in der Nähe des Redenden befindet, aber nicht als Gegenstand der

Redenden bezieht, verstärkt den Unterschied zwischen der deskriptiven Beschreibung des Erzählers und dem emphatischen Zeigen der Athene, welches auf Nähe und Ferne der Gegenstände zugeschnitten ist.[43] Interessant ist auch, dass das erste Element, das Odysseus in seiner Ithakabeschreibung vor den Phaiaken erwähnt hat, nämlich der Berg Neriton (ἐν δ' ὄρος αὐτῇ, / Νήριτον εἰνοσίφυλλον, ἀριπρεπές, 9.21–22), in Athenes zweiter Ithakabeschreibung erst ganz am Ende genannt wird (τοῦτο δὲ Νήριτόν ἐστιν ὄρος καταειμένον ὕλῃ, 13.351). Diese Umkehrung ist ein Zeichen dafür, dass eine neue Stufe der Heimkehr erreicht worden ist: Für diejenigen, die von der Außenwelt nach Ithaka gelangen wollen, ist der Berg Neriton 'stark ins Auge fallend' (ἀριπρεπές, 9.22), während er für den bereits heimgekehrten Odysseus als das letzte Element (τοῦτο δὲ Νήριτόν ἐστιν ὄρος καταειμένον ὕλῃ, 13.351) sein Daheimsein unterstreicht.

Zweitens wird die Nymphengrotte explizit mit Odysseus' Erfahrung in der Vergangenheit in Zusammenhang gebracht. In dieser Hinsicht dient Athenes zweite Ithakabeschreibung auch als Bereicherung der Version des Erzählers mit einer zeitlichen Dimension, die nach Bachtins Begriff "den grundlegenden wechselseitigen Zusammenhang der in der Literatur erfaßten Zeit-und-Raum-Beziehungen" herstellt[44] und die Nymphengrotte zu einem *Chronotopos*, einem zeitlich-räumlichen Komplex macht.

In der Beschreibung des Erzählers werden manche Gegenstände in der Nymphengrotte – wie die Mischgefäße und die steinernen Krüge – isoliert von ihrer jeweiligen Geschichte dargestellt (ἐν δὲ κρητῆρές τε καὶ ἀμφιφορῆες ἔασι / λάϊνοι, 13.105–106): Die vage Beschreibung des Erzählers, in der lediglich die Gegenstände in der Grotte aufgezählt werden, wird durch Athenes Beschreibung (ἔνθα σὺ πολλὰς / ἔρδεσκες Νύμφῃσι τεληέσσας ἑκατόμβας, 'wo du viele vollgültige Hundertopfer den Nymphen dargebracht hast', 13.349–350) kontextualisiert.[45] Die iterative Form von ἔρδεσκες (13.350) verweist nicht nur auf die Handlungen, auf 'viele geopferte Hundertopfer' (πολλὰς … τεληέσσας ἑκατόμβας),[46] die

unmittelbaren Anschauung hervorgehoben wird, der, sei es als zweite oder dritte Person, dem Redenden gegenübersteht".

43 Vgl. de Jong 2012c, 70–71; sie untersucht "deictic pronouns [ὅδε and οὗτος] in Homeric speeches in terms of double deixis: first and foremost there is deixis *ad oculos* on the level of the communication between the characters … For the narrator and his narratees, however, there is no more than a deixis *am Phantasma*, since they do not actually see the object or person referred to". Zum Vergleich von *Od.* 13.96–112 und 13.344–351 siehe auch de Jong 2012c, 73.

44 Bachtin 2008 [1975], 7–8.

45 Siehe auch Elliger 1975, 128 zu *Od.* 13.105–106: "Dinge der Menschen stehen neben solchen der Götter, in der Höhle werden Opfer dargebracht (349f.), wovon die Mischkrüge und Amphoren zeugen".

46 Vgl. Kösling 1998, 114 Anm. 119: "Das *sk*-Präteritum ῥέζεσκε- bedeutet bei Homer 'zu tun

in der Vergangenheit liegen, sie betont vielmehr die Regularität dieser religiösen Handlungen, die aus der persönlichen Beziehung zwischen Odysseus und den Nymphen (Νύμφῃσι, 13.350) erwachsen und die rituell-soziale Ordnung auf Ithaka vor Odysseus' Weggang symbolisieren.

Für die Rezipienten der *Odyssee* ist es spannend zu erfahren, wie die Ordnung auf Ithaka, die seit Odysseus' Abfahrt massiv verletzt wurde, wiederhergestellt werden wird. Nach der Wiedererkennung der Insel Ithaka betet Odysseus sofort zu den Nymphen:

> Νύμφαι Νηϊάδες, κοῦραι Διός, οὔ ποτ' ἐγώ γε
> ὄψεσθ' ὔμμ' ἐφάμην· νῦν δ' εὐχωλῇσ' ἀγανῇσι
> χαίρετ'· ἀτὰρ καὶ δῶρα διδώσομεν, ὡς τὸ πάρος περ,
> αἴ κεν ἐᾷ πρόφρων με Διὸς θυγάτηρ ἀγελείη
> αὐτόν τε ζώειν καί μοι φίλον υἱὸν ἀέξῃ.
> *Od.* 13.356–360

> Nymphen, Naiaden, Töchter des Zeus! Niemals habe ich gemeint, dass ich euch wiedersähe! Jetzt aber seid gegrüßt mit freundlichen Gebeten! Doch werden wir auch Gaben geben so wie früher, wenn mich denn geneigten Sinns Zeus' Tochter, die Beutespenderin, wird leben und mir den eigenen Sohn gedeihen lassen.

Odysseus verspricht in 'seinen freundlichen Gebeten' (εὐχωλῇσ' ἀγανῇσι, 13.357) den Nymphen, ihnen Gaben geben zu wollen, 'so wie früher' (ἀτὰρ καὶ δῶρα διδώσομεν, ὡς τὸ πάρος περ, 13.358). Die Vergangenheit, die in Athenes zweite Ithakabeschreibung eingebettet ist (ἔνθα σὺ πολλὰς / ἔρδεσκες Νύμφῃσι τελήεσ-

---

pflegen', besonders aber 'zu opfern pflegen'. Die Aktionsart ist durativ-habituell … Mit derselben Bedeutung und Aktionsart wie ῥέζεσκε- kommt ἔρδεσκε- bei Homer vor, vgl. ν 350." Diese Interpretation des Wortes ἔρδεσκες gewinnt weiter an Bedeutung, wenn man diese Stelle mit der Quellenbeschreibung des Skamandros in der *Ilias* vergleicht (*Il.* 22.153–156), in der die verbale Form πλύνεσκον (22.155) belegt ist. Ohne auf die Stelle in *Od.* 13.344–351 hinzuweisen, hat de Jong 2012a, 98 bei ihrem Kommentar zu *Il.* 22.156 die Signifikanz des Vergleichs der Vorgeschichte von beiden Epen, die zur epischen Gegenwart in scharfen Kontrast tritt, herausgearbeitet: "Throughout the *Iliad* we find references to (τὸ) πρίν, the time before the Greeks came … Together with other nostalgic moments …, they form the backdrop against which the gruesome events of the war stand in pathetic contrast. In a similar way the *Odyssey* abounds with evocations of life on Ithaca at the time of Odysseus' departure for Troy". Noch signifikanter als der Zeitpunkt, in dem Odysseus Ithaka verließ, ist die Zeit, in der er friedlich über Ithaka herrschte, als Pendant zu der Zeit, in der "Troy was at peace and still fabulously rich (9.401–403; 18.288–289; 24.543–546) and Priam still had many sons (24.495–497, 546)".

σας ἑκατόμβας, 13.349–350), wird durch Odysseus' Gebet zu den Nymphen wieder aufgegriffen. Der Phorkyshafen und die Nymphengrotte sowie die Gegenstände in Letzterer haben je eine eigene Geschichte. Sie konstruieren einerseits Odysseus' Identität und veranlassen ihn andererseits dazu, die Nymphen um die Wiederherstellung der unterbrochenen Kontinuität und Regularität zu bitten (vgl. νῦν δ' … ὄψεσθ', 13.357 und ὡς τὸ πάρος περ, 13.358).[47]

4 Die Wiedererkennung der Insel und die *Anagnorisis* des Ehepaars

Der letzte Teil des vorliegenden Kapitels widmet sich der Frage der narrativen Signifikanz der Ithakalandschaft für das Epos. Meine Interpretation setzt bei der äußeren und inneren Heimkehr an. Odysseus ist es bei seinem *nostos* am wichtigsten, Ithaka, sein Vaterland, und seine Gattin Penelope wieder zu sehen.[48]

Während die äußere Heimkehr Odysseus zum Wiedersehen seines Vaterlandes führt, hat seine innere Heimkehr die Aufgabe, die Wiedererkennung mit Penelope zu erzielen. Der Weg zur *Anagnorisis* von beidem ist aber nicht einfach. Odysseus kann sein Ziel nur auf Umwegen erreichen. Im Falle Ithakas geht die Verwandlung der Landschaft vor Odysseus' Augen der Wiedererkennung der Heimat voraus: Nach seinem Erwachen sieht Odysseus Ithaka zwar, erkennt die Insel jedoch nicht:[49]

---

47 Während Odysseus' Identität durch Mischgefäße und Krüge (13.105–106) in der Nymphengrotte symbolisiert wird, wird die Geschichte Penelopes durch die steinernen Webstühle und die bewunderswerten Tücher in den folgenden Versen (ἐν δ' ἱστοὶ λίθεοι περιμήκεες, ἔνθα τε Νύμφαι / φάρε' ὑφαίνουσιν ἁλιπόρφυρα, θαῦμα ἰδέσθαι, 13.107–108) gespiegelt.

48 Ithaka (1.57–59, 7.225, 9.27–36); Penelope (1.13, 5.209–210).

49 Nach Wilamowitz 1884, 105 hat der Dichter "nur deswegen den Odysseus Ithaka verkennen, Athena die insel ausführlich beschreiben und allmählich dem heimkehrenden könige enthüllen lassen, um uns eine schilderung des locales zu geben". Er hat jedoch außer Acht gelassen, dass "eine schilderung des locales" den Rezipienten bereits gegeben wurde. Wie Elliger 1975, 126–127 und Byre 1994b, 10 überzeugend gezeigt haben, spielt die Beschreibung des Phorkyshafens und der Nymphengrotte (13.96–112) eine wichtige Rolle für die oben genannte Wiedererkennung Ithakas: Sie erzeugt dramatische Ironie durch das Verkennen des Odysseus. Während er zuerst sein eigenes Vaterland nicht erkennt und sich enttäuscht beklagt, dass die Phaiaken ihn in ein anderes Land als nach Ithaka gebracht hätten, empfinden die Rezipienten diese Szene als ironisch und zwar wegen ihrer Vorkenntnis über die Landschaft, die von Odysseus, dem eigentlichen Herrn des Landes, verkannt wird. Nach Byre 1994b, 10–11 antizipiert die Ironie in Odysseus' Verkennen von Ithaka eine weitere Ironie in der zweiten Hälfte der *Odyssee*: Während die Freier die Identität des Odysseus nicht kennen und diesen misshandeln, wissen die Rezipienten, dass sie dem Unheil nicht entfliehen werden.

> τοὔνεκ' ἄρ' ἀλλοειδέα φαινέσκετο πάντα ἄνακτι,
> ἀτραπιτοί τε διηνεκέες λιμένες τε πάνορμοι
> πέτραι τ' ἠλίβατοι καὶ δένδρεα τηλεθάοντα.
>
> *Od.* 13.194–196

> Darum erschien dem Herrn alles andersartig: die fortlaufenden Pfade und die Buchten, die überall Ankerplätze boten, die schroffen Felsen und die Bäume, die kräftig sprossenden.

Für Odysseus, den Herrn des Landes, erscheint (φαινέσκετο) auf Ithaka alles – vor allem wegen des Nebels – ἀλλοειδέα ('anders aussehend', 13.194).[50] Wilamowitz hat zu Unrecht die besser überlieferte Lesart φαινέσκετο als "Variante mit schlechtem Iterativum" angegriffen.[51] Zwei Interpretationen dieses Verses sind bereits vorgeschlagen worden, die sich in der Deutung des Iterativs von φαινέσκετο unterscheiden. Zum einen bezieht Kleinknecht das Iterativ auf den ständigen Wechsel der Erscheinung: "Das Iterativ (φαινέσκετο) malt anschaulich, wie für den Blick des Odysseus im Nebel die Dinge immer wieder ein *anderes*, und das heißt zugleich fremdes und falsches *Aussehen* haben".[52] Zum anderen spricht Erbse sich ausdrücklich gegen Kleinknechts Interpretation aus und entscheidet sich für die Wiederholung des Verkennens: "Φαινέσκετο geht also nicht auf den Wechsel in der Erscheinung des gleichen Dinges, sondern auf

---

50 *Od.* 13.194 τοὔνεκ' ἄρ' ἀλλοειδέα φαινέσκετο πάντα ἄνακτι bereitet den Homerkritikern viele philologische Probleme. Um den Vers nach dieser überlieferten Lesart zu skandieren, müsste man sowohl -οει- als auch -εα- in ἀλλοειδέα mit Synizese aussprechen. Während die Synizese von -εα- (< *-eha*) bei Homer gut bezeugt ist (Chantraine 1958, 56), wäre die Synizese von -οει- (< -oϝει) in ἀλλοειδέα das einzige bezeugte Beispiel dafür, dass -οει- im Nominalkompositum (vgl. θεοειδής, ἠεροειδής, μενοεικής, θεοείκελος) einsilbig zu skandieren ist. In jüngster Zeit bietet Cassio 2004 einen hervorragenden Überblick über die vorgeschlagenen Konjekturen und zeigt deren Defizite auf. Er schlägt eine plausible Lösung vor: "[T]he poet of the *Odyssey*, or at any rate the latest singer whose verses were registered in writing, actually pronounced the word [*allei̯dea*]" (mit Elision, Cassio 2004, 88–89). Und somit kann man problemlos den überlieferten Vers τοὔνεκ' ἄρ' ἀλλοειδέα φαινέσκετο πάντα ἄνακτι skandieren, obwohl man ἀλλοειδής (ohne Elision) geschrieben hat, wegen der Tendenz im Griechischen, "die Veränderungen der Wörter ... im Kompositum zu unterdrücken im Interesse der Deutlichkeit des einzelnen Wortes" (Debrunner 1917, 62, zitiert von Cassio 2004, 90; für weitere Beispiele dieser Art siehe Cassio 2004, 89–91). Jedenfalls sollte man sowohl ἀλλοειδέα als auch φαινέσκετο akzeptieren (vgl. auch Hackstein 2011, 28, der für konsonantisch realisierte ο und ε in ἀλλοειδέα (*Od.* 13.194) plädiert).

51 Wilamowitz 1927, 7 Anm. 2. Zum Iterativum mit Suffix -σκ- siehe jetzt Zerdin 2002; Kimball 2014.

52 Kleinknecht 1958, 62. Aufgegriffen von Clay 1983, 191–192 Anm. 11. Vgl. auch LSJ^9 s.v. ἀλλοειδής "of different form".

die Wiederholung desselben Vorganges: Wenn sich der Blick des Heimkehrers von einem Gegenstand zum anderen wendet, findet er nirgends ein vertrautes, nirgends ein heimatliches Bild".[53]

Diese Frage lässt sich m.E. durch eine Parallele in Penelopes Verkennung des Odysseus in *Od.* 23 beantworten.[54] Im 23. Buch informiert Eurykleia ihre Herrin Penelope über die Schlacht gegen die Freier und versucht, sie zu überzeugen: Odysseus sei bereits zu Hause und habe die Freier getötet.[55] Penelope geht, auch wenn sie noch zweifelt, vom oberen Stockwerk herab und überlegt sich, 'ob sie den eigenen Gatten von fern befragen oder ob sie zu ihm treten, ihm Haupt und Hände ergreifen und küssen solle' (23.86–87).[56] Während Odysseus Penelope gegenübersitzt und 'wartet, dass sie zu ihm etwas sagen werde, da seine Gattin ihn mit Augen gesehen hätte' (ποτιδέγμενος εἴ τί μιν εἴποι / ἰφθίμη παράκοιτις, ἐπεὶ ἴδεν ὀφθαλμοῖσιν, 23.91–92), bleibt sie lange stumm:

> ὄψει δ' ἄλλοτε μέν μιν ἐνωπαδίως ἐσίδεσκεν,
> ἄλλοτε δ' ἀγνώσασκε κακὰ χροῒ εἵματ' ἔχοντα.
> *Od.* 23.94–95

> Und bald schaute sie ihm mit dem Blick ins Antlitz, und konnte ihn dann wieder nicht erkennen, da er schlechte Kleider am Leibe hatte.

'Bald (ἄλλοτε μέν) schaute (ἐσίδεσκεν)[57] Penelope mit dem Blick (ὄψει) ihrem Herrn ins Antlitz (ἐνωπαδίως) (und beinahe hätte sie ihn erkannt),[58] bald aber (ἄλλοτε δ') erkannte (ἀγνώσασκε) sie ihn wieder nicht, da er schlechte Kleider am Leib hatte' (meine Übersetzung). Die iterativen Formen ἐσίδεσκεν und

53 Erbse 1972, 151.

54 Zu dieser ausgiebig interpretierten Szene siehe Fenik 1974, 64–65, 68–72; Emlyn-Jones 1984; Murnaghan 1987, 43–45, 139–147; Hölscher 1988, 284–296; Katz 1991, 166–170; Goldhill 1991, 5–24; Foley 1999, 241–262; de Jong 2001, 545–564; Bierl 2004; Heitman 2005, 85–103; Kelly 2012.

55 Zur Struktur dieser Episode siehe Emlyn-Jones 1984, 6–7; Gainsford 2003, 42–44; Kelly 2012, 7–11.

56 Zur Interpretation dieser Episode siehe besonders Bierl 2004.

57 ἐσίδεσκεν findet sich in allen MSS. Die Lesart ἤϊσκεν, zitiert von Didymos und von vielen modernen Gelehrten vorgezogen, "must be merely an ancient conjecture" (Heubeck 1992, 322).

58 Zu dieser Ergänzung vgl. Ameis/Hentze 1900, 89: "So ergiebt sich folgender Zusammenhang: sie saß lange stumm da –, nur mit ihren Blicken thätig warf sie bald einen Blick in sein Antlitz – worauf nun folgen sollte: und dann glaubte sie ihn zu erkennen, während sofort der Gegensatz folgt: bald verkannte sie ihn wieder, da er schlechte Kleider anhatte".

ἀγνώσασκε drücken den ständigen Wechsel der Position Penelopes aus,[59] die mit dem Gegenstand ihrer Wahrnehmung korrespondiert: Sie oszilliert zwischen Beinahe-Erkennen und Nicht-Erkennen, da sie bald Odysseus ins Antlitz schaut, bald seine verdächtigen, schlechten Kleider in den Blick nimmt, wobei "die Beziehung zwischen Anblicken und Erkennen" reflektiert wird.[60]

Wie Clay bereits gezeigt hat, wird die Ambivalenz von Sehen und Erkennen in Odysseus' Verkennen von Ithaka in besonderem Ausmaß thematisiert (ἔγνω, 13.88; ἄγνωστον, 13.191; γνοίη, 13.192; ἀλλοειδέα, 13.194; ἔσιδε, 13.197).[61] Dieselbe Ambivalenz tritt deutlich beim Verkennen durch Penelope in der Gegenüberstellung von ἐσίδεσκεν und ἀγνώσασκε hervor: Während in 23.94–95 die iterativen Formen ἐσίδεσκεν und ἀγνώσασκε das ständige Oszillieren der Position Penelopes zum Ausdruck bringen, geht das Iterativ φαινέσκετο in 13.194 auf den ständigen Wechsel in der Erscheinung der Landschaft zurück, der verhindert, dass Odysseus sie erkennt.[62] Der Wechsel in der Erscheinung des Gegenstandes der Wahrnehmung (*ἀλλοειδέα φαινέσκετο πάντα*, 13.194) korrespondiert mit dem Oszillieren der Position des wahrnehmenden Charakters (*ἄλλοτε μέν ... ἐσίδεσκεν / ἄλλοτε δ' ἀγνώσασκε*, 23.94–95), in diesem Fall der Penelope.[63]

---

59 Ihre schwankende Position lässt sich eben durch 23.106–107 οὐδέ τι προσφάσθαι δύναμαι ἔπος οὐδ' ἐρέεσθαι / οὐδ' εἰς ὦπα ἰδέσθαι ἐναντίον erkennen. Mit Blick auf die Behauptung des Odysseus, Penelope habe ihn wegen seiner schlechten Kleider nicht als ihren Gatten anerkennen wollen (νῦν δ' ὅττι ῥυπόω, κακὰ δὲ χροῒ εἵματα εἷμαι, / τοὔνεκ' ἀτιμάζει με καὶ οὔ πώ φησι τὸν εἶναι, 23.115–116), ist es berechtigt, aus den oben genannten Stellen die Einsicht zu gewinnen, "welche wichtige Rolle das Aussehen für *die in der Odyssee dargestellten Personen* bei der Einschätzung anderer Menschen spielt" (Bernsdorff 1992, 106). Vgl. auch bereits Fenik 1974, 61–62: "For Homeric society what a person wore represented in a real, not just a symbolic, sense what he *was*".

60 Bechert 1964, 337.

61 Clay 1983, 191. Siehe auch Goldhill 1991, 6 und besonders Frontisi-Ducroux/Vernant 1997, 14: "Comment expliquer, chez l'homme que les premiers vers du poème célèbrent comme celui qui a vu (*ide*) et connu (*egnô*) tant de pays et tant de peuples, celui dont l'idée fixe était de voir (*ideein*) les siens et sa maison, cette soudaine méconnaissance, à l'heure des retrouvailles avec Ithaque".

62 Ich plädiere für die Position Kleinknechts 1958, 62 und spreche mich gegen die Interpretation von Erbse 1972, 151 aus; beide Zitate siehe oben. Vgl. Clay 1983, 192 Anm. 11: "Erbse (1972), p. 151, misses the point by transferring the sense of φαινέσκετο from the shifting appearance of the landscape to Odysseus's repeated glancing at it".

63 Das ständige, 'punktuelle' Oszillieren von Penelopes Position lässt sich auch durch die Aorist-Stämme von ἐσίδεσκεν und ἀγνώσασκε illustrieren; siehe Kimball 2014, 165–166: "The iterative preterits are interesting in that the aspect of the verb from which the iterative is formed carries over into the sense of the iterative ... Those made from aorist stem ... are used for action that is presented as both punctual and iterative. Typically, theses are actions that can be viewed as a series of punctual, or discrete, acts that are repeated".

Die Analogie im Verhältnis zwischen Frau und Mann und Mann und Heimat ist bereits im Schiffbrüchigen-Gleichnis angelegt:

ὡς δ᾽ ὅτ᾽ ἂν ἀσπάσιος γῆ νηχομένοισι φανήῃ,
ὧν τε Ποσειδάων εὐεργέα νῆ᾽ ἐνὶ πόντῳ
235 ῥαίσῃ, ἐπειγομένην ἀνέμῳ καὶ κύματι πηγῷ·
παῦροι δ᾽ ἐξέφυγον πολιῆς ἁλὸς ἤπειρόνδε
νηχόμενοι, πολλὴ δὲ περὶ χροῒ τέτροφεν ἅλμη,
ἀσπάσιοι δ᾽ ἐπέβαν γαίης, κακότητα φυγόντες·
ὣς ἄρα τῇ ἀσπαστὸς ἔην πόσις εἰσοροώσῃ,
δειρῆς δ᾽ οὔ πω πάμπαν ἀφίετο πήχεε λευκώ.

Od. 23.233–240

Und wie willkommen Schwimmenden das Land erscheint, denen Poseidon auf dem Meer das gutgebaute Schiff zerschlug, das von Wind und hartem Wogengang bedrängte – nur wenige entkamen schwimmend aus der grauen Salzflut zu dem Festland, und rings gerann viel Salz an ihrem Leibe, und willkommen war ihnen das Land, das sie betraten, dem Unheil entronnen –: so willkommen war ihr der Gatte, als sie ihn ansah, und sie wollte von seinem Halse durchaus nicht mehr lassen die weißen Arme.

Wie das Land den aus dem Unheil des Schiffbruchs entkommenen Schiffsleuten willkommen (ἀσπάσιος, 23.233) scheint (φανήῃ, 23.233), so ist der Gatte Odysseus Penelope, die (auf ihn) blickt (τῇ … εἰσοροώσῃ, 23.239), willkommen (ἀσπαστός, 23.239). Die Interpreten dieses Gleichnisses richten ihre Aufmerksamkeit auf Penelopes Rolle, "the reversed gender role".[64] Penelope verschmilzt im Gleichnis mit der Vergangenheit des Odysseus:[65] Die damalige Freude des Odysseus, als er das Land Scheria nahe vor sich sah, spiegelt sich in der jetzigen Freude Penelopes wider. Aber die Verbindung könnte noch tiefer gehen: Der Moment, in dem Odysseus Ithaka erkennt, wird durch dieses Gleichnis,

64 Fränkel 1921, 94–95; Podlecki 1971, 89–90; Moulton 1977, 129–130; Foley 1978, 7; de Jong 2001, 559–560; Murnaghan 1987, 45–46; Winkler 1990, 161.

65 Im Gleichnis taucht Penelope in die Rolle der Schiffsleute, die der Situation ihres Gatten Odysseus in *Od.* 5 ähnelt: Poseidon zerstört Odysseus' Floß (5.365–370), durch Schwimmen rettet sich Odysseus (νηχέμεναι μεμαώς, 5.375) und das Land, das er nahe vor sich sieht (ὁ δ᾽ ἄρα σχεδὸν εἴσιδε γαῖαν / ὀξὺ μάλα προϊδών, 5.392–393), erscheint ihm willkommen (ὣς Ὀδυσῆ᾽ ἀσπαστὸν ἐείσατο γαῖα καὶ ὕλη, 5.398). Nach Foley 1978, 7 setzt dieses Gleichnis in 23.233–240 Penelope mit der Figur des Odysseus gleich, "as he has been" (bei der Landung auf Scheria), während das Gleichnis in 19.108–114, in dem Penelope mit einem guten und gerechten König verglichen wird, sie mit der Figur des Odysseus gleichsetzt, "as he will be".

das Land und Mann verbindet, evoziert;[66] die Ithakalandschaft als ersehnte Heimat des Odysseus ist in einem größeren Ausmaß in die Erzählstruktur des Epos eingeschrieben, als bisher gewürdigt worden ist.

66 In dem einzigen Doppelgleichnis der Apologe wird Odysseus in der Wiedervereinigung mit seinen von Kirke in Schweine verwandelten Gefährten einerseits mit einer Kuh, die von ihren Kälbern wieder gefunden wird, verglichen, andererseits gleicht er dem Vaterland Ithaka, dem Zielpunkt ihres *nostos*: 'Es wähnte ihnen der Mut, dass es so sei, als wenn sie in das Vaterland und zur Stadt des rauen Ithaka selbst gekommen wären, wo sie aufzogen und geboren waren' (δόκησε δ' ἄρα σφίσι θυμὸς / ὣς ἔμεν, ὡς εἰ πατρίδ' ἱκοίατο καὶ πόλιν αὐτὴν / τρηχείης Ἰθάκης, ἵνα τ' ἔτραφον ἠδ' ἐγένοντο, 10.415–417). Zur Funktion dieses Gleichnisses siehe Clay 1994a, 45–46, wobei sie den Geschlechterwechsel betont ("Odysseus changes from mother-cow to father land (*patris*)", 46), und de Jong 2001, 264.

KAPITEL 6

Geschlossener Raum und narrative Spannung in der *Odyssee*

Die Raumbeschreibungen in der *Odyssee* lassen sich, "oft als Erweiterungen im Schema der typischen Szene 'Ankunft' ansetzend, mit dem jeweiligen Geschehen dadurch enger verknüpfen, dass sie aus der Perspektive der ankommenden Figur gegeben werden, die meist mit dem Gefühl des Staunens die jeweils beschriebenen Objekte betrachtet".[1] Unter den langen Raumbeschreibungen in der *Odyssee* weisen zwei dieses Muster auf, bei welchem die Wahrnehmung bzw. die Fokalisation des Charakters im Vordergrund steht: Kalypsos Insel (5.59–75) und Alkinoos' Palast (7.82–135).[2]

Neben dieser Darstellungsform des Raums ist ein weiteres Charakteristikum, das sich durch das ganze Epos hindurchzieht, bisher zu wenig gewürdigt worden: die Gegenüberstellung von Innen- und Außenräumen.[3] In dem vorliegenden Kapitel soll gezeigt werden, dass die Darstellung des Innenraums in der *Odyssee* vom Erzähler als Mittel eingesetzt wird, um narrative Spannung zu erzeugen. In den drei herausragenden Momenten unter den Erlebnissen des Odysseus, die im Epos erzählt werden – die List des Hölzernen Pferdes (1.), die Flucht aus der Höhle des Polyphem (2.) und die Freierschlacht in der Halle des Heimkehrers (3.), spielt der geschlossene Innenraum eine entscheidende Rolle, da er in einen scharfen Kontrast zum Außenraum tritt. Das Erschrecken, das

1 Friedrich 1975, 57. Vgl. Arend 1933, 28; Focke 1943, 118–119; Reinhardt 1960, 63; Hellwig 1964, 34 Anm. 15; Müller 1968: 103–153; Edwards 1975, 64–67; Richardson 1990, 51–57; Reece 1993, 13–16; Byre 1994b, 4–5; de Jong 2001, 127–132; de Jong/Nünlist 2004, 74–76. Nicht überzeugend führt Edwards 1975, 4 die langen Beschreibungen in der *Odyssee* auf die abwesenden Personen zurück, die in den Ankunftsszenen der *Ilias* dabeistehen.

2 Die Wahrnehmung des Charakters wird im Text explizit genannt (5.75–77; 7.133–135). Zur Interpretation beider Stellen siehe Kapitel 2 und Kapitel 3 des vorliegenden Buchs. In die Ankunftsszene eingebettet wird die Hütte des Eumaios teilweise aus der Perspektive des ankommenden Charakters Odysseus, teilweise durch die Paralepse des Erzählers geschildert (14.5–28). Vgl. Müller 1968, 93–96; Austin 1975, 165–168; de Jong 2001, 342–343.

3 Vgl. Andersson 1976, 5, der bereits "the scenic preconditions" der *Odyssee* in zwei Aspekten von denen der *Ilias* unterschieden sieht, nämlich "in the abundant changes of scenery and in a preference for interior settings". Kullmann 1992 bildet eine Ausnahme, der sich für die poetische Funktion von Odysseus' Palast interessiert. Zudem haben Olson 1995, 4 und Thomas 2014, 89–91 jeweils gezeigt, wie die Interaktion von Raum und Laut innerhalb des Odysseus-Palasts zur narrativen Spannung beiträgt.

 DOI:10.1163/9789004379473_007

aus dieser Gegenüberstellung resultiert, wird in der *Anagnorisis* von Odysseus und Penelope umgekehrt, indem das Schlafgemach ein positives Gegenstück zu den Schreckenskammern bildet (4.). Das vorliegende Kapitel versteht sich somit auch als ein Beitrag zur Frage, inwiefern die *Odyssee* spannend sei,[4] und zwar unter besonderer Berücksichtigung des Raums.

1 Das Hölzerne Pferd

Die Geschichte des Hölzernen Pferdes wird in der *Odyssee* als Binnenerzählung drei Mal berichtet. Die spezifische narrative Funktion der jeweiligen Erzählung derselben Geschichte steht im Zentrum der Forschung.[5] In Sparta sucht Telemach nach Nachrichten von seinem Vater. Sowohl Helenas als auch Menelaos' Erzählungen sind im Prinzip Reminiszenzen an Odysseus' Taten in Troja zugunsten des Telemach (vgl. 4.240–243, 271–273), aber auch "subtle acts of self-justification, self-explanation, and mutual recrimination".[6] Doch das charakteristische Dulden des Odysseus wird in Menelaos' Erzählung als unentbehrlich für die Zerstörung Trojas hervorgehoben:[7]

> οἷον καὶ τόδ' ἔρεξε καὶ ἔτλη καρτερὸς ἀνὴρ
> ἵππῳ ἔνι ξεστῷ, ἵν' ἐνήμεθα πάντες ἄριστοι
> Ἀργείων, Τρώεσσι φόνον καὶ κῆρα φέροντες.
> *Od.* 4.271–273

> Doch habe ich einen solchen niemals mit Augen gesehen, wie das Herz des duldenmütigen Odysseus war: wie er auch dieses getan und gewagt hat, der starke Mann, in dem Hölzernen Pferde, in dem wir alle, die Besten der Argeier, saßen, um den Trojanern Mord und Tod zu bringen.

---

4 Vgl. Schmitz 1994, 22, der gegen Auerbachs 1946, 6 Ansicht, dass "das Element der Spannung in den homerischen Gedichten nur sehr schwach" sei, zeigt, dass "die Odyssee mehr als eine Art 'spannend' ist". Weitere Literatur zur Spannung in der *Odyssee* bietet de Jong 2001, 9 Anm. 18. Vgl. auch Sternberg 1993, 56–89.

5 Siehe de Jong 2001, 103: "The story is told by three different speakers (Menelaus, Demodocus, and Odysseus), who choose different perspectives (twice the perspective of the Greeks inside the Horse, once of the Trojans looking at it from the outside), and relate different phases (…). This is, of course, because they have different addressees (Telemachus and Helen, Phaeacians and unrecognized Odysseus, Achilles)".

6 Olson 1995, 85.

7 Siehe Andersen 1977, 6–7: "Part of its special significance is to present Odysseus as the 'sacker of cities' (πτολίπορθος) and to bring to the fore his particular merits at the final conquest of Troy".

Als Helena dreimal um das Hölzerne Pferd herumschreitet und die Besten der Danaer bei ihren Namen nennt, indem sie die Frauen aller Griechen mit der Stimme nachahmt (4.274–279),[8] fahren Menelaos und Diomedes auf und trachten, entweder hinauszugehen oder alsbald von drinnen zu erwidern (μενεήναμεν ὁρμηθέντες / ἢ ἐξελθέμεναι ἢ ἔνδοθεν αἶψ' ὑπακοῦσαι, 4.282–283). Es gelingt Odysseus hingegen, ihre Münder zuzuhalten, so sehr sie auch zu sprechen begehren (κατέρυκε καὶ ἔσχεθεν ἱεμένω περ, 4.284). Der räumliche Kontrast zwischen dem inneren, geschlossenen Pferdebauch und der Außenseite des Hölzernen Pferdes wird durch das Präfix ἐξ in ἐξελθέμεναι und durch das Adverb ἔνδοθεν verschärft. Während alle anderen stumm bleiben, will Antiklos dennoch aus dem Inneren etwas auf Helenas Worte erwidern. Doch Odysseus hält ihm unablässig den Mund zu, mit den starken Händen, bis Athene die Versucherin Helena weit wegführt (4.288–289). Die Geschlossenheit des Raums wird durch Odysseus' Eingreifen bewahrt, sodass weder jemand aus dem Pferd hinausgeht noch irgendeine Stimme nach außen dringt. Er rettet damit das Leben der Achaier (σάωσε δὲ πάντας Ἀχαιούς, 4.288) und ihren Ruhm, der aus der Zerstörung Trojas resultieren sollte, die jedoch an der vorliegenden Stelle noch akut durch Antiklos (den Anti-*kleos*) gefährdet scheint.[9]

In Demodokos' drittem Gesang ist die Erzählung derselben Geschichte zuerst auf die Trojaner fokussiert, die sich nach der Abfahrt der Griechen entscheiden müssen, was mit dem Pferd zu tun ist:[10]

505 ὣς ὁ μὲν ἑστήκει, τοὶ δ' ἄκριτα πόλλ' ἀγόρευον
ἥμενοι ἀμφ' αὐτόν· τρίχα δέ σφισιν ἥνδανε βουλή,
ἠὲ διατμῆξαι κοῖλον δόρυ νηλέϊ χαλκῷ,
ἢ κατὰ πετράων βαλέειν ἐρύσαντας ἐπ' ἄκρης,

---

8 Helenas Figur bildet hier einen auffälligen Kontrast zu ihrer freundlichen Aufnahme des verkleideten Odysseus als eines Spähers in Troja in ihrer Erzählung (4.240–264), in der merkwürdigerweise das Motiv des geheimen Ganges nach Troja im Hinblick auf die Eroberung der Stadt und das der Verkleidung des Odysseus in Bezug auf die Rückeroberung von Ithaka antizipiert werden.

9 Siehe de Jong 2001, 103: "The 'all the other, but X (alone)' motif singles out Anticlus, who is otherweise not mentioned in Homer. He has a speaking name ('Anti-Glory'. Had he spoken, the Greeks would have been detected and killed and the glory of the victory would have gone to the Trojans; cf. 275)".

10 Vgl. de Jong 2001, 216: "But in contrast to the other instances, which recount what happened inside the Horse, the angle chosen here is that of the Trojans, looking at the Horse from the outside; the choice of this perspective and the subsequent account of the destruction of their city ... prepare the ground for the simile of the vanquished Trojan woman".

> ἢ ἐάαν μέγ' ἄγαλμα θεῶν θελκτήριον εἶναι,
> τῇ περ δὴ καὶ ἔπειτα τελευτήσεσθαι ἔμελλεν·
> *Od.* 8.505–510
>
> Dort stand es [das Pferd] nun. Sie aber sprachen viel Ungeschiedenes, während sie um es saßen, und es gefiel ihnen ein dreifacher Rat: entweder, dass sie das hohle Holzwerk mit dem erbarmungslosen Erz zerschlügen, oder es von den Felsen stürzten, nachdem sie es auf die Höhe gezogen, oder dass sie es ließen, dass es ein großes Prunkstück zur Beschwichtigung der Götter wäre. So sollte es dann auch vollendet werden.

Wie West jüngst gezeigt hat, gibt es einen signifikanten Unterschied in der Version des Demodokos-Gesanges im Vergleich zu der anderen Variante dieses Mythos, die uns durch Proklos überliefert ist: "[O]f the three options considered by the Trojans for dealing with the Wooden Horse, two are the same, but the third is different, to cut the thing open rather than burn it".[11] Diese Variante könnte unsere Beobachtung bestätigen, dass die Geschlossenheit des Pferds in der Erzählung der *Odyssee* ein zentrales Thema ist. Denn genau diese letzte Option, "dass sie das hohle Holzwerk mit dem erbarmungslosen Erz zerschlügen" (ἠὲ διατμῆξαι κοῖλον δόρυ νηλέϊ χαλκῷ, 8.507), zeigt die Möglichkeit der Öffnung des Pferdes vor dem entscheidenden Moment und somit den Untergang der im Pferd verborgenen Griechen an. Dann beginnt der eigentliche Teil der Zerstörung Trojas in Demodokos' Gesang:

> ἤειδεν δ' ὡς ἄστυ διέπραθον υἷες Ἀχαιῶν
> ἱππόθεν ἐκχύμενοι, κοῖλον λόχον ἐκπρολιπόντες.
> *Od.* 8.514–515
>
> Und er sang, wie die Söhne der Achaier sich aus dem Pferd ergossen und die Stadt zerstörten, nachdem sie den hohlen Schlupfwinkel verlassen hatten.

Der Zeitpunkt der vom Schicksal bestimmten Zerstörung Trojas fällt mit dem Moment der Aufnahme des Hölzernen Pferdes in die Stadt (8.511–512) zusammen. Zudem ist es auffällig, dass in der Beschreibung, wie die Griechen das Pferd verlassen (ἱππόθεν ἐκχύμενοι, ἐκπρολιπόντες, 8.515), das in einem Vers zweimal vorhandene Präfix ἐκ die räumliche Änderung zum Fokus der Erzählung

11 West 2014, 29.

macht. Die Geschlossenheit des Raums, in dem die Griechen verborgen waren (κεκαλυμμένοι ἵππῳ, 8.503), wird so lange bewahrt, bis sie den Trojanern das Verderben bringen. Man merke auch, dass das Verborgensein im Pferd (κεκαλυμμένοι) in einen scharfen Kontrast zur Aufnahme des Pferdes in die Stadt tritt (ἐπὴν πόλις ἀμφικαλύψῃ / δουράτεον μέγαν ἵππον, 8.511–512 wörtlich 'sobald die Stadt das große Hölzerne Pferd in sich geborgen haben wird')[12] und damit die Wende des Schicksals in räumlichen Begriffen zum Ausdruck gebracht wird.

Odysseus erzählt auch selbst einmal dieselbe Geschichte des Hölzernen Pferdes (11.523–532). Seine Erzählung ist auf den Kontext der Begegnung mit Achill in der Unterwelt zugeschnitten. Diese ist in enkomiastischem Stil gehalten und dient dazu, vor Achill dessen Sohn Neoptolemos zu rühmen: Während andere Griechen im Pferd weinen und aus Angst zittern, hat Neoptolemos keine Furcht, sondern "greift nach dem Griff des Schwertes und nach der erzbeschlagenen Lanze und sinnt den Trojanern schlimme Dinge" (11.531–532). Dem Heldenmut des Neoptolemos, schnell aus dem Pferd herauszukommen (ἱππόθεν ἐξέμεναι, 11.531), wird jedoch die führende Rolle des Odysseus gegenübergestellt, dem die besondere Aufgabe anvertraut ist, "den festen Schlupfwinkel zu öffnen oder ihn zu schließen" (ἠμὲν ἀνακλῖναι πυκινὸν λόχον ἠδ' ἐπιθεῖναι, 11.525).[13] Von Odysseus hängt die Geschlossenheit des Pferdes ab, was seine unersetzliche Rolle in der Geschichte des Hölzernen Pferdes unterstreicht und seine Epitheta "Stadtzerstörer" (πτολίπορθος) sowie "Vieldulder" (πολύτλας, πολυτλήμων, τλήμων) angebracht erscheinen lässt.[14]

12 Zur verbalen Form und Funktion von ἀμφικαλύψῃ siehe Ameis/Hentze 1908, 60: "im Konj. nach dem Wortlaut des Orakels". Vgl. Garvie 1994, 337 unter Berufung auf Kühner/Gerth 1904, 253.

13 Aristarch hält diesen Vers für interpoliert und tilgt ihn aus seiner Edition aus, freilich wegen des ähnlich lautenden Verses in der *Ilias* (5.751); vgl. Heubeck 1989, 108–109 mit Literaturangabe. Doch dient *Od.* 11.525 dazu, den Inhalt von πάντ' in 11.524 näher zu bestimmen. Im Vergleich zu dieser Stelle wird die führende Rolle des Odysseus in Demodokos' Gesang dadurch unterstrichen, dass die Griechen um ihn herum im Pferd sitzen (8.502–503) und er mit Hilfe Athenes "den furchtbarsten Kampf" auf sich nimmt und siegt (8.517–520). Interessant ist, dass dieser von Odysseus und Menelaos gegen Deïphobos geführt wird, den Ehemann Helenas nach dem Tod von Paris. Dass Deïphobos in Menelaos' Erzählung Helena begleitet, wird hier evoziert.

14 Zu beiden Epitheta siehe jetzt West 2014, 10.

2 Die Höhle des Polyphem

Ahl/Roisman haben bereits bemerkt, dass Polyphems Schafe, unter denen Odysseus und seine Gefährten aus der Höhle entkommen können, mit dem Hölzernen Pferd in Beziehung zu setzen sind, durch welches die Griechen heimlich in die Stadt kommen und Unheil bringen.[15] Im Folgenden soll eine weitere Verbindung zwischen den beiden Episoden thematisiert und hervorgehoben werden, die von der Raumstruktur bedingt ist: Wie die Griechen im Pferd trotz der Versuchung durch Helenas Imitation griechischer Frauenstimmen ausharren müssen, muss sich auch Odysseus in der Höhle Polyphems gedulden, bis ihn ein kluger Einfall aus dieser führt.

Odysseus und seine Gefährten gelangen in Polyphems Höhle in dessen Abwesenheit. Vor der Rückkehr des Hausherrn können sie einzelne Dinge in der Höhle – Darren von Käse, Pferche voll von Lämmern und Zicklein – ruhig betrachten (9.218–223). Ihr bewundernder Blick auf das Innere des Raumes, der mit der Auflistung der darin befindlichen Gegenstände einhergeht, steht in scharfem Kontrast zu ihrem Erschrecken, welches durch die Rückkehr des Polyphem verursacht wird:

φέρε δ' ὄβριμον ἄχθος
ὕλης ἀζαλέης, ἵνα οἱ ποτιδόρπιον εἴη.
235 ἔντοσθεν δ' ἄντροιο βαλὼν ὀρυμαγδὸν ἔθηκεν·
ἡμεῖς δὲ δείσαντες ἀπεσσύμεθ' ἐς μυχὸν ἄντρου.
αὐτὰρ ὅ γ' εἰς εὐρὺ σπέος ἤλασε πίονα μῆλα,
πάντα μάλ', ὅσσ' ἤμελγε, τὰ δ' ἄρσενα λεῖπε θύρηφιν,
ἀρνειούς τε τράγους τε, βαθείης ἔντοθεν αὐλῆς.
240 αὐτὰρ ἔπειτ' ἐπέθηκε θυρεὸν μέγαν ὑψόσ' ἀείρας,
ὄβριμον· οὐκ ἂν τόν γε δύω καὶ εἴκοσ' ἅμαξαι
ἐσθλαὶ τετράκυκλοι ἀπ' οὔδεος ὀχλίσσειαν·
τόσσην ἠλίβατον πέτρην ἐπέθηκε θύρησιν.
Od. 9.233–243

15 Siehe Ahl/Roisman 1996, 114: "The Cyclopean narrative seems calculated to show that, for all the Phaeacians' disinterest in Troy, Odysseus is a man in very way capable of devising the stratagem of the Trojan horse. But he demonstrates his point by showing that he is just as shrewd at breaking out of a place where he is imprisoned as he is breaking into a city which is carefully defended. To parallel his traditional, but to Phaeacians irrelevant, stratagem of the Trojan horse, he generates the 'Cyclopean ram' underneath which he escapes from enforced confinement and inevitable death".

> Und er [Polyphem] trug eine gewaltige Last trockenen Holzes, damit es ihm für das Nachtmahl dienlich wäre, warf es hinein in die Höhle und machte ein Getöse. Wir aber stürzten vor Furcht hinweg in das Innerste der Höhle. Doch er trieb das fette Vieh in die weite Höhle, alles Stück für Stück, soviel er melken wollte, das männliche aber ließ er vor der Türe, die Widder und Böcke, draußen in dem tiefen Hofe. Und setzte alsbald einen großen Türstein davor, den er hoch aufhob, einen gewaltigen. Den hätten nicht zweiundzwanzig Wagen, tüchtige, vierrädrige, wegwuchten können von dem Boden: einen so großen schroffen Stein setzte er vor die Türe.

Das Erschrecken des Odysseus und seiner Gefährten korrespondiert mit einer raschen räumlichen Verengung: Während sie zuvor im Inneren sitzend von den Käsen essen und auf Polyphem warten (μένομέν τέ μιν ἔνδον / ἥμενοι, 9.232–233), stürzen sie wegen seiner Ankunft und eines großen Getöses in das Innerste der Höhle (δείσαντες ἀπεσσύμεθ' ἐς μυχὸν ἄντρου, 9.236). Die Spannung der Erzählung wird von der räumlichen Komponente her gesteigert – von innen (ἔντοσθεν δ' ἄντροιο, 9.235)[16] bis in das Innerste (9.236). Dadurch, dass viele Schafe von draußen in die Höhle hineingetrieben werden (9.237–238), wird der Innenraum von Odysseus und seinen Gefährten als sehr verengt empfunden. Die Höhle ist zwar an sich nicht geschlossen, doch der Türstein, den Polyphem vor die Tür setzt, macht diese zu einem geschlossenen Raum.

Dieser Türstein wird zum Fokus der Erzählung gemacht. Das Gleichnis (9.241–242), das diesen beschreibt, hebt dessen Größe und Gewicht hervor. Die Stärke und Kraft des Polyphem, der den Stein bewegen kann, werden ebenfalls zum Ausdruck gebracht. Durch diesen Stein vor der Tür wird eine Flucht aus der Höhle erheblich erschwert und Odysseus' Racheplan, Polyphem nicht zu töten, sondern ihn zu blenden, ist dieser räumlichen Besonderheit geschuldet: denn eine Tötung Polyphems bedeutete gleichzeitig, für immer in der Höhle eingeschlossen zu sein (9.299–305).[17]

Odysseus' Fluchtversuch aus Polyphems Höhle glückt letzten Endes infolge zwei entscheidender Ereignisse, die eine Flucht erst möglich gemacht haben.[18]

---

16 Die besser überlieferte Lesart ἔντοσθεν gilt es zu verteidigen. Siehe Focke 1943, 171; *contra* Heubeck 1989, 27 (mit weiterer Literaturangabe), der nicht überzeugend für ἔκτοσθεν argumentiert.

17 Vgl. de Jong 2001, 241: "The significance of Odysseus' earlier description of the giant stone (240–243), evoked by the repetition of ὄβριμον (305: 241), now becomes clear: if twenty-two of the best carts could not move the stone, how can a handful of Greeks be expected to do so?".

18 Zur poetischen Funktion der Gegenstände beider Stellen siehe Müller 1968, 41–45; Lowe 2000, 149–150.

Zum einen wird Polyphem mit Marons Wein narkotisiert, den Odysseus wegen seiner Vermutung, er werde einem wilden und starken Mann begegnen (αὐτίκα γάρ μοι ὀΐσατο θυμὸς ἀγήνωρ / ἄνδρ' ἐπελεύσεσθαι μεγάλην ἐπιειμένον ἀλκήν, / ἄγριον, 9.213–215), bei seiner Expedition mitgebracht hat. Polyphem wird wegen der daraus resultierenden Blendung unfähig gemacht, die Flucht des Odysseus und seiner Gefährten zu bemerken. Zum anderen treibt Polyphem – im Unterschied zu seiner Ankunft in 9.237–239, wo er das männliche Vieh im Hof gelassen hat – auch die Widder in die Höhle, "ob er nun etwas ahnt oder ein Gott ihn so getrieben hat" (ἤ τι *ὀϊσάμενος*, ἦ καὶ θεὸς ὣς ἐκέλευσεν, 9.339). Dieser Ausdruck erinnert uns unausweichlich an Marons Wein (9.213), den entscheidenden Gegenstand für die Blendung des Polyphem.[19] Tatsächlich ermöglicht ein Widder, unter dessen wolligen Bauch Odysseus gebunden wird, ihm den Ausweg durch die Tür hindurch, nachdem Polyphem den Stein versetzt und das männliche Vieh nach draußen auf die Weide getrieben hat:

> τὸ δὲ νήπιος οὐκ ἐνόησεν,
> ὥς οἱ ὑπ' εἰροπόκων ὀΐων στέρνοισι δέδεντο.
> ὕστατος ἀρνειὸς μήλων ἔστειχε θύραζε,
> λάχνῳ στεινόμενος καὶ ἐμοὶ πυκινὰ φρονέοντι.
>
> *Od.* 9.442–445

> Das aber gewahrte der Törichte nicht, wie sie ihm unter die Brust der Schafe mit den wolligen Vliesen gebunden waren. Als letzter schritt unter dem Vieh der Widder durch die Tür hinaus, beengt von der Wolle und von mir, der ich Vielfältiges bedachte.

Die schrecklichen Erlebnisse in der Höhle des Polyphem sind in der Erinnerung der Entkommenen geblieben. Auf der Insel Aiaie gedenken die Gefährten des Odysseus "Antiphates' Taten, des Laistrygonen, und der Gewalt des Menschenfressers, des stolzen Kyklopen" (10.199–200). Insbesondere wird die Erinnerung der Gefährten durch ihre Raumerfahrung bei dem Kyklopen, nämlich die Einsperrung in dessen Höhle, geprägt. Dasselbe Motiv wiederholt sich in der Kirke-Episode. Durch das Los gewählt, geht Euryloch zum Palast der Kirke mit anderen zweiundzwanzig Gefährten. Diese Expedition wird in Odysseus' Wiedergabe spannungsreich erzählt, eine Spannung, die nicht zuletzt aus einer räumlichen Perspektive geschieht:

19 Siehe bereits Heubeck 1989, 32.

230 ἡ δ' αἶψ' ἐξελθοῦσα θύρας ὤϊξε φαεινὰς
καὶ κάλει· οἱ δ' ἅμα πάντες ἀϊδρείῃσιν ἕποντο·
Εὐρύλοχος δ' ὑπέμεινεν· ὀΐσατο γὰρ δόλον εἶναι.
εἷσεν δ' εἰσαγαγοῦσα κατὰ κλισμούς τε θρόνους τε,
ἐν δέ σφιν τυρόν τε καὶ ἄλφιτα καὶ μέλι χλωρὸν
235 οἴνῳ Πραμνείῳ ἐκύκα· ἀνέμισγε δὲ σίτῳ
φάρμακα λύγρ', ἵνα πάγχυ λαθοίατο πατρίδος αἴης.
αὐτὰρ ἐπεὶ δῶκέν τε καὶ ἔκπιον, αὐτίκ' ἔπειτα
ῥάβδῳ πεπληγυῖα κατὰ συφεοῖσιν ἐέργνυ.
οἱ δὲ συῶν μὲν ἔχον κεφαλὰς φωνήν τε τρίχας τε
240 καὶ δέμας, αὐτὰρ νοῦς ἦν ἔμπεδος ὡς τὸ πάρος περ.
ὣς οἱ μὲν κλαίοντες ἐέρχατο· τοῖσι δὲ Κίρκη
πὰρ ἄκυλον βάλανόν τ' ἔβαλεν καρπόν τε κρανείης
ἔδμεναι, οἷα σύες χαμαιευνάδες αἰὲν ἔδουσιν.
Od. 10.230–243

Die [Kirke] aber kam alsbald heraus und öffnete die Türen, die schimmernden, und rief, und sie folgten alle im Unverstand. Nur Euryloch blieb zurück: ihm ahnte, dass es ein böser Anschlag war. Und sie ließ sie, als sie sie hereingeführt, auf Sessel und Stühle niedersitzen und rührte ihnen Käse und Gerstenmehl und gelben Honig mit pramneischem Weine an, doch mischte sie in die Speise böse Kräuter, dass sie des väterlichen Landes ganz vergäßen. Und als sie es gegeben und sie ausgetrunken, schlug sie sie sogleich mit einer Gerte und sperrte sie in Kofen ein. Sie aber hatten Köpfe, Stimme und auch Haare von Schweinen wie auch die Gestalt, doch ihr Verstand war beständig so wie früher. So waren sie weinend eingesperrt, und Kirke warf ihnen Eicheln, Bucheckern und die Frucht der wilden Kirsche vor zum Essen, dergleichen Schweine, sich am Boden sielende, immer essen.

Von Euryloch ausgenommen, der eine Gefahr spürt und deswegen außerhalb des Palasts bleibt, unterliegen alle anderen Gefährten der Zauberkraft der Nymphe, nachdem sie von Kirke in das Innere der Häuser hineingeführt wurden. Diese werden von der Zauberin in die Schweine verwandelt und in die Kofen eingesperrt (κατὰ συφεοῖσιν ἐέργνυ, 238; vgl. οἱ μὲν κλαίοντες ἐέρχατο, 241). Dass Eurylochs außerhalb des Palasts bleibt, erinnert an das Verhalten des Odysseus in der Laistrygonen-Episode, in der der Laertes-Sohn dadurch dem Tag des Schicksals entrinnen konnte, indem er allein sein Schiff außerhalb des Hafens platzierte (10.95–96).[20] Durch Hermes' Hilfe gelingt es Odysseus, die

20 Siehe Hopman 2012, 68 und meine Ausführungen im 5. Kapitel des vorliegenden Buchs,

Zauberkraft der Kirke zu überwinden. Der Umwandlung der Gefährten wieder ins Menschenwesen geht Kirkes Bewegung voran. Diese schreitet durch die Halle hinaus, schließt die Türen der Kofen auf und treibt die Gefährten des Odysseus heraus, die den neunjährigen Mastschweinen gleichen (Κίρκη δὲ *διὲκ μεγάροιο* βεβήκει / ῥάβδον ἔχουσ' ἐν χειρί, *θύρας δ' ἀνέῳξε συφειοῦ*, / *ἐκ δ' ἔλασεν* σιάλοισιν ἐοικότας ἐννεώροισιν, 10.388–390). Die Wiedergutmachung resultiert aus einer Reihe von räumlichen Änderungen.

Wichtig für unsere Interpretation ist auch die Stelle, wo Euryloch misstrauisch auf den zum Strande zurückgekehrten Odysseus reagiert:

> ἆ δειλοί, πόσ' ἴμεν; τί κακῶν ἱμείρετε τούτων;
> Κίρκης ἐς μέγαρον καταβήμεναι, ἥ κεν ἅπαντας
> ἢ σῦς ἠὲ λύκους ποιήσεται ἠὲ λέοντας,
> οἵ *κέν* οἱ μέγα δῶμα φυλάσσοιμεν *καὶ ἀνάγκῃ*,
> 435 ὥς περ Κύκλωψ ἔρξ', ὅτε οἱ μέσσαυλον ἵκοντο
> ἡμέτεροι ἕταροι, σὺν δ' ὁ θρασὺς εἵπετ' Ὀδυσσεύς·
> τούτου γὰρ καὶ κεῖνοι ἀτασθαλίῃσιν ὄλοντο.
> *Od.* 10.431–437

> Ah, Elende! Wohin gehen wir? Was habt ihr Verlangen nach diesen Übeln, dass ihr zu der Halle der Kirke gehen wollt, die uns allgesamt zu Schweinen oder Wölfen oder Löwen machen wird, dass wir ihr das große Haus, ob auch gezwungen, bewachen mögen – so wie der Kyklop sie eingesperrt hat, als sie zu ihm in sein Gehege kamen: unsere Gefährten, und es war dieser kühne Odysseus mit ihnen! Denn durch dessen Vermessenheit sind auch jene umgekommen!

Explizit vergleicht Euryloch das Ereignis in Polyphems Höhle (ὥς περ Κύκλωψ ἔρξ', ὅτε οἱ μέσσαυλον ἵκοντο / ἡμέτεροι ἕταροι, 435–436) mit dem in Kirkes Palast. Das Wort ἔρξ' (435) unterstreicht die Signifikanz der Einsperrung in den beiden oben genannten Episoden, welche mit dem Motiv des geschlossenen Raums einhergeht. Während der Palast der Kirke aufgrund des oben genannten Raummotives der Höhle des Polyphem ähnelt, soll im weiteren Verlauf des Kapitels gezeigt werden, dass sich der Saal des Odysseus als eine unentrinnbare Höhle für die Freier herausstellt.

---

wo die Raumstruktur des Laistrygonenhafen mit der des Ithaka-Hafens verglichen wird.

3 Die Halle der Freierschlacht

In einem einflussreichen Aufsatz hat Clay auf Basis von Saïds und Murrays Arbeiten gezeigt, dass das Mahl der Freier mit ihrer Schlacht in engem Zusammenhang steht, wobei die räumliche Komponente diese Verbindung verdeutlichen kann: Die Reihenfolge der zum Mahl versammelten Freier entspricht derjenigen in der Schlacht.[21] Die Dominanz des Raums in der Freierschlacht wird bereits in der unheilvollen Prophetie des Theoklymenos vorweggenommen:

ἆ δειλοί, τί κακὸν τόδε πάσχετε; νυκτὶ μὲν ὑμέων
εἰλύαται κεφαλαί τε πρόσωπά τε νέρθε τε γοῦνα,
οἰμωγὴ δὲ δέδηε, δεδάκρυνται δὲ παρειαί,
αἵματι δ' ἐρράδαται τοῖχοι καλαί τε μεσόδμαι·
355 εἰδώλων δὲ πλέον πρόθυρον, πλείη δὲ καὶ αὐλή,
ἱεμένων Ἔρεβόσδε ὑπὸ ζόφον· ἠέλιος δὲ
οὐρανοῦ ἐξαπόλωλε, κακὴ δ' ἐπιδέδρομεν ἀχλύς.
Od. 20.351–357

Ah, Elende! Was ist da Schlimmes mit euch geschehen? In Nacht gehüllt sind eure Häupter und die Gesichter und unten die Knie, Wehgeschrei flammt und beträntt sind eure Wangen, mit Blut bespritzt sind die Wände und die schönen Mittelbalken, und voll von Schattenbildern ist das Vortor, voll auch der Hof, die zum Erebos hinab in das Dunkel streben! Die Sonne aber ist vom Himmel ausgetilgt, und eine böse Finsternis ist heraufgezogen.

Theoklymenos beschreibt “a fearful, apocalyptic apparition, an awesome prelude to the grim events about to unfold”.[22] In seiner Prophetie unterstreicht die semantische Dynamik der Perfektformen (εἰλύαται, 20.352; δέδηε, δεδά-

21 Clay 1994b; Saïd 1979; Murray 1991. Siehe jetzt Clay 2011, 114: “The seating order of the *dais* reflects social hierarchies. As the ἀρχοὶ μνηστήρων, Antinous and Eurymachus occupy the most prestigious places. Amphinomus, Penelope's favorite, evidently comes next. When Odysseus makes his begging rounds to test the moral fiber of the suitors, he moves from the lowest to the highest, ending with Antinous, who is simultaneously the best and the most culpable of the lot. The bow contest, another kind of test likewise orchestrated by Antinous, proceeds in the same order, beginning with Leodes. But the massacre of the suitors progresses inversely, from the highest, Antinous and Eurymachus, on down to Leodes, and reproduces with grisly humor the order of the *dais*”.

22 Fenik 1974, 242.

κρυνται, 353; ἐρράδαται, 354; ἐπιδέδρομεν, 357) den Eindruck,[23] dass das, was er beschreibt, in der nahen und unvermeidlichen Zukunft liegt.[24] Wie eine interne Prolepse erzeugt die Prophetie Spannung bei den Rezipienten.[25] Mit dem Blut, das das blutbeschmierte Fleisch (*αἱμοφόρυκτα δὲ δὴ κρέα*, 20.348) beim Mahl aufnimmt,[26] sind die Wände und die Balken der Halle bespritzt. Es verschmilzt darüber hinaus synästhetisch mit dem Wehgeschrei der Freier und dem Dunkel, welches den Vorraum sowie den Hof ausfüllt: "Theoklymenos hat den Untergang der Freier vor Augen, und zwar bis hin zu ihrem Zug in den Hades".[27]

Es soll nun im Folgenden gezeigt werden, dass der Untergang der Freier mit der Darstellung der Raumstruktur einhergeht,[28] welche als Inversion zum Raumverhältnis der Polyphem-Episode zu verstehen ist. Odysseus' Erfahrungen in Polyphems Höhle dienen ihm unverkennbar als Paradigma der Freierschlacht. Kurz vor diesem Ereignis ruft er sich sein paradigmatisches Dulden in der Polyphem-Episode in Erinnerung,[29] als er sich wegen der Affären der Mägde mit den Freiern nicht mehr gedulden kann:

---

23 Zu den Belegstellen siehe Rutherford 1992, 233; zum Perfekt mit rhetorischem Nachdruck, "dass eine noch nicht eingetretene Handlung als bereits vollendet, der daraus sich ergebende Zustand als schon vorhanden antizipiert wird", siehe Kühner/Gerth 1904, 150.

24 Siehe de Jong 2001, 502. Vgl. bereits Erbse 1972, 52: "Das ist eine Zukunftsversion, in der die Symptome der manischen Betroffenheit in klare, aber erschreckende Bilder umgesetzt sind".

25 Zur internen Prolepse im Charakter-Text bei Homer siehe de Jong 2004 [1987], 208; zur Erzeugung der Spannung durch Prolepse im Allgemeinen siehe Baroni 2007, 269–295.

26 Zu αἱμοφόρυκτα siehe Bakker 2013, 94: "What appeared to be cooked steaks are now revealed to be bloody chunks of flesh, as expressed by the rare adjective αἱμοφόρυκτα, 'blood-defiled', used only here in extant Greek. This is food for predators – or cannibals".

27 Erbse 1972, 52; vgl. bereits Büchner 1940, 135: "Diese Version des Sehers wird in der Nekyia Wirklichkeit".

28 Vgl. Büchners 1934, 100–101 Rekonstruktion der Raumstruktur des Odysseus-Palasts anhand des Prozesses der Freierschlacht (mit einer Zeichnung, welcher ich im Großen und Ganzen zustimme): "Odysseus und Telemach bringen am Vorabend des Kampfes die Waffen aus dem Megaron in eine der an der λαύρα gelegenen Kammern. (...) Auf demselben Weg wird später ein Teil der Waffen von Telemach aus der Kammer in die Vorhalle des Megarons zurückgeholt, wobei er in der Aufregung vergisst, die Kammer abzuschliessen (χ 100 f. 154 f.). Auch Eumaios und Philoitios benutzen später diesen Gang, um aus der Vorhalle in die Waffenkammer zu gelangen und den Ziegenhirten Melantheus dort zu überraschen und zu fesseln (161 f.). Nach der Beendigung des Freierkampfes wird er aus dem Gang zur Hinrichtung herausgeführt, durch die Vorhalle und über den Hof (ἀνὰ πρόθυρόν τε καὶ αὐλήν, 474)".

29 Vgl. Rutherford 1992, 205: "Soliloquy of this kind is not common in Homer ... Odysseus draws strength from his past experiences and successes". Diese Erwähnung der Ver-

τέτλαθι δή, κραδίη· καὶ κύντερον ἄλλο ποτ' ἔτλης,
ἤματι τῷ, ὅτε μοι μένος ἄσχετος ἤσθιε Κύκλωψ
ἰφθίμους ἑτάρους· σὺ δ' ἐτόλμας, ὄφρα σε μῆτις
ἐξάγαγ' ἐξ ἄντροιο ὀϊόμενον θανέεσθαι.

Od. 20.18–21

Halte aus, Herz! Einst hast du noch Hündischeres ausgehalten an dem Tage, als mir der Kyklop, der Unbändige in seinem Ungestüm, die trefflichen Gefährten verzehrte. Du aber hieltest aus, bis dich ein kluger Einfall aus der Höhle führte, der du schon wähntest, dass du sterben müsstest.

Viele Gelehrte haben bereits auf merkwürdige Parallelen zwischen der Polyphem- und der Freierschlacht-Episode hingewiesen.[30] Beispielsweise steht die oben behandelte Ignoranz Polyphems, der nicht merkt, dass Odysseus und seine Gefährten, unter die Bäuche der Schafe gebunden, aus der Höhle zu entkommen versuchen (τὸ δὲ νήπιος οὐκ ἐνόησεν, / ὥς οἱ ὑπ' εἰροπόκων ὀΐων στέρνοισι δέδεντο, 9.442–443), in enger Parallele zur Ignoranz der Freier, die nicht merken, dass sie von dem Todesschicksal gefesselt sind (τὸ δὲ νήπιοι οὐκ ἐνόησαν, / ὡς δή σφιν καὶ πᾶσιν ὀλέθρου πείρατ' ἐφῆπτο, 22.32–33).[31] Aber auch die Person des Odysseus in der Freierschlacht-Episode weist Ähnlichkeiten mit dem wilden Polyphem auf: Sowohl Odysseus nach der Schlacht (22.402–406) als auch Polyphem in seinem Kannibalismus (9.292) werden mit einem Löwen verglichen.[32] Alden nennt aufgrund der Motivdoppelungen Odysseus in der Freierschlacht "an intelligent Cyclops".[33] Dieser Parallele des Löwen-Gleichnisses wird ein grundsätzlicher Unterschied zwischen Odysseus und Polyphem gegenübergestellt, der das ambivalente Bild des Heimkehrers ins positive Licht rückt: "While Polyphemus claims not to respect the gods, eats his guests, shows no mercy to suppliants and lives a life of isolation, Odysseus respects the gods and their

gangenheit illustriert andererseits auch "Odysseus' extreme impatience for revenge and his anguished anxiety as to how it will all be accomplished" (Clay 1983, 124); vgl. auch Lowenstam 1993, 238.

30 Vgl. Powell 1977, 43–46; Austin 1983; Alden 1993; Bakker 2002; Brelinski 2015.

31 Siehe insbesondere Bakker 2013, 71–72, 167.

32 Zu diesem Gleichnis siehe Magrath 1982; vgl. auch Bakker 2013, 53–75 mit weiteren Beispielen.

33 Siehe Alden 1993, 76: "If Polyphemus is not a very bright returning ogre, Odysseus might be an intelligent one. Further, he might have learned how to handle the role from Polyphemus' mistakes". Auf ähnliche Weise interpretiert Bakker 2013 den Herrn von Ithaka als einen neuen Polyphem, "the master of animals", bei seiner Rückeroberung des Palasts, nicht zuletzt wegen einiger signifikanter verbaler Wiederholungen beider Episoden.

wishes, can show restraint and clemency, and does wish to return to and re-enter Ithacan society".[34]

Was mich beim Vergleich beider Episoden besonders interessiert, ist die Verbindung der Darstellung ähnlicher räumlicher Struktur und der Spannung der Erzählung mit unterschiedlichen Ergebnissen. Odysseus muss die Untreue der Mägde sowie das Verzehren seiner Güter durch die Freier erdulden, "if he is not to be the victim again, this time in his own 'cave'".[35] Doch ergibt sich die Halle des Heimkehrers als unentrinnbare Höhle für die Freier: Während der Sieg des Odysseus in der Polyphem-Episode aus seiner erfolgreichen Flucht aus der Höhle, einem geschlossenen Raum wegen des unbeweglichen Türsteins, resultiert, hängt sein Triumph in der Freierschlacht davon ab, dass alle Freier in der Halle aufgehalten werden und dass die Halle bis zur Tötung der Freier verschlossen bleibt. Der sehr unterschiedliche Ausgang korrespondiert mit der Inversion der Raumstruktur in beiden Episoden, wie Bakker neuerdings betont hat: "The *megaron* of Odysseus' house, hermetically sealed, will serve as cave to the Suitors; the hero, standing on the threshold with his bow and his quiver, will not let anyone pass, unlike the Cyclops, who closed the entrance to his house 'just as if he put the lid on a quiver' (9.314)".[36]

Kurz vor der Schlacht hat Odysseus sich den ihm treu gebliebenen Dienern Eumaios und Philoitios durch seine Narbe als *Sēma* zu erkennen gegeben (21.188–227).[37] Odysseus legt mit seinem Befehl, die Schlacht vorzubereiten (21.228–241), besonderen Wert auf die Geschlossenheit der Halle sowie auf die des Hofes (21.234–241). Eumaios soll den Frauen den Befehl geben, die dicht gefügten Türen der Halle zu schließen (κληῖσαι μεγάροιο θύρας πυκινῶς ἀραρυίας, 21.236) und selbst im Falle des Stöhnens oder des Dröhnens der Männer im Inneren nicht aus der Tür herauszukommen (μή τι θύραζε / προβλώσκειν, 21.238–239).[38] Für Philoitios besteht die Aufgabe darin, die Türen des Hofes mit einem

---

34 Brelinski 2015, 12.

35 Brelinski 2015, 3.

36 Bakker 2013, 71. Bereits Lowe 2000, 149 nennt "the final battle in the megaron" und "the Cyclop's cave" eine "literally sealed story environment". Vgl. auch Brelinski 2015, 5, der treffend dieses Bogen-Gleichnis mit dem des Odysseus in *Od.* 21 vergleicht: "This brief archery simile looks forward to the slaughter of the suitors by a master bowman, who is also a master storyteller, which two roles are combined in the narrator's description of Odysseus as he strings his bow on Ithaca. There the narrator notes that this bow, which no suitor is able even to bend (21.249–255; 24.170–171), is strung by Odysseus as easily as a bard fits a string to his lyre (21.404–411)".

37 Zum Verhältnis der beiden direkten Wiedererkennungsszenen – 21.217–225 und 24.331–344 – siehe Erbse 1972, 107–108.

38 Eumaios führt diese Aufgabe aus, indem er sie als Telemachs Anweisung – mit genauer wörtlicher Wiedergabe von Odysseus' Befehl – Eurykleia weitergibt (Τηλέμαχος κέλεταί

Riegel zu verschließen und ein Band darüber zu schlingen (*θύρας ἐπιτέλλομαι αὐλῆς / κληῖσαι κληῖδι, θοῶς δ' ἐπὶ δεσμὸν ἰῆλαι*, 21.240–241).[39] "So ist den Freiern der Fluchtweg versperrt",[40] wie Odysseus in seiner Mahnrede an Eurymach bereits angedeutet hat:

> εἰ δ' Ὀδυσεὺς ἔλθοι καὶ ἵκοιτ' ἐς πατρίδα γαῖαν,
> αἶψά κέ τοι τὰ θύρετρα, καὶ εὐρέα περ μάλ' ἐόντα,
> φεύγοντι στείνοιτο διὲκ προθύροιο θύραζε.
> *Od.* 18.384–386

> Doch wenn Odysseus käme und ins väterliche Land gelangte: schnell würden dir diese Türen da, so gar weit sie auch sind, zu enge werden, wenn du dann zur Tür hinaus durch den Torweg flüchten wolltest!

Das wiederholte Erwähnen der Tür an dieser Stelle (θύρετρα, 385; προθύροιο θύραζε, 386) betont nicht nur "the suitor's definitive expulsion from the household",[41] es antizipiert vielmehr die Bedeutung der räumlichen Komponenten in dem Freiermord.

Odysseus beginnt die Schlacht damit, dass er auf die Türschwelle springt (ἆλτο δ' ἐπὶ μέγαν οὐδόν, 22.2) und von dieser Position aus Pfeile schießt (22.1–4).[42] Kullmann kommentiert dazu sehr treffend: "Die entscheidende Bedeu-

---

σε, περίφρων Εὐρύκλεια, / κληῖσαι μεγάροιο θύρας πυκινῶς ἀραρυίας· / ἢν δέ τις ἢ στοναχῆς ἠὲ κτύπου ἔνδον ἀκούσῃ / ἀνδρῶν ἡμετέροισιν ἐν ἕρκεσι, μή τι θύραζε / προβλώσκειν, ἀλλ' αὐτοῦ ἀκὴν ἔμεναι παρὰ ἔργῳ, 21.381–385).

39 Zu dieser Aufgabenteilung kommentiert Fernández-Galiano 1992, 174: "Philoetius is to close the doors from inside with a simple bolt (κληῖδι); in addition, at xxi 390, he ties it fast with the first thing that comes to hand in the courtyard (as a slave, he does not have a very good knowledge of arrangements inside the palace), to prevent it being easily opened by panic-stricken men trying to get out".

40 Eisenberger 1973, 291.

41 Steiner 2010, 215.

42 Die Signifikanz der Schwelle vom *megaron* ist bereits dadurch unterstrichen worden, dass Odysseus in seinem ersten Wiedereintritt in den Palast (17.339–341) an der Schwelle sitzt. Vgl. Kullmann 1992, 308–310; zur symbolischen Bedeutung der Schwelle in der *Odyssee* siehe Segal 1967, 337–340; Goldhill 1988, 10–11; de Jong 2001, 423; Steiner 2010, 123. Zur Bedeutung und Semantik von οὐδός bei Homer siehe Rougier-Blanc 2005, 143–146. Interessanterweise nennt Bachtin 2008 [1975], 186 die *Schwelle* einen "von hoher emotional-wertmäßiger Intensität durchdrungene[n] Chronotopos": "Dieser Chronotopos kann sich auch mit dem Motiv der Begegnung verbinden, seine wesentlichste Ergänzung aber ist der Chronotopos der *Krise* und des *Wendepunkts* im Leben". Der Wiedereintritt des Odysseus in den Palast (17.336–341) ruft die Baugeschichte der Häuser hervor. Aufgrund der verbalen Wiederholungen (τόν ποτε τέκτων / ξέσσεν ἐπισταμένως καὶ ἐπὶ στάθμην ἴθυνεν,

tung der Schwelle ist nun klar. Sie ist der strategisch wichtigste Punkt in dem Kampf um die Rückeroberung des Palasts. Aber auch die übrigen räumlichen Gegebenheiten des Hauses sind fast wie in einem modernen Kriminalroman in die Handlung einbezogen. Alles hängt von den Türen ab".[43] Später weist Eurymach in seiner Ermunterung der anderen Freier (22.70–78), gegen Odysseus zu kämpfen, genau darauf hin, nämlich dass ihr Schicksal davon abhängt, ob sie Odysseus, der "von der geglätteten Schwelle aus" (οὐδοῦ ἄπο ξεστοῦ, 22.72) mit dem Bogen schießt, "von der Schwelle und den Türen stoßen und in die Stadt kommen können und auf das schnellste der Notruf geschähe" (εἴ κέ μιν οὐδοῦ ἀπώσομεν ἠδὲ θυράων, / ἔλθωμεν δ' ἀνὰ ἄστυ, βοὴ δ' ὤκιστα γένηται, 22.76–77).[44]

Doch die Schlacht gegen die Freier endet nicht mit dem Bogenschießen.[45] Als Odysseus die Pfeile ausgegangen sind und er zum Nahkampf bereit ist (22.116–125), wird überraschenderweise eine lange Beschreibung der Seitentür (ὀρσοθύρη, 22.126) eingeschoben:[46]

> ὀρσοθύρη δέ τις ἔσκεν ἐϋδμήτῳ ἐνὶ τοίχῳ,
> ἀκρότατον δὲ παρ' οὐδὸν ἐϋσταθέος μεγάροιο
> ἦν ὁδὸς ἐς λαύρην, σανίδες δ' ἔχον εὖ ἀραρυῖαι·
> τὴν Ὀδυσεὺς φράζεσθαι ἀνώγει δῖον ὑφορβὸν
> ἑσταότ' ἄγχ' αὐτῆς· μία δ' οἴη γίνετ' ἐφορμή.
> *Od.* 22.126–130

Eine hochgelegene Seitentür aber war in der gutgebauten Wand, und es war zuoberst auf der Grundmauer der wohlerstellten Halle entlang ein

17.340–341=21.43–44) bietet sich diese Episode mit Penelopes Eintritt in die Schatzkammer zum Vergleich an (21.42–51). Vgl. bereits Austin 1975, 170, der die Schatzkammer, aus welcher Penelope den Bogen holt, einen *Erinnerungsraum* genannt hat.

43 Kullmann 1992, 309.

44 Die Signifikanz des geschlossenen Raums in unserer *Odyssee* lässt sich auch dadurch erkennen, dass Danek 1998, 427 zufolge "in anderen Versionen einem Teil der Freier die Flucht gelang": "Das Motiv der (versuchten) Flucht ist in unserer Odyssee mehrfach präsent (…); es handelt sich also auch hier um einen möglichen Handlungsverlauf, der von den Freiern wiederholt in Erwägung gezogen und von Odysseus sorgfältig verhindert wird".

45 Siehe Schmitz 1994, 13: "Den Endkampf des Odysseus gegen die Freier hat der Odysseedichter bekanntlich zweigeteilt. Zunächst tötet Odysseus mit seinen Pfeilen eine große Anzahl der Freier (22, 1–118); nachdem er alle Pfeile verschossen hat (119), wappnet auch er sich … mit der Hoplitenrüstung (120–125). Die restlichen Freier töten Odysseus und seine Gefährten dann (mit Hilfe Athenes) in einem deutlich an die Schlachtszenen der Ilias erinnernden Kampf (241–389)". Vgl. Eisenberger 1973, 293–302.

46 Büchner 1934, 103 erklärt dieses Wort als "'Vorsprungstür' oder 'Vorsprungsöffnung'".

> Weg dort in den Seitengang, und Flügel hielten sie verschlossen, gutgefügte. Auf sie befahl Odysseus dem göttlichen Schweinepfleger achtzuhaben, der in ihrer Nähe stand: Es gab zu ihr nur den einen Zugang.

Die spannungserzeugende Funktion dieser Beschreibung, die an eine topographische Einleitung erinnert und deren "behaglicheres Erzähltempo" in einen scharfen Kontrast zum "bisher so straff erzählte[n] Kampfgeschehen" tritt, hat Schmitz überzeugend herausgearbeitet.[47] Narratologisch gesehen handelt es sich hier auch um Odysseus' Fokalisation:[48] Er sieht die Seitentür und erinnert sich an seinen Befehl an Eumaios (22.129–130; vgl. ἀνώγει Plusquamperfekt), dass dieser auf die Seitentür aufpassen solle. Die Bedeutung der Aufgabe wird zudem dadurch unterstrichen, dass es zu dieser Seitentür nur einen einzigen Zugang gibt (μία δ' οἴη γίνετ' ἐφορμή, 22.130), den Eumaios bewacht, und Agelaos' Vorschlag, zur Seitentür hinaufzusteigen, um draußen um Hilfe zu rufen, von Melantheus genau deswegen als undurchführbar zurückgewiesen wird (22.131–141).[49]

Der für Odysseus furchtbarste Moment in der Schlacht ist der, als Melantheus "zu den Kammern des Odysseus hinauf durch die schmalen Gänge des Männerhauses" (ἐς θαλάμους Ὀδυσῆος ἀνὰ ῥῶγας μεγάροιο, 22.143) gelangt und den Freiern von dort Schilde und andere Gegenstände für den Kampf bringt. Als Odysseus es sieht, zittert er und "es scheint vor ihm ein schweres Werk" (μέγα δ' αὐτῷ φαίνετο ἔργον, 22.149). Telemach nimmt diese Schuld auf sich:

---

47 Schmitz 1994, 14.

48 Mehrere aufeinanderfolgende Imperfektformen (ἔσκεν, 22.126; ἦν, 128; ἔχον, 128; γίνετ', 130) untermauern diese Interpretation.

49 Siehe bereits Büchner 1934, 103: "Denn dieser Ausgang (στόμα) war schmal, ein Mann konnte ihn gegen eine Übermacht verteidigen (138 f.), und Odysseus['] Befehl an Eumaios (129 f.) zeigt, dass er nicht nur unverschlossen, sondern auch unverschliessbar war. Andernfalls würde er den Gang ja abschliessen, statt ihn beobachten zu lassen"; vgl. auch Büchner 1934, 105–106. Brelinski 2015, 4 Anm. 8 vergleicht diese Stelle mit Odysseus' List des Namens in der Polyphem-Episode, durch die Polyphem keine Hilfe von seinen Genossen bekommen konnte: "Odysseus, thus, combines in this action his former role as captive (keeping his enemy from seeking help) and Polyphemus' former role of captor (keeping his opponents shut in)". Zu einer sich an den Rezipienten orientierenden Interpretation dieser Stelle siehe Danek 1998, 432: "Die kurze Erwägung der Flucht leistet also zweierlei: Sie erinnert daran, daß das Entkommen einzelner Freier mit allen logischen Konsequenzen durchaus denkbar wäre; und sie bestätigt dem Hörer, daß in dieser Version Odysseus aufgrund seiner Planung den Freiermord ohne Zeitdruck zu Ende bringen und danach den Anagnorismos mit Penelope herbeiführen kann".

> ὦ πάτερ, αὐτὸς ἐγὼ τόδε γ' ἤμβροτον, – οὐδέ τις ἄλλος
> αἴτιος, – ὃς θαλάμοιο θύρην πυκινῶς ἀραρυῖαν
> κάλλιπον ἀγκλίνας· τῶν δὲ σκοπὸς ἦεν ἀμείνων.
> *Od.* 22.154–156

> Vater! Ich selber habe dieses versehen – und es ist kein anderer schuldig –, der ich die Tür der Kammer, die dichtgefügte, angelehnt ließ, und dafür fand sich ein nur gar zu guter Späher.

Die dicht gefügte Tür der Kammer (θαλάμοιο θύρην πυκινῶς ἀραρυῖαν, 22.155) hat Telemach angelehnt gelassen (κάλλιπον ἀγκλίνας, 22.156) im Gegensatz zu Odysseus' Vermutung, dass "eine der Mägde von den Gemächern aus die Freier mit Waffen versorgt":[50] Dass die Geschlossenheit der Halle verletzt wurde, hätte beinahe das Verderben über Odysseus und Telemach gebracht. Diese 'Widererwartung' erzeugt eine besondere Spannung bei den Rezipienten, die sich doch sicher sind, dass der Sieg dem Odysseus gehören muss: Die Frage ist das *Wie*, das durch den geschaffenen Zugang in die Kammer, aus der den Freiern weitere Waffen gebracht werden könnten, nicht einfach vorzustellen ist. Doch Eumaios und Philoitios gelingt es nach den Anweisungen des Telemach (22.157–159) und des Odysseus (22.173–177), Melantheus gefangen zu nehmen, als er wieder mit Waffen aus der Kammer "über die Schwelle tritt" (εὖθ' ὑπὲρ οὐδὸν ἔβαινε Μελάνθιος, 22.182) und sie den Freiern bringen will.

Die Schwelle wird in der Schlacht zuletzt in dem Moment erwähnt, in dem Mentor-Athene zu Odysseus' Gruppe kommt:

> ἔνθα μένος πνείοντες ἐφέστασαν, οἱ μὲν ἐπ' οὐδοῦ
> τέσσαρες, οἱ δ' ἔντοσθε δόμων πολέες τε καὶ ἐσθλοί.
> τοῖσι δ' ἐπ' ἀγχίμολον θυγάτηρ Διὸς ἦλθεν Ἀθήνη
> Μέντορι εἰδομένη ἠμὲν δέμας ἠδὲ καὶ αὐδήν.
> *Od.* 22.203–206

> Dort standen sie zornatmend gegeneinander: die einen auf der Schwelle, die vier, die anderen im Hause drinnen, die vielen und edlen. Doch es kam nahe zu ihnen heran die Tochter des Zeus, Athene, dem Mentor gleichend an Gestalt wie auch an Stimme.

50 Danek 1998, 432 mit weiterer Ausführung des Motivs.

Beide Gruppen werden einander gegenübergestellt: Odysseus' Gruppe, die vier, hält die Tür auf der Schwelle (οἱ μὲν ἐπ' οὐδοῦ / τέσσαρες, 22.203–204), während die Freier innen im Haus sind (οἱ δ' ἔντοσθε δόμων, 22.204). Die Überlegenheit der Freier hinsichtlich ihrer Zahl und Stärke (πολέες τε καὶ ἐσθλοί, 22.204) wird mit ihrer Position in der Halle kontrastiert: Die Rezipienten wissen, dass das In-der-Halle-Bleiben (ἔντοσθε, 22.204) auf das Verderben der Freier verweist, und das Erscheinen von Mentor-Athene bestätigt es (22.205–206).[51] In ihrer Rede (22.226–235), die ausschließlich auf Odysseus' Hilferuf (22.208–209) antwortet und in der die drohenden Worte des Agelaos (22.213–223) keine ausdrückliche Berücksichtigung erfahren,[52] wird die Freierschlacht mit Trojas Zerstörung und auch mit dem Hölzernen Pferd in Zusammenhang gebracht (σῇ δ' ἥλω βουλῇ Πριάμου πόλις εὐρυάγυια, 22.230), sodass unser Vergleich dieser drei Geschichten mit besonderem Augenmerk auf die Raumdarstellung auch aus der inhaltlichen und thematischen Perspektive untermauert wird.

4 Odysseus' und Penelopes Schlafgemach

Wie wir gesehen haben, bedient sich der Erzähler bei der Beschreibung der drei nahezu wichtigsten Ereignisse in Odysseus' Leben – der Zerstörung Trojas, der Rettung aus Polyphems Höhle und der Freierschlacht – auf eine merkwürdige Weise des geschlossenen Innenraums, der dem Außenraum gegenübergestellt wird.[53]

Das Erschrecken, das aus dieser Gegenüberstellung von Innen- und Außenräumen resultiert, wird in der Erkennungsszene der Gatten wiederaufgegriffen: Odysseus nimmt Penelopes Befehl an Eurykleia, ihm das Bett außerhalb des Schlafgemachs zu richten (ἀλλ' ἄγε οἱ στόρεσον πυκινὸν λέχος, Εὐρύκλεια, / ἐκτὸς ἐϋσταθέος θαλάμου, 23.177–178), "mit heftiger Erregung, Entrüstung und Verblüffung auf"[54] und bemerkt freilich nicht, "daß ihn Penelope nur auf die Probe stellt. So wird denn der Listenreiche zu guter Letzt von der übergroßen Vor-

51 Die Verse 22.205–206 kommen auch vor, wenn Athene erscheint, um die Rache an Odysseus zu verhindern (24.502–503). An beiden Stellen freut sich Odysseus über ihr Erscheinen (τὴν δ' Ὀδυσεὺς γήθησεν ἰδὼν καὶ μῦθον ἔειπε, 22.207; τὴν μὲν ἰδὼν γήθησε πολύτλας δῖος Ὀδυσσεύς, 24.504).

52 Siehe Besslich 1966, 98: "Indirekt freilich ist die Rede der Athene eine um so entschiedenere Absage an die Freier. Die einzige Wirkung, die Agelaos' Drohungen haben, ist die, daß Athene 'noch mehr im Herzen erzürnte' (224)".

53 Weitere Beispiele dieser Gegenüberstellung in der *Odyssee*, wie ich oben gezeigt habe, sind der Hafen der Laistrygonen (vgl. Hopman 2012, 68) und der Palast der Kirke.

54 Eisenberger 1973, 310.

sicht seiner Frau übertrumpft und schildert nicht ohne innere Erschütterung die einzigartige Entstehung des ehelichen Bettes":[55]

ὦ γύναι, ἦ μάλα τοῦτο ἔπος θυμαλγὲς ἔειπες.
τίς δέ μοι ἄλλοσε θῆκε λέχος; χαλεπὸν δέ κεν εἴη
185 καὶ μάλ' ἐπισταμένῳ, ὅτε μὴ θεὸς αὐτὸς ἐπελθὼν
ῥηϊδίως ἐθέλων θείη ἄλλῃ ἐνὶ χώρῃ.
ἀνδρῶν δ' οὔ κέν τις ζωὸς βροτός, οὐδὲ μάλ' ἡβῶν,
ῥεῖα μετοχλίσσειεν, ἐπεὶ μέγα σῆμα τέτυκται
ἐν λέχει ἀσκητῷ· τὸ δ' ἐγὼ κάμον οὐδέ τις ἄλλος.
190 θάμνος ἔφυ τανύφυλλος ἐλαίης ἕρκεος ἐντός,
ἀκμηνὸς θαλέθων· πάχετος δ' ἦν ἠΰτε κίων.
τῷ δ' ἐγὼ ἀμφιβαλὼν θάλαμον δέμον, ὄφρ' ἐτέλεσσα,
πυκνῇσιν λιθάδεσσι, καὶ εὖ καθύπερθεν ἔρεψα,
κολλητὰς δ' ἐπέθηκα θύρας, πυκινῶς ἀραρυίας.
195 καὶ τότ' ἔπειτ' ἀπέκοψα κόμην τανυφύλλου ἐλαίης,
κορμὸν δ' ἐκ ῥίζης προταμὼν ἀμφέξεσα χαλκῷ
εὖ καὶ ἐπισταμένως καὶ ἐπὶ στάθμην ἴθυνα,
ἑρμῖν' ἀσκήσας, τέτρηνα δὲ πάντα τερέτρῳ.
ἐκ δὲ τοῦ ἀρχόμενος λέχος ἔξεον, ὄφρ' ἐτέλεσσα,
200 δαιδάλλων χρυσῷ τε καὶ ἀργύρῳ ἠδ' ἐλέφαντι·
ἐν δ' ἐτάνυσσ' ἱμάντα βοὸς φοίνικι φαεινόν.
οὕτω τοι τόδε σῆμα πιφαύσκομαι· οὐδέ τι οἶδα,
ἤ μοι ἔτ' ἔμπεδόν ἐστι, γύναι, λέχος, ἦέ τις ἤδη
ἀνδρῶν ἄλλοσε θῆκε, ταμὼν ὕπο πυθμέν' ἐλαίης.

Od. 23.183–204

55 Erbse 1972, 70. Vgl. bereits Hölscher 1939, 74 zu dieser Szene der Probe: "Penelope hat hier durchaus den Charakter des Odysseus bekommen, sie ist die Vorsichtige, Mißtrauische, Listenreiche. Man kann daraus sehen, daß alles um der Szene und der Handlung willen geschieht, die Charaktere sich zuweilen ihr fügen müssen. Der Typ der Szene hat sich aus dem Charakter des Odysseus entwickelt, gibt aber diesen Charakter jetzt an Penelope weiter". Diese Szene stellt sich im Hinblick auf das Probemotiv als eine Inversion der Situation in *Od.* 19 dar, wie Saïd 2011, 216 gezeigt hat: "The first time it was Odysseus who, on the advice of Athena, was 'testing' (*Odyssey*, 13.336: πειρήσεαι) Penelope and had managed to control himself in the face of her tears … In Book 23 it is Penelope who 'tests' (*Odyssey*, 23.114: πειράζειν; 181: πειρωμένη) Odysseus and is reproached by Telemachus and then by Odysseus for her 'endurance' in keeping aloof from her husband, her 'heartlessness', and her 'heart of stone' (23.100, 103, and 167)".

> O Frau! Wahrhaftig, ein herzkränkendes Wort hast du da gesprochen! Wer hat mir das Bett woanders hingestellt? Schwer wäre es, und wäre er auch noch so kundig, wenn nicht ein Gott selbst käme und es nach seinem Willen leicht an eine andere Stelle setzte. Von Männern aber könnte keiner, der lebt und sterblich ist, und wäre er noch so jugendkräftig, es leicht hinwegwuchten, da ein großes Zeichen gewirkt ist in dem Bette, dem mit Kunst verfertigten. Ich selber habe es gearbeitet und kein anderer! Ein Busch, ein blätterstreckender, von einem Ölbaum, wuchs in dem Gehege, ausgewachsen, kräftig sprossend, und war an Dicke wie ein Pfeiler. Um diesen legte ich mein Schlafgemach an und baute es, bis ich es vollendet hatte, mit dichten Steinen, und überwölbte es oben gut und setzte davor gefugte Türen, dicht eingepasste. Und hieb dann als bald den Wipfel des blätterstreckenden Ölbaums ab, schnitt den Stumpf von der Wurzel herauf zurecht, schabte ihn rings mit dem Erze gut und werkkundig und richtete ihn gerade nach der Richtschnur, dass ich ihn zum Pfosten des Bettes machte, durchbohrte ihn ganz mit dem Bohrer und zimmerte, von ihm ausgehend, das Bett zurecht, bis ich es vollendet hatte, und legte es kunstreich aus mit Gold und Silber und Elfenbein, und durchspannte es mit einem Riemen von einem Rinde, einem von Purpur schimmernden. So weise ich dir dieses Zeichen. Doch weiß ich nicht: ist es mir noch beständig, Frau, das Bett? Oder hat es unterdessen einer der Männer woanders hingestellt, nachdem er den Stamm des Ölbaums unten abgeschnitten?

Um einen Ölbaumstamm im Hof herum hat Odysseus selbst das Schlafgemach ausgemessen und gebaut. Durch diesen als Bettpfosten genutzten Ölbaumstamm wird der Herr der Ithaka schließlich zur Wiedervereinigung mit Penelope geführt. Denn nur die beiden kennen das Geheimnis des Bettes.[56] Kritiker haben ihr Augenmerk auf die Materialität des Ehebetts gesetzt und dieses als ein signifikantes Objekt interpretiert, unter besonderer Berücksichtigung seiner symbolischen sowie narrativen Dimension.[57]

Dass Odysseus selbst sein Bett gebaut hat, erinnert an dessen Floßbau bei Kalypso (5.237–243). Doch das unverrückbare Ehebett, das die häusliche Ordnung und die eheliche Treue symbolisiert, tritt in scharfen Kontrast zum Floß,

---

56 Vgl. *Od.* 23.107–110 Penelope zu Telemach: εἰ δ' ἐτεὸν δὴ / ἔστ' Ὀδυσεὺς καὶ οἶκον ἱκάνεται, ἦ μάλα νῶϊ / γνωσόμεθ' ἀλλήλω καὶ λώϊον· ἔστι γὰρ ἥμιν / σήμαθ', ἃ δὴ καὶ νῶϊ κεκρυμμένα ἴδμεν ἀπ' ἄλλων.

57 Katz 1991, 178–182; Zeitlin 1996, 19–52; Grethlein 2019a, 470–476 mit ausführlicher Literaturangabe, der das Bett des Odysseus anhand der *Thing Theory* deutet.

welches mit der Gefahr am Meer verbunden wird:[58] "The *sēma* that is *empedon* (i.e., the bed rooted in the earth) emerges as a *sēma empedon* (a valid sign)".[59] Dieses beständige Bett des Odysseus bildet einen Gegenpol zum Bett des Hephaist. Wie Newton gezeigt hat, ähnelt Odysseus dem lahmen Gott in mancherlei Hinsicht, nicht zuletzt weil beide geschickte Handwerker sind.[60] Doch im zweiten Gesang des Demodokos "ist nicht das Bett 'beständig', sondern die Fesseln, mit denen Hephaist die Ehebrecher Ares und Aphrodite ans Bett bindet und dem Spott der anderen Götter preisgibt (8.275)".[61] Gelehrte haben in diesen beiden kontrastreichen Episoden eine Kluft zwischen göttlicher und menschlicher Welt herausgearbeitet.[62] Aus der Perspektive der Emotion kann man einen weiteren Kontrast sehen. Während die ans Bett gebundenen Ehebrecher die anderen Götter zum Lachen gebracht haben, bricht die treue Gattin in Tränen, als sie durch das Zeichen des Bettes ihren Gatten erkennt (23.206–207).

Zudem verbindet das Ölbaummotiv die *Anagnorisis* in *Od.* 23 und die Polyphem-Episode, in der ein in der geschlossenen Höhle liegender Ölbaum zum Speer der Blendung Polyphems wird.[63] Im Rahmen der Anagnorisis-Szene ist es bemerkenswert, dass sowohl das Wiederkennen von Mann und Frau als auch das von Vater und Sohn durch eine Erzählung des Protagonisten erzielt werden. Während sich das Zeichen des Bettes auf ein nur von den Eheleuten geteiltes Geheimnis bezieht, gibt sich Odysseus dem greisen Laertes dadurch zum Erkennen, dass eine von ihnen gemeinsam erlebte Geschichte erzählt wird.[64]

Ohne die oben genannten Bedeutungen des Bettes verleugnen zu wollen, soll gezeigt werden, dass die Interpretation dieser Szene auch aus einer räumlichen Perspektive fruchtbar gemacht wird. Zunächst ist die Gegenüberstellung zwischen dem Innen- und Außenraum zu bemerken. Odysseus' Schlaf-

---

58 Siehe Seidensticker 2008, 31. Dieser Kontrast wird im darauffolgenden Gleichnis der Schiffbrüchigen (23.233–240) zum Ausdruck gebracht, in dem das sichere Festland dem gefahrreichen Meer gegenübergestellt wird.

59 Zeitlin 1996, 42.

60 Newton 1987; vgl. auch Grethlein 2017, 185.

61 Grethlein 2017, 185.

62 Vgl. Grethlein 2017, 185: "Während Odysseus die Freier für das bloße Verlangen umbringt, seine Frau in seiner Abwesenheit zu heiraten, läßt Hephaist Ares, der gerade mit seiner Frau geschlafen hat, ziehen und kehrt zu Aphrodite zurück. Was unter den Göttern leicht und Anlaß zu heiterem Gelächter ist, wiegt auf der Erde schwer und endet in einem Blutbad".

63 Zum Ölbaummotiv als entscheidendes Verbindungsglied der *Odyssee* siehe Seidensticker 2008, 27–32.

64 Grethlein 2017, 179–189.

gemach, das von ihm als der geschlossene, innerste Bereich des Hauses hergestellt wird,[65] wird durch den Ölbaum im Innenhof (τανύφυλλος ἐλαίης ἕρκεος ἐντός, 23.190) mit dem Außenraum verbunden, während das Bett durch diesen Ölbaumstamm fest in das Schlafgemach eingebunden ist. Wie Katz gezeigt hat, "the bed and bedchamber were formed through a process of enclosure of the outside, so as to transform it into 'inside'".[66] Für Odysseus ist es wichtig, dass niemand sein Bett woanders hingestellt hat (23.184–186), indem dieser den Stamm des Ölbaums durchschneiden musste (23.202–204). Anders gesagt: Für den Ehemann der Penelope ist sein Bett ein unbeweglicher Teil des Schlafgemachs, dessen Raumstruktur stark in den Vordergrund der Szene gerückt wird.

Dieses Schlafgemach ergibt sich als ein positives Gegenstück zu den Schreckenskammern, die vor dem Freiermord geschlossen sind. Somit ist der Nachweis dafür erbracht, dass die im vorliegenden Kapitel behandelten Innenräume nicht lose zusammenhängen, sondern in der Gesamtkomposition der *Odyssee* sorgfältig verbunden und motiviert sind: Diese typische Form erzeugt bei den Rezipienten eine Spannung, die im Höhepunkt der Heimkehrhandlung, der Wiedervereinigung der Gatten, zur Überraschung umgekehrt wird.[67]

65 Danek 1998, 448.

66 Katz 1991, 181. Vgl. bereits Starobinski 1975, 350: "If proofs of identity are conveyed in the account of an external act, let us note that object of this external act is the construction of a material *interior*: well-joined doors, a roof that seals the nuptial chamber with 'close-set stones.' Ulysses fashions an enclosure within an enclosure; the image drawn here is that of a concentric structure, of a sealed place, of a protected *inside*".

67 Siehe Danek 1998, 448: "Das Bett als σῆμα präsentiert sich also in unserem Text als Überraschung, als ein Motiv, das nicht in jeder beliebigen Situation als Beweismittel eingesetzt werden könnte, sondern nur aufgrund des zufälligen Verlaufs des Gesprächs gleichsam in diese Rolle hineinwächst". Vgl. auch Büchner 1940, 159: "Durch diesen heiteren Zug wird das Pathos gemildert, das der Wiedervereinigung der Gatten nach zwanzigjähriger Trennung anhaftet". Zur Überraschung (*surprise*) als eine Art narrativer Spannung, die *suspense* sowie *curiosité* gegenübergestellt wird, siehe insbesondere Baroni 2007.

KAPITEL 7

Laertes' baumreicher Garten in *Od.* 24

Nach dem Freiermord kündigt Odysseus seinem Gefolge an, dass er zum Landgut des Laertes gehen werde (23.138–140). Der Held sagt dies auch seiner Gattin, als ein neuer Tag aufbricht und er sich vom Lager erhebt (23.359–360). Dann wird uns berichtet, wie Odysseus und sein Gefolge in Rüstung tauchen und durch Athenes Hilfe von allen unbemerkt aus der Stadt aufs Land gehen (23.366–372).

Im Anschluss an die sogenannte zweite Nekyia wird Odysseus' Gruppe wieder aufgegriffen, deren Ankunft an Laertes' Landgut die oben genannte Szene am Ende des 23. Gesangs fortsetzt (24.205–212). Odysseus gibt seinem Gefolge Weisung, dass sie ins Haus des Laertes gehen und das Mahl vorbereiten sollen, während er selbst seinen Vater im Garten auf die Probe stellen will, ob er ihn kennt (24.213–218). Nach anfänglicher Probe, in der die letzte Lügengeschichte des Epos erzählt wird, gibt sich Odysseus dem um den Sohn trauernden Laertes dadurch zu erkennen, dass er den greisen Heros daran erinnert, wie dieser einst ihm, damals noch ein Kind, zahlreiche Bäume geschenkt hat (24.220–360).

Im vorliegenden Kapitel soll gezeigt werden, dass Laertes' Garten, der Schauplatz der letzten Anagnorisis des Epos, als ein wichtiger Bestandteil der *Odyssee*-Erzählung in vielfältiger Weise zur epischen Dynamik beiträgt. In der Forschungsgeschichte wurde der 24. Gesang im Allgemeinen und Odysseus' Wiedererkennung durch Laertes im Besonderen als problematisch empfunden.[1] Doch haben einige Gelehrte versucht, das wiederholte Erwähnen des Laertes in der *Odyssee* als ein integrales Element epischer Komposition zu deuten,[2] welches in Verbindung mit der Laertes-Szene im 24. Gesang interpretiert werden soll.[3] Einflussreich war Stanfords Argumentation aus einer ethischen

1 Vgl. Wilamowitz 1884, 67–85; Merkelbach 1951, 142–155; Page 1955, 101–136. Heubeck 1992, 354 hat die wichtigsten Beiträge zu *Od.* 24 aufgelistet. In Kontrast zur in älteren Forschungen dominierenden analytischen Tendenz haben sich neuere Untersuchungen Mühe gegeben, das Ende der *Odyssee* vor dem Hintergrund der in der epischen Komposition angelegten Spannungen aus ethischer sowie erzähltechnischer Perspektive zu deuten (vgl. Grethlein 2019b; Loney 2019, 193–225; Bakker 2020). Zu dem vieldiskutierten Problem der Angabe in den *Odyssee*-Scholien, ob und in welchem Sinn Aristophanes und Aristarch *Od.* 23.296 für den Schluss des Epos gehalten hätten, siehe vor allem Erbse 1972, 166–176.

2 Siehe insbesondere Stanford 1965, 10; Thornton 1970, 115–119.

3 Heubeck 1992, 381–382: "This episode [*Od.* 24.205–412], which reaches a climax in the reunion of Odysseus and Laertes, forms the central section of xxiv. This scene has been carefully

 | DOI:10.1163/9789004379473_008

Perspektive, der anhand der sogenannten 'nostalgic references' in der *Odyssee* zeigt, dass neben dem Wiedersehen der Heimat und der Wiedervereinigung mit der Gattin auch die Begegnung von Vater und Sohn als eine der zu erfolgenden Zielsetzungen des Epos zu verstehen sei.[4]

Während die Begegnung zwischen Odysseus und Laertes oft im Kontext der Anagnorisis analysiert wurde,[5] soll in diesem Kapitel die poetische Funktion des Laertes-Gartens durch dessen Fernbeziehungen zu anderen Stellen des Epos herausgearbeitet werden.[6] Im Folgenden soll zunächst unter Beweis gestellt werden, dass nicht nur Laertes' Figur im Allgemeinen,[7] sondern auch dessen baumreicher Garten im Besonderen als feste Bestandteile des Epos in die *Odyssee*-Erzählung integriert sind (1.).[8] Während Odysseus' Baumkatalog an das Geheimnis des Bettpfostens erinnert, das zur Wiedererkennung der Ehegatten führt, wird das Fortleben der Arkeisios-Linie durch die unveränderte Zahl der Bäume in Laertes' Garten verbildlicht (2.). Schließlich wird der zeitlich-räumliche Zusammenhang des Laertes-Gartens aus der Perspektive der Erfahrung und Erinnerung der Charaktere hervorgehoben, indem ein Vergleich mit der Darstellung des Schweinegehöfts des Eumaios im 14. Gesang herangezogen wird (3.).

---

prepared long in advance: thus critics who, doubting the authenticity of the whole of the conclusion (xxiii 297–xxiv 548), regard the episode as a post-Homeric interpolation, must also remove as spurious the majority of those passages which clearly have the function of preparing for this encounter". Auf irritierende Weise hat West 1989, 133 behauptet, die Figur des Laertes sei ein fremder Körper des originellen Epos, eine Figur, welche auf einen "continuator" zurückgehe, der "made some alterations earlier in the *Odyssey* by way of preparation for the Epilogue".

4 Stanford 1965.

5 Erbse 1972, 97–109; de Jong 2001, 576–581, mit einer ausführlichen Bibliographie.

6 Dieser Begriff ist Reichel 1994 entlehnt, der viele Fernbeziehungen in der *Ilias* überzeugend herausgearbeitet hat.

7 Siehe besonders Heubeck 1992, 382: "Laertes is frequently mentioned in the poem, although, in twenty-one passages in which he is named, the only significant ones are those in which the poet clearly intends to give us, by means of a series of interlocking snippets of information, a provisional general picture of the man: his outward circumstances, appearance, and state of mind – a picture which the description of xxiv confirms and completes".

8 Vgl. Heubeck 1992, 399: "the many references to Laertes' garden (γουνὸν ἀλωῆς οἰνοπέδοιο, i 193 = xi 193; ἀγρὸν πολυδένδρεον, xxiii 139, 358; πολυκάρπου ἀλωῆς, xxiv 221) were in fact preparing for the recognition scene". Der Schwerpunkt meiner These liegt in der Hervorhebung der Baumsymbolik.

1 Laertes und sein Garten in der *Odyssee*

In *Od*. 24.205 wechselt die Szene vom Hause des Hades zu Laertes' Landgut:

205 οἱ δ' ἐπεὶ ἐκ πόλιος κατέβαν, τάχα δ' ἀγρὸν ἵκοντο
καλὸν Λαέρταο τετυγμένον, ὅν ῥά ποτ' αὐτὸς
Λαέρτης κτεάτισσεν, ἐπεὶ μάλα πολλὰ μόγησεν.
ἔνθα οἱ οἶκος ἔην, περὶ δὲ κλίσιον θέε πάντῃ,
ἐν τῷ σιτέσκοντο καὶ ἵζανον ἠδὲ ἴαυον
210 δμῶες ἀναγκαῖοι, τοί οἱ φίλα ἐργάζοντο.
ἐν δὲ γυνὴ Σικελὴ γρηῦς πέλεν, ἥ ῥα γέροντα
ἐνδυκέως κομέεσκεν ἐπ' ἀγροῦ νόσφι πόληος.
Od. 24.205–212

Die [Odysseus und sein Gefolge] aber, als sie aus der Stadt hinabgestiegen waren, gelangten schnell zu dem schönen, angebauten Landgut des Laertes, das Laertes einst selbst erworben hatte, nachdem er sich gar vielfach abgemüht. Dort war ihm ein Haus, und es lief rings herum ein Schuppen, in diesem aßen und saßen und schliefen die ihm nötigen Knechte, die ihm alles verrichteten, was ihm lieb war. Darin war auch ein sikelisches Weib, eine Alte, tätig, die den Alten mit Sorgfalt auf dem Landgut fern der Stadt pflegte.

Während die in *Od*. 24.205–212 beschriebene Ankunftsszene von der Paralepse des Erzählers geprägt ist, wird der Anblick des Laertes, der zum ersten Mal auf dem Schauplatz des Epos erscheint, durch die Fokalisation des Odysseus geschildert:[9]

220 αὐτὰρ Ὀδυσσεὺς
ἄσσον ἴεν πολυκάρπου ἀλωῆς πειρητίζων.
οὐδ' εὗρεν Δολίον, μέγαν ὄρχατον ἐσκαταβαίνων,
οὐδέ τινα δμώων οὐδ' υἱῶν· ἀλλ' ἄρα τοί γε
αἱμασιὰς λέξοντες ἀλωῆς ἔμμεναι ἕρκος
225 ᾤχοντ', αὐτὰρ ὁ τοῖσι γέρων ὁδὸν ἡγεμόνευε.
τὸν δ' οἶον πατέρ' εὗρεν ἐϋκτιμένῃ ἐν ἀλωῇ,
λιστρεύοντα φυτόν· ῥυπόωντα δὲ ἕστο χιτῶνα,
ῥαπτὸν ἀεικέλιον, περὶ δὲ κνήμῃσι βοείας

9 De Jong 2001, 577.

κνημῖδας ῥαπτὰς δέδετο, γραπτῦς ἀλεείνων,
230 χειρῖδάς τ' ἐπὶ χερσὶ βάτων ἕνεκ'· αὐτὰρ ὕπερθεν
αἰγείην κυνέην κεφαλῇ ἔχε, πένθος ἀέξων.[10]
τὸν δ' ὡς οὖν ἐνόησε πολύτλας δῖος Ὀδυσσεὺς
γήραϊ τειρόμενον, μέγα δὲ φρεσὶ πένθος ἔχοντα,
στὰς ἄρ' ὑπὸ βλωθρὴν ὄγχνην κατὰ δάκρυον εἶβε.

Od. 24.220–234

Odysseus aber ging zu dem früchtereichen Garten, um die Probe anzustellen. Und er fand den Dolios nicht, als er in den großen Obstgarten hineinschritt, und auch keinen von den Knechten und den Söhnen, sondern die waren hinausgegangen, um Steine zu sammeln, dass sie eine Umfriedung für die Pflanzung wären. Und er fand ihn allein, den Vater, in dem wohlbebauten Garten, während er um einen Setzling die Erde aufgrub. Und er war mit einem schmutzigen Leibrock angetan, einem geflickten, schäbigen, und um seine Schienbeine hatte er sich geflickte Beinschützer aus Rindshaut umgebunden, um Ritzwunden zu vermeiden, und trug Handschuhe an den Händen, der Dornen wegen, oben auf dem Haupte aber hatte er eine Kappe aus Ziegenfell, Trauer mehrend. Als der vielduldende göttliche Odysseus ihn sah, wie er vom Alter zerrieben wurde und großen Kummer in seinem Herzen hegte, trat er unter einen hochgewachsenen Birnbaum, Tränen vergießend.

Das Erwähnen der sikelischen Dienerin (24.211–212) verknüpft sich mit dem Erwähnen von Dolios und dessen Söhnen (24.222–225).[11] Beide Stellen nehmen die Episode in 24.386–411 vorweg, in welcher die alte Dienerin als Dolios' Frau identifiziert wird, die ihrem Mann und ihren Söhnen die Nachricht von

10 Zum textkritischen Problem von πένθος ἀέξων siehe zusammenfassend Heubeck 1992, 387. Mit ihm stimme ich überein, dass keine Konjektur an dieser Stelle nötig ist, nicht zuletzt aufgrund der Verbindung zwischen *Od.* 24.231 und *Od.* 11.195. Ich werde auf diese Verbindung zurückkommen.

11 Die Stelle (24.222–225) erinnert an Eurymachs drohende Rede in 18.356–364 aufgrund der ähnlichen Formulierungen αἱμασιὰς λέξοντες ἀλωῆς ἔμμεναι ἕρκος (24.224) und αἱμασιάς τε λέγων καὶ δένδρεα μακρὰ φυτεύων (18.359). Man merke, dass in den Homerischen Epen das Wort αἱμασιή nur an diesen oben genannten Stellen vorkommt. Die Drohung des Eurymach, den verkleideten Bettler zum Dienst der Baumpflege auf dem abgelegenen Land zu zwingen, evoziert die elende Situation des Laertes sowie seiner Diener (ξεῖν', ἦ ἄρ κ' ἐθέλοις θητευέμεν, εἴ σ' ἀνελοίμην, / ἀγροῦ ἐπ' ἐσχατιῆς, – μισθὸς δέ τοι ἄρκιος ἔσται, – / αἱμασιάς τε λέγων καὶ δένδρεα μακρὰ φυτεύων;, 18.357–359).

Odysseus' Heimkehr bringt.[12] Sowohl die alte Dienerin als auch Dolios sind den Rezipienten nicht fremd. In 1.187–193 wird bereits eine Alte Laertes' Pflegerin genannt. Dem sogenannten Dolios-Problem zum Trotz lässt sich wenigstens sagen, dass der Gärtner Dolios, den Penelopes Vater ihr gab (4.735–741), mit dem Dolios im 24. Gesang zu identifizieren ist, nicht zuletzt aufgrund dessen naher Beziehung zu Laertes.[13] Diese zwei Passagen (1.187–193; 4.735–741), so meine These, bereiten die Episode in 24.220–360 dadurch vor, dass zwei für die Wiedererkennungsszene im 24. Buch wichtige Motive vorweggenommen werden. Zum einen wird der Kontrast zwischen dem verwahrlosten Laertes und dessen gut gepflegtem Garten thematisiert. Zum anderen werden die zahlreichen Bäume im Garten in den Vordergrund gerückt, nicht zuletzt durch das Epitheton πολυδένδρεος.

Laertes' Rückzug aus der Stadt und seine elende Situation auf dem Lande werden zunächst in Athenes Gespräch mit Telemach referiert. In ihrem unmittelbaren Kontext dienen diese Details als Kontrastfolie dazu, die Frevel der im Palast schmausenden Freier hervorzuheben. Die verkleidete Göttin rühmt sich eines langen Familienbands mit Odysseus' Haus, von dem Telemach den Großvater fragen möge:

ξεῖνοι δ' ἀλλήλων πατρώϊοι εὐχόμεθ' εἶναι
ἐξ ἀρχῆς, εἴ πέρ τε γέροντ' εἴρηαι ἐπελθὼν
Λαέρτην ἥρωα, τὸν οὐκέτι φασὶ πόλινδε
190 ἔρχεσθ', ἀλλ' ἀπάνευθεν ἐπ' ἀγροῦ πήματα πάσχειν

12 Vgl. de Jong 2001, 575. *Contra* Sauter 1953, 153: "Die Angaben dort erschöpfen sich rein im Vordergründigen; es ist ein Anhäufen von Einzelheiten, die einer einheitlichen Richtung entbehren, weil sie nicht durch die Situation gebunden sind".

13 Außer diesen zwei Episoden kommt der Name Dolios auch in 17.212 und 18.321–325 vor: der eine als Vater des Melantheus, der andere als Vater der Melantho. Einen guten Forschungsüberblick zum Dolios-Problem bietet Fiedler 1957, 134–138, der für die Identifizierung des Dolios im 24. Gesang mit dem Gärtner des 4. Gesangs plädiert, wie bereits Kirchhoff 1879, 195. Vgl. Erbse 1972, 238–240. Die folgende Interpretation des vorliegenden Kapitels hängt weder von der Frage ab, ob nur ein Diener mit Namen Dolios in der *Odyssee* zu finden sei, noch von dessen Etymologie, ob dieser Name von δοῦλος (Lambertz 1914; Erbse 1972, 238–240; Thalmann 1998, 69–70; de Jong 2001, 119) oder δόλος (Haller 2013; Kanavou 2015, 131) abgeleitet sei. Für Homers Hörerschaft geht es hier weniger um die an historischer Linguistik orientierte Etymologie. Indes können die Rezipienten 'etymologische' Anspielung imaginieren, die kontextbedingt ist. So könnte der Name Dolios δόλος andeuten, wenn dieser mit dem Vater der untreuen Sklaven gemeint ist, während das Haupt einer treuen Dienerfamilie wahrscheinlich als ein wahrer δοῦλος verstanden wird. Doch sind neuere Forschungen der Meinung, dass es in der *Odyssee* nur einen Diener mit dem Namen Dolios gibt, dessen Ambivalenz zur narrativen Spannung des Epos beiträgt (vgl. Haller 2013); siehe bereits Stanford 1948, 425.

> γρηῒ σὺν ἀμφιπόλῳ, ἥ οἱ βρῶσίν τε πόσιν τε
> παρτιθεῖ, εὖτ' ἄν μιν κάματος κατὰ γυῖα λάβῃσιν
> ἑρπύζοντ' ἀνὰ γουνὸν ἀλῳῆς οἰνοπέδοιο.
>
> *Od.* 1.187–193

> Gastfreunde rühmen wir uns einander von den Vätern her zu sein, von alters – falls du zu dem greisen Laertes, dem Heros, gehen und ihn fragen wolltest, der, sagen sie, nicht mehr in die Stadt kommt, sondern weit weg auf dem Lande draußen Leiden leidet, mit einer alten Magd, die ihm Speise und Trank vorsetzt, sooft ihm die Ermüdung die Glieder ergreift, wenn er den Abhang des weintragenden Gartens immerfort hinaufgeschlichen.

Durch das einleitende Wort φασί (1.189) werden den Rezipienten einige wichtige Bestandteile der Laertes-Geschichte nach Odysseus' Weggang vorgestellt. Erstens soll der Kontrast zwischen Stadt (πόλινδε, 1.189) und Land (ἀπάνευθεν ἐπ' ἀγροῦ, 1.190) unterstrichen werden. Während Odysseus' Rückeroberung seines Hauses in erster Linie auf den Palast in der Stadt fokussiert ist, wohnen sowohl Laertes als auch Eumaios auf dem Land.[14] Zweitens wird die Alterspflege thematisiert. Die alte Magd (1.191–192) wird im letzten Buch der *Odyssee* (24.211–212) aufgegriffen. Auf signifikante Weise wird Laertes' körperliche Schwäche im Zusammenhang mit seiner Arbeit im Garten erwähnt (1.193–194). Dies führt zu dem Kontrast zwischen dem verwahrlosten Laertes und dessen gut gepflegtem Garten, welcher vordergründig in der Begegnung zwischen Odysseus und Laertes im 24. Gesang inszeniert wird.[15]

---

14 In 14.96–108 rühmt sich Eumaios der Habe des Odysseus vor seinem Herrn incognito. Er teilt Odysseus' Vieh geographisch geordnet in zwei Gruppen: auf dem Festland (ἐν ἠπείρῳ, 14.100) sowie im fernsten Teil der Insel (ἐσχατιῇ, 14.104). Letztere evoziert die Ortsangabe des Schweinegehöfts, die in Amphimedons Nacherzählung in der zweiten Nekyia genannt wird (καὶ τότε δή ῥ' Ὀδυσῆα κακός ποθεν ἤγαγε δαίμων / *ἀγροῦ ἐπ' ἐσχατιήν*, ὅθι δώματα ναῖε συβώτης, 24.149–150).

15 Steinbock 2018, 22–27 zeigt die Ähnlichkeiten zwischen dem verwahrlosten Zustand des auf einem Misthaufen liegenden Hundes Argos (17.291–300) und dem des Laertes (24.226–231), die zur Spannung des Epos beitragen: "Despite his wretched condition, Laertes' 'form and stature' (εἶδος καὶ μέγεθος, 24.253) still mark him as a king (βασιλεύς, 253), just as Argus' 'fine build' (καλὸς δέμας, 17.307) and his 'form' (εἶδος, 308) were indicators of his past excellence as a fast hound (308). Both the detailed description of the neglect and the appearance of the theme of 'former excellence versus present condition' encourage us to view Argus as a potential paradigm for Laertes. We may wonder whether Odysseus has returned too late for Laertes (as for Argus) or whether the older king (like his son) might regain his former excellence" (25–26). Man merke, dass beide Passagen aus dem

Gelehrte haben bereits darauf verwiesen, dass das Vokabular der Versorgung und der Pflege in Odysseus' Rede wiederholt vorkommt,[16] als dieser Laertes anspricht:

ὦ γέρον, οὐκ ἀδαημονίη σ' ἔχει *ἀμφιπολεύειν*
245 ὄρχατον, ἀλλ' εὖ τοι *κομιδὴ* ἔχει, οὐδέ τι πάμπαν,
οὐ φυτόν, οὐ συκῆ, οὐκ ἄμπελος, οὐ μὲν ἐλαίη,
οὐκ ὄγχνη, οὐ πρασιή τοι ἄνευ *κομιδῆς* κατὰ κῆπον.
ἄλλο δέ τοι ἐρέω, σὺ δὲ μὴ χόλον ἔνθεο θυμῷ·
αὐτόν σ' οὐκ ἀγαθὴ *κομιδὴ* ἔχει, ἀλλ' ἅμα γῆρας
250 λυγρὸν ἔχεις αὐχμεῖς τε κακῶς καὶ ἀεικέα ἕσσαι.
οὐ μὲν ἀεργίης γε ἄναξ ἕνεκ' οὔ σε κομίζει,
οὐδέ τί τοι δούλειον ἐπιπρέπει εἰσοράασθαι
εἶδος καὶ μέγεθος· βασιλῆι γὰρ ἀνδρὶ ἔοικας.
τοιούτῳ δὲ ἔοικεν, ἐπεὶ λούσαιτο φάγοι τε,
255 εὑδέμεναι μαλακῶς· ἡ γὰρ δίκη ἐστὶ γερόντων.
ἀλλ' ἄγε μοι τόδε εἰπὲ καὶ ἀτρεκέως κατάλεξον·
τεῦ δμώς εἰς ἀνδρῶν; τεῦ δ' ὄρχατον *ἀμφιπολεύεις*;
Od. 24.244–257

Alter! Nicht fehlt es dir an rechtem Verständnis, um deinen Garten zu bestellen, sondern er steht dir in guter Pflege, und ganz und gar nichts: nicht Setzling, nicht Feigenbaum, nicht Rebe, nicht Ölbaum, wahrhaftig, nicht Birne, nicht Gemüsebeet sind dir in dem Garten ohne die rechte Pflege! Doch etwas anderes will ich dir sagen, aber du gib nicht dem Zorne Raum in dem Mute: du selbst stehst nicht in guter Pflege, sondern zugleich drückt dich das traurige Alter und schrecklich struppig und elend bist du gekleidet. Gewiss vernachlässigt dich dein Herr nicht wegen deiner Trägheit. Und tritt doch auch nichts Knechtisches an dir hervor, wenn man dich ansieht, weder an Aussehen noch an Größe, denn einem königlichen Manne gleichst du, und gleichst einem solchen, der, wenn er sich gebadet und gegessen hat, weich schläft: denn das ist das Recht der Alten. Aber auf, sage mir dieses und berichte es mir zuverlässig: wessen Knecht bist du unter den Männern und wessen Garten bestellst du?

Blick des Odysseus geschildert werden, in denen der Sohn des Laertes Tränen vergießt (17.304; 24.234).

16 Dieses Motiv ist einige Zeile zuvor in der Darstellung der sikelischen Dienerin eingeführt worden, die Laertes pflegt (κομέεσκεν, 24.212; vgl. 24.390).

Die Textpartie ist durch die Ringkomposition von ἀμφιπολεύειν (24.244) und ἀμφιπολεύεις (24.257) umrahmt.[17] In diesem Passus ist das Wort κομιδή dreimal belegt. Der gut gepflegte Garten (ἀλλ' εὖ τοι *κομιδὴ* ἔχει, 24.245), welcher durch einen kurzen Katalog konkretisiert wird (ἄνευ *κομιδῆς*, 24.247), wird dem verwahrlosten Alten (οὐκ ἀγαθὴ *κομιδὴ* ἔχει, 24.249; vgl. οὐ μὲν ἀεργίης γε ἄναξ ἕνεκ' οὔ σε *κομίζει*, 24.251) gegenübergestellt, der mit aller Sorgfalt den Garten pflegt.[18] Diese Gegenüberstellung geht auf Odysseus' beobachtenden Blick zurück. Denn Laertes' elender Zustand, wie bereits zitiert (24.227–233), wird durch Odysseus' Fokalisation detailliert beschrieben, dessen Pathos dadurch gesteigert wird, dass dem heimgekehrten Sohn die Tränen in den Augen stehen (τὸν δ' ὡς οὖν *ἐνόησε* πολύτλας δῖος Ὀδυσσεὺς / γήραϊ τειρόμενον, μέγα δὲ φρεσὶ πένθος ἔχοντα, / στὰς ἄρ' ὑπὸ βλωθρὴν ὄγχνην κατὰ δάκρυον εἶβε, 24.232–234). Während Odysseus seine Pflicht, den Vater zu pflegen, seiner Abwesenheit wegen nicht erfüllen konnte, hat Laertes den Garten zu einem fruchtreichen (πολυκάρπου ἀλωῆς, 24.221) und wohlbebauten (ἐϋκτιμένῃ ἐν ἀλωῇ, 24.226; vgl. ἐϋκτιμένην κατ' ἀλωήν, 24.336) gemacht.[19]

In der *Odyssee* wird Laertes' Garten wiederholt in Bezug auf die zahlreichen Bäume referiert, nicht zuletzt durch das Epitheton πολυδένδρεος. Nachdem Penelope über den gegen den verreisten Telemach gerichteten Mordplan der Freier informiert wurde, befiehlt die Herrin der alten Dienerin Eurykleia:

735 ἀλλά τις ὀτρηρῶς Δολίον καλέσειε γέροντα,
δμῶ' ἐμόν, ὅν μοι δῶκε πατὴρ ἔτι δεῦρο κιούσῃ,
καί μοι κῆπον ἔχει πολυδένδρεον, ὄφρα τάχιστα
Λαέρτῃ τάδε πάντα παρεζόμενος καταλέξῃ,
εἰ δή πού τινα κεῖνος ἐνὶ φρεσὶ μῆτιν ὑφήνας
740 ἐξελθὼν λαοῖσιν ὀδύρεται, οἳ μεμάασιν
ὃν καὶ Ὀδυσσῆος φθεῖσαι γόνον ἀντιθέοιο.

Od. 4.735–741

17 Vgl. φυτὸν ἀμφελάχαινε (24.242). Die Wiederholung von ἀμφί (ἀμφελάχαινε, 24.242; ἀμφιπολεύειν, 24.244; ἀμφιπολεύεις, 24.257) findet Resonanz in der Wiedererkennung; vgl. Henderson 1997, 93: "For the father, scar and trees are what he would give his right – and left – arm for: the twin signs of his son bring them together, they release his twin arms, he brings and they bring the pair of them together, ἀμφὶ δὲ παιδὶ φίλῳ βάλε πηχέε (347). As we shall see, the gardener's physical expression of caring 'for' (in the Greek, ἀμφί) his garden proves to have set the terms for the recognition by signs".

18 Henderson 1997, 97; de Jong 2001, 578.

19 Zu Vergleich mit ἐϋκτιμένην der Ziegeninsel (9.130) siehe Dougherty 2001, 170–171.

> Doch rufe mir eine geschwind den alten Dolios, meinen Diener, den mir der Vater schon damals gegeben, als ich hierher gekommen, und der mir den baumreichen Garten pflegt: damit er dieses alles auf das schnellste dem Laertes berichte, sich zu ihm setzend: ob dieser vielleicht irgendeinen Plan im Herzen weben und hinausgehen möchte und einen Jammer vor dem Volk erheben, dass sie seinen und des gottgleichen Odysseus Stamm zu vernichten streben.

Die Herkunft des Dolios erklärt, warum Penelope ihn für einen vertrauenswerten Diener hält (4.736–737). Dolios' nahe Beziehung zu Laertes (4.737–738) antizipiert die Szene im 24. Gesang, in welcher seine Familie eine bedeutende Rolle spielt. Wichtig für unsere Interpretation ist die Erwähnung, dass Dolios für Penelope den baumreichen Garten pflegt (*καί μοι κῆπον ἔχει πολυδένδρεον*, 4.737). Im Lichte des Pronomens μοι, das sich auf Penelope bezieht, liegt es nahe, dass der oben genannte Garten zur Gegend des Odysseus-Palasts gehört,[20] während sich Laertes' Garten auf dem Land befindet. Doch spricht Penelope explizit von der nahen Beziehung zwischen Dolios und Laertes. Nichts spricht dagegen, dass der Gärtner nicht nur den Garten der Penelope, sondern auch den des Laertes pflegt. Ansonsten wäre die Erklärung des Erzählers in *Od.* 24.220–225, dass Odysseus Dolios nicht im Garten des Laertes findet, kaum verständlich.[21]

In den ganzen Homerischen Epen ist das Adjektiv πολυδένδρεος nur dreimal belegt. Außer der oben zitierten Stelle sind zwei weitere Belegstellen in *Od.* 23 zu finden, die ich zu Beginn dieses Kapitels bereits genannt habe. Nach dem Freiermord kündigt Odysseus seinen Dienern den Plan an, zu Laertes' baumreichem Landgut (ἀγρὸν ἐς ἡμέτερον *πολυδένδρεον*, 23.139) zu gehen, um dort mit seinem Vater gemeinsam zu überlegen, wie man sich auf die Konfrontation mit den rachedurstigen Verwandten der ermordeten Freier vorbereiten soll (23.138–140). Zudem sagt Odysseus seiner Frau am Ende des 23. Gesangs, dass er zu dem baumreichen Landgut gehen werde, um seinen Vater aufzusuchen (ἀλλ' ἦ τοι μὲν ἐγὼ *πολυδένδρεον* ἀγρὸν ἄπειμι / ὀψόμενος πατέρ' ἐσθλόν, 23.359–360), während sie ins obere Stockwerk hinaufsteigen solle, um den Haushalt zu besichtigen.

Man vergleiche auch die Phrase πολυκάρπου ἀλῳῆς (24.221),[22] durch welche der Schauplatz der Begegnung zwischen Odysseus und Laertes im 24. Buch

20 Man bedenke, dass Alkinoos' Garten jenseits des Hofs ist, nahe der Hoftür (7.112).

21 Siehe Heubeck 1992, 385. Dies sei eine wichtige Argumentation für die Identifizierung des Dolios in *Od.* 4.735–741 mit dem in *Od.* 24.

22 In einem Gleichnis hat der maskierte Odysseus seine Frau Penelope mit einem untadli-

konturiert wird. Ich vertrete die These, dass das durch πολυδένδρεος und πολυκάρπος zum Ausdruck gebrachte Charakteristikum des Gartens nicht nur die Wiedererkennungsszene im 24. Gesang vorbereitet, in der die darin befindlichen Bäume eine wichtige Rolle spielen. Es verkörpert auch die Symbolik des Baums, die im Fortleben der Arkeisios-Linie zum Ausdruck kommt und durch das ganze Epos hindurch an vielen Stellen thematisiert wird.[23]

Wie oben zitiert, nennt Odysseus einzelne Bäume, um den gut gepflegten Zustand des Gartens zu materialisieren (24.246–247). Zudem führt der Held einen weiteren Baumkatalog aus, diesmal um seinen Vater von seiner Identität zu überzeugen:

> εἰ δ' ἄγε τοι καὶ δένδρε' ἐϋκτιμένην κατ' ἀλῳὴν
> εἴπω, ἅ μοί ποτ' ἔδωκας, ἐγὼ δ' ᾔτευν σε ἕκαστα
> παιδνὸς ἐών, κατὰ κῆπον ἐπισπόμενος· διὰ δ' αὐτῶν
> ἱκνεύμεσθα, σὺ δ' ὠνόμασας καὶ ἔειπες ἕκαστα.
> 340 ὄγχνας μοι δῶκας τρεισκαίδεκα καὶ δέκα μηλέας,
> συκέας τεσσαράκοντ'· ὄρχους δέ μοι ὧδ' ὀνόμηνας
> δώσειν πεντήκοντα, διατρύγιος δὲ ἕκαστος
> ἤην; ἔνθα δ' ἀνὰ σταφυλαὶ παντοῖαι ἔασιν,
> ὁππότε δὴ Διὸς ὧραι ἐπιβρίσειαν ὕπερθεν.
> *Od.* 24.336–344

Doch auf, auch die Bäume in der wohlbebauten Pflanzung will ich dir nennen, die du mir einst gegeben hast – ich aber bat dich um einen jeden –, als ich noch ein Knabe war und dir durch den Garten folgte. Wir gingen unter ihnen einher, du aber nanntest und sagtest mir einen jeden. Birnbäume gabst du mir dreizehn, zehn Apfelbäume und vierzig Feigenbäume, und auch Reihen von Weinstöcken nanntest du mir fünfzig, um sie mir zu geben, und jede war das ganze Jahr hindurch zu lesen – darin waren Trauben von aller Art –, wenn die Jahreszeiten des Zeus hochher ein fruchtschweres Gedeihen gaben.

Interpreten dieser Passage haben ihr Augenmerk auf die Form der Erzählung und die Signifikanz des zur Wiedererkennung führenden Materials ge-

---

gen König verglichen, unter dessen Herrschaft die Erde Weizen und Gerste trägt und die Bäume mit Frucht beladen sind (φέρῃσι δὲ γαῖα μέλαινα / πυροὺς καὶ κριθάς, *βρίθῃσι δὲ δένδρεα καρπῷ*, 19.111–112).

23 Die Baumsymbolik des Laertes-Gartens wird im nächsten Abschnitt des Kapitels ausführlich behandelt werden.

richtet.[24] Odysseus gelingt es, dem zweifelnden Alten ein einleuchtendes Zeichen zu geben (σῆμα τί μοι νῦν εἰπὲ ἀριφραδές, 24.329), indem er ein gemeinsames Erlebnis mit dem Vater erzählt. Dass Laertes' Wiedererkennen des Odysseus durch eine Erzählung erfolgt, erinnert die Rezipienten stark an das nur von den Ehegatten geteilte Geheimnis des Bettpfostens, durch welches ihre Wiedervereinigung endlich erzielt wird. Dieser Vergleich kann aus einer materiellen Perspektive bereichert werden. Wie der aus einem Ölbaumstamm des Hofs gezimmerte Bettpfosten unbeweglich bleibt, so bleiben die Bäume in Laertes' Garten unversehrt. Bettpfosten und Bäume fungieren als Gegenstücke zu Schiffen, die aus gefällten Bäumen gemacht werden: Die horizontale Bewegung der Schiffe bildet eine scharfe Opposition zu dem vertikalen Stehenbleiben des Ölbaums in Odysseus' Hof und dem der Bäume in Laertes' Garten.[25]

Sowie die Intimität der Ehegatten mit dem Geheimnis des Bettpfostens einhergeht und die Stabilität der Ehe durch die Unbeweglichkeit des Bettes symbolisiert wird,[26] wird die unveränderte Zahl der Bäume in Laertes' Garten hervorgehoben. Dies kann durch eine philologische Analyse festgemacht werden. Während in Odysseus' erster Rede zu Laertes (24.244–257) das Kennwort κομιδή und dessen verwandte Ausdrücke wiederholt vorkommen, soll in *Od.* 24.336–344 die Wiederholung von ἕκαστος (ἕκαστα, 24.337, 339; ἕκαστος, 342) unterstrichen werden.[27] Trotz der Zeitspanne zwischen Odysseus' Kindheit und dessen Heimkehr bleibt die Zahl der Bäume als Odysseus' Erbschaft unverändert. Diese unveränderte Zahl tritt in einen scharfen Kontrast zu den veränderten Situationen seit Odysseus' Weggang nach Troja: "The many ships and men that Odysseus leaves Troy with are gradually whittled down, over the course of Odysseus's journey, to one (*Od.* 1.1–10)".[28]

Anhand der *Thing Theory* hat Grethlein die narrative Dynamik einer Homerischen Kunstform, nämlich die der Verflechtung des signifikanten Objekts mit dessen Besitzer herausgearbeitet, wobei Laertes' Garten als eines der paradigmatischen Beispiele genannt wird.[29] Im Unterschied zu dieser Forschungs-

24 Pucci 1996; Henderson 1997; Purves 2010, 222–229; Grethlein 2019a, 476–478.

25 Purves 2010, 226–227.

26 Zeitlin 1996, 42.

27 Dougherty 2001, 170 verweist auf die Wiederholung von ἔδωκας (24.337) und δώσειν (24.342) einerseits und von ὠνόμασας (24.339) und ὀνόμηνας (24.341) andererseits. Sie deutet diese Wiederholungen als Ausdrücke des in der Episode dominanten Tons.

28 Purves 2010, 226.

29 Grethlein 2019a, 476–478, der hingegen die Narbe des Odysseus nicht als 'thing' anerkennt. Wie Henderson 1997, 92 gezeigt hat, stehen die beiden Zeichen, mit denen der Heimgekehrte Laertes zu überzeugen versucht, in komplementären Verhältnissen: "Scar tells of a public rite, the tribal acclamation of a new member whose successful handling of some

richtung soll in meiner Interpretation der zeitlich-räumliche Zusammenhang des Laertes-Gartens in den Vordergrund gerückt werden. Zunächst ist dieser ein konkreter Schauplatz, auf welchem die Begegnung zwischen Odysseus und Laertes stattfindet. Darüber hinaus zeigt Odysseus' Erzählung (24.336–344) klare Züge der Raumorientierung.[30] Zudem wird der zeitlich-räumliche Zusammenhang dadurch zum Ausdruck gebracht, dass die Aktionen in zeitlicher Ferne (ποτ' ἔδωκας, 337; ᾔτευν, 337; ἱκνεύμεσθα, 339; ὠνόμασας καὶ ἔειπες, 339; δῶκας, 340; ὀνόμηνας, 341; ἤην, 343) den Gegenständen in räumlicher Nähe des Gesprächspaars (διὰ δ' αὐτῶν, 338; ἔνθα, 343) gegenübergestellt werden. Während sowohl Odysseus' Weggang als auch Telemachs Reise eher mit den Schiffen zu tun haben, verharrt Laertes auf dem Land, dessen Pflege der Bäume im Epos wiederholt thematisiert wird. Aus diesem Kontrast resultiert die Signifikanz des Laertes-Gartens, die das Fortleben des Familienstamms symbolisiert.[31] Somit ist dem Garten des Laertes eine tiefere zeitliche Dimension zuzuschreiben.

Um diesen *Chronotopos* des Laertes-Gartens zu verdeutlichen, soll im weiteren Verlauf des Kapitels zwei Punkte genauer in den Blick genommen werden. Einerseits soll der Nachweis erbracht werden, dass die unversehrten Bäume in Laertes' Garten mit dem Fortleben der Arkeisios-Familienlinie einhergehen. Andererseits soll dieser *Chronotopos* aus der Perspektive der Erfahrung und Erinnerung der Charaktere hervorgehoben werden.

'ephebic' ritual is added to the stock of storytelling memories of the culture, tattooed onto the new adult hunter/warrior's body to be the fame of his name", während "[w]e can accordingly read the trees as staging a similar, but more private, testamentary, rite (...). The orchard was ordained the primal place of Odysseus' memory scape, 'where he spent his childhood', where infant aphasia passed into the order and classification of culture, preparation for the journey away to win his spurs and return a (the) *man*; and, one day (ago), for returning with the fame of a victor in war to claim for his own".

30 Vgl. Purves 2010, 224: "[T]he retracing of steps already taken (using the verbs *follow* ἐπισπόμενος and *walk* ἱκνεύμεσθα) connects to the idea of the path of narrative".

31 Siehe bereits Grethlein 2019a, 477: "While the hewn tree embodies the character of marriage between nature and culture, the well-tended orchard is an opposite figure for the procreation and continuance of a family line ... As Purves points out, the image of the orchard as a symbol of the family's continuance can build on the frequent comparisons of Homeric heroes to tree. Whereas, however, many of these metaphors and similes emphasize human fragility, in the Laertes scene the growth of the trees figures the chain of generations".

2 Die Symbolik des Baums

Wie oben bereits erwähnt, befiehlt Penelope Eurykleia, Dolios zu ihr herbeizurufen, um durch diesen Laertes über den gegen Telemach gerichteten Anschlag der Freier zu informieren (4.735–741), ob der Greis "vielleicht irgendeinen Plan im Herzen weben und hinausgehen möchte und einen Jammer vor dem Volk erheben, dass sie seinen und des gottgleichen Odysseus Stamm zu vernichten streben" (εἰ δή πού τινα κεῖνος ἐνὶ φρεσὶ μῆτιν ὑφήνας / ἐξελθὼν λαοῖσιν ὀδύρεται, οἳ μεμάασιν / ὂν καὶ Ὀδυσσῆος φθεῖσαι γόνον ἀντιθέοιο, 4.739–741). Hier spricht Penelope vom Fortleben des Familienstamms des Laertes, der als Sohn des Arkeisios bezeichnet wird (γόνον, 4.741; γονὴν Ἀρκεισιάδαο, 4.755):[32]

> μηδὲ γέροντα κάκου κεκακωμένον· οὐ γὰρ ὀΐω
> πάγχυ θεοῖς μακάρεσσι γονὴν Ἀρκεισιάδαο
> ἔχθεσθ', ἀλλ' ἔτι πού τις ἐπέσσεται, ὅς κεν ἔχῃσι
> δώματά θ' ὑψερεφέα καὶ ἀπόπροθι πίονας ἀγρούς.
>
> *Od.* 4.754–757

> Doch plage den Alten [Laertes] nicht, den schon Geplagten! Denn ich denke, den seligen Göttern ist das Geschlecht des Sohnes des Arkeisios nicht ganz verhasst, sondern noch wird einer nachbleiben, der die hochbedachten Häuser und die fetten Äcker draußen besitzen wird.

In der *Odyssee* kommt das Thema des Fortlebens von der Arkeisios-Linie an zwei weiteren Stellen vor. Am deutlichsten ist die Stelle, wo Eumaios dem verkleideten Herrn Odysseus erzählt, wie er sich wegen des Mordplans der Freier um den verreisten Telemach Sorgen macht,:

> νῦν αὖ παιδὸς ἄλαστον ὀδύρομαι, ὃν τέκ' Ὀδυσσεύς,
> 175 Τηλεμάχου. τὸν ἐπεὶ θρέψαν θεοὶ *ἔρνεϊ ἶσον*,
> καί μιν ἔφην ἔσσεσθαι ἐν ἀνδράσιν οὔ τι χέρεια
> πατρὸς ἑοῖο φίλοιο, δέμας καὶ εἶδος ἀγητόν,
> τὸν δέ τις ἀθανάτων βλάψε φρένας ἔνδον ἐΐσας
> ἠέ τις ἀνθρώπων· ὁ δ' ἔβη μετὰ πατρὸς ἀκουὴν
> 180 ἐς Πύλον ἠγαθέην· τὸν δὲ μνηστῆρες ἀγαυοὶ

32 Die Bezeichnung Ἀρκεισιάδης kommt in der *Odyssee* nur dreimal vor. Von 4.755 abgesehen, sind die zwei anderen Belegstellen im 24. Gesang. Sowohl Odysseus in der Wiedererkennungsszene (24.270) als auch Athene vor dem Kampf gegen die Verwandten der ermordeten Freier (24.517) bezeichnen Laertes als Sohn des Arkeisios.

οἴκαδ' ἰόντα λοχῶσιν, ὅπως ἀπὸ φῦλον ὄληται
νώνυμον ἐξ Ἰθάκης Ἀρκεισίου ἀντιθέοιο.

Od. 14.174–182

Jetzt aber klage ich unaufhörlich um den Sohn, den Odysseus gezeugt hat: Telemach. Ihm hat, nachdem ihn die Götter aufgezogen wie einen jungen Baum und ich meinte, dass er unter den Männern nicht geringer sein werde als sein eigener Vater: staunenswert an Gestalt und Aussehen – da hat ihm einer der Unsterblichen oder auch einer von den Menschen die Sinne beschädigt in dem Inneren, die ausgeglichenen, und er ist auf Kunde nach dem Vater gegangen in die heilige Pylos, und die erlauchten Freier lauern auf ihn, wenn er nach Hause kehrt, auf dass der Stamm des gottgleichen Arkeisios auf Ithaka namenlos zugrunde gehe!

Laertes ist hochbetagt und Odysseus mag bereits den Tag der Heimkehr verloren haben. Der gegen Telemach gerichtete Mordplan droht den Arkeisios-Stamm (φῦλον, 14.181) gänzlich zu vertilgen. In diesem Passus wird Telemach mit einem jungen Baum verglichen (ἔρνεϊ ἶσον, 14.175).[33] Auf den ersten Blick ist dieses Gleichnis auf Telemachs äußerliche Gestalt (vgl. δέμας καὶ εἶδος ἀγητόν, 14.177) ausgerichtet. Doch hat dieses Bild eine tragische Färbung in der epischen Tradition. Man vergleiche die folgende Passage:

ὤ μοι ἐγὼ δειλή, ὤ μοι δυσαριστοτόκεια,
55 ἥ τ' ἐπεὶ ἂρ τέκον υἱὸν ἀμύμονά τε κρατερόν τε,
ἔξοχον ἡρώων· ὁ δ' ἀνέδραμεν *ἔρνεϊ ἶσος*·
τὸν μὲν ἐγὼ *θρέψασα φυτὸν ὣς γουνῷ ἀλωῆς*,
νηυσὶν ἐπιπροέηκα κορωνίσιν Ἴλιον εἴσω
Τρωσὶ μαχησόμενον· τὸν δ' οὐχ ὑποδέξομαι αὖτις
οἴκαδε νοστήσαντα δόμον Πηλήϊον εἴσω.

Il. 18.54–60

O mir, ich Arme! O mir Unglücksheldengebärerin! Da gebar ich einen Sohn, einen untadeligen und starken, hervorragend unter den Helden, und er schoss auf wie ein Reis. Und als ich ihn aufgezogen wie einen jungen Baum an des Gartens Lehne, schickte ich ihn mit den geschweiften

---

33 Vgl. *Od.* 6.157–167, wo Odysseus mit schmeichelnden Worten Nausikaa mit einem jungen Setzling einer Palme in Delphi vergleicht (dazu Ruth Harder 1988); zu weiteren Beispielen bei Homer, siehe Fränkel 1921, 39–40. Zur Metapher 'PEOPLE ARE PLANTS' bei Homer im Allgemeinen, siehe Zanker 2019, 98–99.

> Schiffen hinaus nach Ilios, um mit den Troern zu kämpfen, und werde ihn nicht mehr empfangen, dass er nach Hause zurückkehrt in das Haus des Peleus.

Thetis nennt sich 'Unglücksheldengebärerin' (δυσαριστοτόκεια, *Il.* 18.54), da diese sich des bevorstehenden Todes ihres Sohnes bewusst ist. Auf derselben metaphorischen Ebene werden zwei Vergleichspunkte aufgestellt. Zum einen wird ein junger Mensch mit einer Pflanze verglichen (ἔρνεϊ ἶσος, *Il.* 18.56), zum anderen die Aufzucht der Eltern mit der Pflegearbeit im Garten (θρέψασα φυτὸν ὣς γουνῷ ἀλωῆς, *Il.* 18.57).[34] Diese hat Thetis wörtlich wiederholt (*Il.* 18.56–57=*Il.* 18.437–438), als sie vor Hephaist um die *mors immatura* ihres Sohnes klagt. Während die Phrase ἔρνεϊ ἶσος sowohl für Achill als auch für Telemach verwendet wird (*Il.* 18.56; *Od.* 14.175), erinnert die Phrase θρέψασα φυτὸν ὣς γουνῷ ἀλωῆς (*Il.* 18.57=18.438) stark an Laertes' Gartenarbeit.

Ähnliche Beispiele findet man in der *Ilias*, vor allem im Gleichnis gefallener junger Krieger:

> οἷον δὲ τρέφει ἔρνος ἀνὴρ ἐριθηλὲς ἐλαίης
> χώρῳ ἐν οἰοπόλῳ, ὅθ' ἅλις ἀναβέβροχεν ὕδωρ,
> 55 καλὸν τηλεθάον· τὸ δέ τε πνοιαὶ δονέουσι
> παντοίων ἀνέμων, καί τε βρύει ἄνθεϊ λευκῷ·
> ἐλθὼν δ' ἐξαπίνης ἄνεμος σὺν λαίλαπι πολλῇ
> βόθρου τ' ἐξέστρεψε καὶ ἐξετάνυσσ' ἐπὶ γαίῃ·
> τοῖον Πάνθου υἱὸν ἐϋμμελίην Εὔφορβον
> Ἀτρεΐδης Μενέλαος ἐπεὶ κτάνε, τεύχε' ἐσύλα.
> *Il.* 17.53–60

> Und wie ein Mann einen Schößling zieht, einen kräftig sprossenden, von einem Ölbaum, an einem einsamen Ort, wo genug Wasser heraufsprudelt, einen schönen, prangenden, und ihn schütteln die Hauche allfältiger Winde, und er strotzt in weißer Blüte, und plötzlich kommt ein Wind mit vielem Wirbel und dreht ihn heraus aus der Grube und streckt ihn hin auf die Erde: So tötete den Sohn des Panthoos, den lanzenguten Euphorbos, der Atreus-Sohn Menelaos und raubte ihm die Waffen.

Wie Fränkel gezeigt hat, dient "das Bild vom Gartenbäumchen" für "zartere Empfindungen": "Euphorbos ist ganz jung: er kämpft seine erste Schlacht (Π

34 Grethlein 2006, 91.

811), er ist zum ersten Mal aus der sorglichen Hut seiner Eltern, die schon einen Sohn verloren hatten, entlassen. Immer wieder sprach der Dichter von diesen Eltern und ihrem Schmerz (28. 37 ff.)".[35] Euphorbos fällt auf dem Schlachtfeld, wie ein in weißer Blüte sprossender Schößling plötzlich vom Wind weggeblasen und auf die Erde gestreckt wird. Zudem wird das Pathos dieses Bildes dadurch gesteigert, dass der Mann, der den Schößling zieht (οἷον δὲ *τρέφει ἔρνος* ἀνὴρ ἐριθηλὲς ἐλαίης, *Il.* 17.53), den Eltern gleicht, die ihre Kinder aufziehen.[36] Vor dem Hintergrund dieses tragischen Bilds in der *Ilias* wird Telemachs *mors immatura* durch einen ähnlichen metaphorischen Sprachgebrauch (ἔρνεϊ ἶσον, *Od.* 14.175) evoziert, die zur narrativen Spannung des Epos beiträgt: Er ist auch jung und gut aufgezogen; die Freier lauern auf ihn bei seiner Rückkehr.

Versorgung und Gartenarbeit stehen in einem Spannungsverhältnis zueinander. Eumaios spricht zu dem heimgekehrten Telemach von dem trauernden Laertes:[37]

> αὐτὰρ νῦν, ἐξ οὗ σύ γε ᾤχεο νηῒ Πύλονδε,
> οὔ πώ μίν φασιν φαγέμεν καὶ πιέμεν αὔτως,
> οὐδ' ἐπὶ ἔργα ἰδεῖν, ἀλλὰ στοναχῇ τε γόῳ τε
> ἧσται ὀδυρόμενος, φθινύθει δ' ἀμφ' ὀστεόφι χρώς.
> *Od.* 16.142–145

> Jetzt aber, seitdem du im Schiff nach Pylos fortgegangen, sagen sie, dass er nicht mehr in gleicher Weise esse und trinke und nicht nach den Feldern schaue, sondern mit Seufzen und Klagen sitzt er jammernd, und es schwindet die Haut ihm hin über den Knochen.

Aus der Verzweiflung über die Heimkehr des Enkelsohns verliert der greise Heros Lebenslust. Man sagt, er esse und trinke nicht mehr in gleicher Weise und beschäftige sich nicht mehr mit der Gartenarbeit.

Darüber hinaus soll hervorgehoben werden, dass der Anschlag der Freier nicht nur um das Leben des Telemach geht, sondern auch um die Austilgung

35 Fränkel 1921, 39; vgl. Horn 2018, 378 mit Anm. 78, der die Beziehung zwischen der Deskription des Todes und der HUMANS ARE PLANTS-Metapher hervorhebt.

36 Vgl. auch den von Aias getöteten Simoeisios, der wegen seines unerwarteten Todes seinen Eltern keinen Lohn für die Pflege erstatten kann: Dessen Fallen auf dem Schlachtfeld wird mit einer vom Wagenbauer herausgeschlagenen Pappel verglichen (*Il.* 4.473–489); dazu Schein 1976.

37 Eumaios' Information wird durch φασίν (16.143) eingeleitet. Dies erinnert an Athenes Gespräch mit Telemach, in dem das Hörensagen der Laertes-Geschichte berichtet wird (1.187–193; vgl. φασί, 1.189).

eines ganzen Familienstamms. Außer der bereits behandelten Passage (4.739–741) kommt der Name Arkeisios im Epos nur an einer weiteren Stelle vor, an der Telemach dem verkleideten Odysseus von seinem eigenen Familienstamm erzählt:

ὧδε γὰρ ἡμετέρην γενεὴν μούνωσε Κρονίων·
μοῦνον Λαέρτην Ἀρκείσιος υἱὸν ἔτικτε,
μοῦνον δ' αὖτ' Ὀδυσῆα πατὴρ τέκεν· αὐτὰρ Ὀδυσσεὺς
120 μοῦνον ἔμ' ἐν μεγάροισι τεκὼν λίπεν, οὐδ' ἀπόνητο.
τῶ νῦν δυσμενέες μάλα μυρίοι εἴσ' ἐνὶ οἴκῳ.
Od. 16.117–121

Denn so hat Kronion immer nur auf einen unser Geschlecht gestellt: Als einzigen Sohn erzeugte Arkeisios den Laertes, als einzigen dieser als Vater wieder den Odysseus, Odysseus aber ließ mich, den er als einzigen gezeugt, zurück in den Hallen und hatte nichts von mir. Darum sind jetzt wohl gar zehntausend Bösgesinnte in dem Hause.

Der Stammbaum des Telemach wird über drei Generationen hin nur durch einen einzigen männlichen Nachkommen repräsentiert. Das Motiv des einzigen Sohns (μούνωσε, 16.117; μοῦνον, 16.118; 119; 120) wird den zehntausend (μυρίοι, 16.121) bösgesinnten Freiern, die den Palast des Odysseus belagern, scharf gegenübergestellt. Zudem ist eine Ironie dadurch entstanden, dass, im Gegenteil zu Telemachs Ignoranz, die Rezipienten wissen, dass der emphatische Ausdruck "unser Geschlecht" (ἡμετέρην γενεήν, 16.118) in der Tat sowohl den Sprecher als auch den Adressaten einschließt.[38]

In drei oben zitierten Passagen ist von Laertes' bzw. Odysseus' Familienstamm (γόνον, 4.741, γονήν, 4.755; φῦλον, 14.181; γενεήν, 16.118) die Rede. Während in den ersten zwei Fällen das Bild des Baums in ihrem jeweiligen Kontext – einmal durch das Erwähnen eines baumreichen Gartens (κῆπον ... πολυδέν-

38 Der Ausdruck "unser Geschlecht" (ἡμετέρην γενεήν, 16.118) aus Telemachs Mund bietet Resonanz an Theoklymenos' Weissagung zu dem Sohn des Odysseus, in der der Seher die fortdauernde Herrschaft der Arkeisios-Linie über die Ithakasier prophezeit und den Stamm des Telemach "euer Geschlecht" (ὑμετέρου ... γένευς, 15.533) nennt (Τηλέμαχ', οὔ τοι ἄνευ θεοῦ ἤλυθε δεξιὸς ὄρνις· / ἔγνων γάρ μιν ἐσάντα ἰδὼν οἰωνὸν ἐόντα. / ὑμετέρου δ' οὐκ ἔστι γένευς βασιλεύτερον ἄλλο / ἐν δήμῳ Ἰθάκης, ἀλλ' ὑμεῖς καρτεροὶ αἰεί 'Telemach! Nicht ohne einen Gott kam dir von rechts her dieser Vogel geflogen! Denn als ich zu ihm hinblickte, erkannte ich, dass er ein Schicksalsvogel war: Kein anderes ist königlicher als euer Geschlecht in dem Volk von Ithaka, sondern immer wieder werdet ihr die Macht besitzen!', 15.531–534).

δρεον, 4.737), einmal durch den Vergleich der Gestalt Telemachs mit einem jungen Baum (ἔρνεϊ ἶσον, 14.175) – hervorgehoben wird, erinnert die Phrase "unser Geschlecht" (ἡμετέρην γενεήν, *Od.* 16.118) an die exakte Formulierung (*Il.* 6.151) in Glaukos' Antwort auf Diomedes' Frage nach seinem Geschlecht, eine lange Rede, welche mit dem berühmten Blättergleichnis beginnt:

145 Τυδεΐδη μεγάθυμε, τίη γενεὴν ἐρεείνεις;
οἵη περ φύλλων γενεή, τοίη δὲ καὶ ἀνδρῶν.
φύλλα τὰ μέν τ' ἄνεμος χαμάδις χέει, ἄλλα δέ θ' ὕλη
τηλεθόωσα φύει, ἔαρος δ' ἐπιγίγνεται ὥρη·
ὣς ἀνδρῶν γενεὴ ἣ μὲν φύει ἣ δ' ἀπολήγει.
150 εἰ δ' ἐθέλεις καὶ ταῦτα δαήμεναι, ὄφρ' ἐῢ εἰδῇς
ἡμετέρην γενεήν, πολλοὶ δέ μιν ἄνδρες ἴσασιν·
Il. 6.145–151

Tydeus-Sohn, hochgemuter! Was fragst du nach meinem Geschlecht? Wie der Blätter Geschlecht, so ist auch das der Männer. Die Blätter – da schüttet diese der Wind zu Boden, und andere treibt der knospende Wald hervor, und es kommt die Zeit des Frühlings. So auch der Männer Geschlecht: dies sprosst hervor, das andere schwindet. Doch wenn du auch dies erfahren willst, dass du es gut weißt, unser Geschlecht – und es wissen dies viele Männer!

Dieses Gleichnis ist verschieden interpretiert worden.[39] Aus einer pragmatischen Perspektive funktioniert Glaukos' Rede als Erwiderung auf Diomedes' Frage, ob er ein Mensch oder ein Gott sei. Während die Götter unsterblich und ewig sind, kommt die Vergänglichkeit der Menschen zunächst dadurch zum Ausdruck, dass individuelle Menschen mit den nach Jahreszeiten fallenden wie sprossenden Blättern in Vergleich gesetzt werden.

Uns interessiert die Wiederholung des Kernwortes γενεή, das in *Il.* 6.145–151 viermal belegt ist. Das Wort γενεή kann sowohl 'Menschenart' als auch 'Familienstamm' bedeuten. Die semantische Mehrdeutigkeit von γενεή ermöglicht es, zwei Kontrastierungen in ein Gleichnis zu integrieren. Während die Abgrenzung von Göttern und Menschen in der Bedeutung 'Menschenart' Resonanz findet, stützt sich der Vergleich von Blättern und Menschen auf die Bedeutung 'Familienstamm'.[40] Von anderen interpretatorischen Schwierigkeiten abgese-

39 Vgl. Grethlein 2006, 85–87; Graziosi/Haubold 2010, 116–119. Beide bieten eine ausführliche Bibliographie.
40 Vgl. Grethlein 2006, 95.

hen, lässt es sich feststellen, dass das Gleichnis durch eine Ringkomposition von γενεή (*Il.* 6.145) und ἡμετέρην γενεήν (*Il.* 6.151) verklammert ist: Beide Belege verstehen sich unzweifelhaft im Sinne von 'Geschlecht, Familie'.[41]

Im Gleichnis wird der Fokus auf die fallenden und sprossenden Blätter gesetzt. Diese werden mit den individuellen Menschen in Vergleich gesetzt, die der Schicksalskontingenz ausgesetzt sind. Indes wird auch der Vergleich von Baum und Familienstamm impliziert. Denn der Generationenwechsel einer Familie wird durch den Jahreswechsel der Blätter den Rezipienten vor Augen geführt. Der Generationenwechsel ist auch in der genealogischen Erzählung des Glaukos (*Il.* 6.150–211) angelegt. Am Ende von Glaukos' Rede kommt das Wort γενεή noch einmal vor:

Ἱππόλοχος δέ μ' ἔτικτε, καὶ ἐκ τοῦ φημι γενέσθαι·
πέμπε δέ μ' ἐς Τροίην, καί μοι μάλα πόλλ' ἐπέτελλεν,
αἰὲν ἀριστεύειν καὶ ὑπείροχον ἔμμεναι ἄλλων,
μηδὲ γένος πατέρων αἰσχυνέμεν, οἳ μέγ' ἄριστοι
210 ἔν τ' Ἐφύρῃ ἐγένοντο καὶ ἐν Λυκίῃ εὐρείῃ.
ταύτης τοι γενεῆς τε καὶ αἵματος εὔχομαι εἶναι.
Il. 6.206–211

Hippoloch aber zeugte mich, und von ihm sage ich, dass ich stamme. Und er schickte mich nach Troja und trug mir gar vielfach auf, immer Bester zu sein und überlegen zu sein den anderen und der Väter Geschlecht nicht Schande zu machen, die die weit Besten waren in Ephyra wie auch in dem breiten Lykien. Aus diesem Geschlecht und Blut rühme ich mich dir zu stammen.

Der emphatische Ausdruck ταύτης τοι γενεῆς τε καὶ αἵματος εὔχομαι εἶναι (*Il.* 6.211) am Ende von Glaukos' Rede erwidert auf Diomedes' Frage *in nuce*. Während αἵματος die Gegenüberstellung von Göttern und Menschen unterstreicht, wird die Signifikanz des Familienstamms dadurch untermauert, dass neben ταύτης τοι γενεῆς (*Il.* 6.211) drei relevante Belege in der oben zitierten Passage zu finden sind (ἐκ τοῦ ... γενέσθαι, *Il.* 6.206; γένος πατέρων, 6.209; ἐγένοντο, 6.210).

Das Blättergleichnis in *Il.* 6. 145–151 hebt die Schicksalskontingenz der Menschen hervor, eine Hervorhebung, die mit der großen Thematik des Epos einhergeht, welches zum Tod führt. In der *Odyssee* hingegen evoziert Laertes' baumreicher Garten das Fortleben der Arkeisios-Familienlinie, ein Motiv, das auf die Heimkehr des Odysseus zugeschnitten ist. Das iliadische Bild der vom

41 Siehe Graziosi/Haubold 2010, 117.

Wind weggeblasenen Blätter und des Wechsels der Jahreszeiten (*Il.* 6.145–151; vgl. *Il.* 21.462–466) spielt keine bedeutende Rolle in der symbolischen Welt der *Odyssee*-Erzählung. In der ersten Nekyia erzählt Antikleia ihrem Sohn, wie Laertes in seiner Abwesenheit leidet:

πατὴρ δὲ σὸς αὐτόθι μίμνει
ἀγρῷ οὐδὲ πόλινδε κατέρχεται· οὐδέ οἱ εὐναὶ
δέμνια καὶ χλαῖναι καὶ ῥήγεα σιγαλόεντα,
190 ἀλλ' ὅ γε χεῖμα μὲν εὕδει ὅθι δμῶες ἐνὶ οἴκῳ,
ἐν κόνι ἄγχι πυρός, κακὰ δὲ χροῒ εἵματα εἷται·
αὐτὰρ ἐπὴν ἔλθῃσι θέρος τεθαλυῖά τ' ὀπώρη,
πάντῃ οἱ κατὰ γουνὸν ἀλῳῆς οἰνοπέδοιο
φύλλων κεκλιμένων χθαμαλαὶ βεβλήαται εὐναί.
195 ἔνθ' ὅ γε κεῖτ' ἀχέων, μέγα δὲ φρεσὶ πένθος ἀέξει
σὸν νόστον ποθέων· χαλεπὸν δ' ἐπὶ γῆρας ἱκάνει.
Od. 11.187–196

Dein Vater aber bleibt draußen auf dem Land und kommt nicht in die Stadt herab, und hat als Lager nicht Bett und Decken und schimmernde Tücher, sondern schläft im Winter im Hause, wo die Knechte schlafen, in dem Staub beim Feuer, und ist mit schlechten Kleidern angetan am Leibe. Doch wenn der Sommer kommt und die prangende Zeit der Ernte, dann sind ihm überall am Hang des weintragenden Gartens von gefallenen Blättern Lager am Boden aufgeschüttet. Da liegt er bekümmert und mehrt gewaltig das Leid in seinem Herzen, deine Heimkehr ersehnend: hart ist das Alter über ihn gekommen.

Dies ist eine weitere Stelle in der *Odyssee*, an welcher Laertes und sein Garten nebeneinander genannt werden. Die emphatisch hervorgehobene Ortsangabe (ἔνθ', 11.195) antizipiert das Treffen von Odysseus und Laertes auf dem Land. Die Phrase μέγα δὲ φρεσὶ πένθος ἀέξει (11.195) wird sogar wörtlich in Odysseus' Wahrnehmung seines Vaters durch πένθος ἀέξων (24.231) und μέγα δὲ φρεσὶ πένθος ἔχοντα (24.233) wachgerufen.[42] Antikleia zufolge schläft Laertes auf den gefal-

42 In seiner Verteidigung für die einheitlich überlieferte Phrase πένθος ἀέξων (24.231) hat bereits Heubeck 1992, 387 diese Verbindung herausgearbeitet: "πένθος ἀέξων is to a certain extent a 'quotation' from xi 187–196, a passage which prepares for xxiv 226–231 (κακὰ δὲ χροῒ εἵματα εἷται, 191), and which delineates the psychological state of Laertes with the unambiguous and undisputed 195–196, μέγα δὲ φρεσὶ πένθος ἀέξει (!) | σὸν νόστον ποθέων. It is also significant that 231^{b} recalls μέγα δὲ φρεσὶ πένθος ἔχοντα, 233".

lenen Blättern im Garten im Sommer und Herbst, während die Heimkehr des Odysseus im Winter geschieht.[43] Die iliadische Blättersymbolik hat hier keine Bedeutung. Vielmehr wird der von Antikleia genannte weintragende Garten (ἀλῳῆς οἰνοπέδοιο, 11.193) im 24. Gesang aufgegriffen (ἔνθα δ' ἀνὰ σταφυλαὶ παντοῖαι ἔασιν, / ὁππότε δὴ Διὸς ὧραι ἐπιβρίσειαν ὕπερθεν, 24.343–344; vgl. πολυκάρπου ἀλῳῆς, 24.221).

In ihrem jeweiligen Kontext werden sowohl Achill (*Il.* 18.54–60) als auch Telemach (*Od.* 14.174–182) mit dem Spross eines emporgeschossenen Baums verglichen. Während in der *Ilias* das Bild des Sprosses Achills *mors immatura* symbolisiert, evoziert der Vergleich des Telemach mit einem jungen Baum eine ähnliche Gefahr, die im Spannungsverhältnis zum Plot der *Odyssee* steht. Doch tritt ein großer Unterschied zutage. Thetis, die ihre Aufzucht des Achill mit der Pflege des Baums im Garten vergleicht (ὁ δ' ἀνέδραμεν *ἔρνεϊ ἶσος·* / τὸν μὲν ἐγὼ *θρέψασα φυτὸν ὣς γουνῷ ἀλωῆς* / νηυσὶν ἐπιπροέηκα κορωνίσιν Ἴλιον εἴσω / Τρωσὶ μαχησόμενον·, *Il.* 18.56–59), ist sich des frühen Todes ihres Sohns sicher, während sich Laertes' Beschäftigung im Garten als eine lohnende Arbeit erweist: Ohne dessen Pflege der Bäume hätten Vater und Sohn auf Umwegen das Wiedererkennen erreichen müssen.

Die oben genannten zwei Vergleichspunkte können durch die semantische Analyse von βλωθρός vertieft werden. In den Homerischen Epen wird dieses Adjektiv nur dreimal belegt (*Il.* 13.389; *Il.* 16.483; *Od.* 24.234). In allen drei Belegstellen wird βλωθρός in Bezug auf einen Baum verwendet. In der *Ilias* wird βλωθρός in einer identischen Versgruppe zweimal attestiert, um einen von den Zimmermännern gefällten Baum zu beschreiben, mit welchem ein gefallener Krieger verglichen wird (ἤριπε δ' ὡς ὅτε τις δρῦς ἤριπεν ἢ ἀχερωῒς / ἠὲ πίτυς *βλωθρή*, τήν τ' οὔρεσι τέκτονες ἄνδρες / ἐξέταμον πελέκεσσι νεήκεσι νήϊον εἶναι, *Il.* 13.389–391=16.482–484).[44] In der *Odyssee* hingegen kommt βλωθρός im Kontext der Anagnorisis vor. Als Odysseus den verwahrlosten Vater betrachtet (24.232–234), stehen ihm Tränen in den Augen. Auf Odysseus' Standpunkt in diesem Moment macht uns der Erzähler aufmerksam: Er tritt unter einen hochgewachsenen Birnbaum (στὰς ἄρ' ὑπὸ *βλωθρὴν ὄγχνην* κατὰ δάκρυον εἶβε, 24.234). Dieser hochgewachsene Birnbaum hat die Zeit des Weggangs Odysseus' überstanden,

43 Vgl. οὓς ὑπ' Ὀδυσσεὺς / δύσετ'. ἄφαρ δ' εὐνὴν ἐπαμήσατο χερσὶ φίλῃσιν / εὐρεῖαν· φύλλων γὰρ ἔην χύσις ἤλιθα πολλή, / ὅσσον τ' ἠὲ δύω ἠὲ τρεῖς ἄνδρας ἔρυσθαι ὥρῃ χειμερίῃ, εἰ καὶ μάλα περ χαλεπαίνοι, *Od.* 5.481–485 ('Unter diese [zwei buschige Stämme] tauchte Odysseus, und alsbald häufte er sich ein Lager mit seinen Händen, ein breites, denn es war von Blättern dort eine genugsam reiche Schütte, groß genug, um zwei oder auch drei Männer zur winterlichen Jahreszeit zu schützen, und ob sie sich auch sehr hart anließ').

44 Vgl. Pucci 1996, 8.

welcher die Erinnerung des Laertes-Sohnes wachrufen mag, wie der Vater ihm in seiner Kindheit diesen sowie viele andere Bäume verschenkt hat.

Die Plausibilität dieser Interpretation wird dadurch gestärkt, dass Odysseus' Baumkatalog mit der Nennung von dreizehn Birnbäumen beginnt (24.340). Zudem soll darauf verwiesen werden, dass in der darauffolgenden Überlegungsszene (24.235–240) das Wort ἕκαστα zweimal auftaucht (ἕκαστα / εἰπεῖν, 24.236–237; ἕκαστά τε πειρήσαιτο, 24.238), ein Wort, das in Odysseus' Baumkatalog als Kennwort eingesetzt wird (ἐγὼ δ' ᾔτευν σε ἕκαστα, 24.337; σὺ δ' ὠνόμασας καὶ ἔειπες ἕκαστα, 339). Nachdem Laertes die Lügengeschichte des Odysseus gehört hat, trauert er um den angeblich verstorbenen Sohn, eine Wehklage, die die durch das Adjektiv βλωθρός evozierte Gleichniswelt der *Ilias* widerspielgelt. Doch ist dies nur eine Illusion: dem trauernden Laertes steht unmittelbar die Wiedererkennung bevor.

Sowie Telemachs Gestalt mit dem Spross eines emporgeschossenen Baums verglichen wird, handelt es sich beim Fortleben des Arkeisios-Stamms um einen ähnlichen Prozess in der Naturwelt. *Vor Odysseus' Heimkehr* droht der gegen Telemach gerichtete Anschlag der Freier, den Arkeisios-Familienstamm zu vertilgen, während *das Ende des Epos* dadurch markiert wird, dass auf Laertes' Landgut die drei Generationen Schulter an Schulter miteinander gegen die rachedurstigen Verwandten der getöteten Freier kämpfen. Laertes, der von Athene als Sohn des Arkeisios (ὦ Ἀρκεισιάδη, 24.517) bezeichnet wird, tötet Eupeithes, dessen Sohn Antinoos in der Freierschlacht als erster von Odysseus umgebracht wurde. Der göttlichen Weisung folgend wird die gesellschaftliche Ordnung auf Ithaka durch den Friedenspakt zwischen Odysseus' Familie und den Familien der ermordeten Freier wiederhergestellt.[45] Schließlich ergibt sich das baumreiche Landgut des Laertes als ein Ort der Versöhnung.

3 Die zeitliche Dimension des Laertes-Gartens

Die zeitliche Dimension des Laertes-Gartens soll aus der Perspektive der Erfahrung und Erinnerung der Charaktere vertieft werden. Der Erzähler teilt uns mit, dass Laertes sein Landgut einst mit Mühe erworben hat:[46]

45 Als sich die Verwandten der Freier, auf ihr Leben bedacht, zur Stadt wenden (πρὸς δὲ πόλιν τρωπῶντο λιλαιόμενοι βιότοιο, 24.536), wird der auf sie stürmende Odysseus von Athene eingehalten. Dieser gehorcht der Stimme der Göttin, die im Anschluss daran ein Schwuropfer des Friedens zwischen den beiden Seiten setzt (24.545–546). Zur Interpretation dieser Passage siehe Loney 2019, 218–225.

46 Vgl. Müller 1968, 116–117.

οἱ δ' ἐπεὶ ἐκ πόλιος κατέβαν, τάχα δ' ἀγρὸν ἵκοντο
καλὸν Λαέρταο τετυγμένον, ὅν ῥά ποτ' αὐτὸς
Λαέρτης κτεάτισσεν, ἐπεὶ μάλα πολλὰ μόγησεν.
Od. 24.205–207

Die [Odysseus und sein Gefolge] aber, als sie aus der Stadt hinabgestiegen waren, gelangten schnell zu dem schönen, angebauten Landgut des Laertes, das Laertes einst selbst erworben hatte, nachdem er sich gar vielfach abgemüht.

Heubeck sieht hier eine Anspielung auf die Anfangszeit von Laertes' Herrschaft auf Ithaka, in welche auch die Baumschenkung zu datieren sein könnte.[47] Doch das mit Mühe gewonnene Landgut bildet eine Opposition zu den darin gepflanzten Bäumen, die in gemütlicher Weise dem Kind Odysseus als dessen Erbschaft gegeben wurden. Während sich die eine Stelle (24. 205–207) auf Laertes' Erfahrung bezieht, wird an der anderen (24.336–344) darüber hinaus die Erinnerung des Odysseus hervorgehoben.

Gelehrte haben bereits einige Bezugspunkte zwischen Laertes' Landgut und Eumaios' Schweinehof herausgearbeitet.[48] Beide liegen auf dem Land: Während im Palast das Hab und Gut des Odysseus von den Freiern geschmaust wird, tragen die Viehzucht des Eumaios und die Gartenarbeit des Laertes gemeinsam zur Bewahrung der ökonomischen Grundlage des Hauses bei. Der Weisung der Göttin folgend, besucht Odysseus das Schweinegehöft des Eumaios als den ersten seiner drei Zielorte auf Ithaka (αὐτὰρ ὁ ἐκ λιμένος προσέβη τρηχεῖαν ἀταρπὸν / χῶρον ἀν' ὑλήεντα *δι' ἄκριας, ᾗ οἱ Ἀθήνη / πέφραδε δῖον ὑφορβόν*, ὅ οἱ βιότοιο μάλιστα κήδετο οἰκήων, οὓς κτήσατο δῖος Ὀδυσσεύς, 14.1–4). Von dort geht der verkleidete Odysseus, von dem Sauhirten begleitet, in die Stadt, um seinen Palast zurückzuerobern. Das Landgut des Laertes ist der letzte Zielort in der Reihe. Im Hof des Eumaios gibt Odysseus sich dem Sohn zu erkennen, im Garten des Laertes dem Vater. Ein weiterer Vergleichspunkt ist die Art und Weise der Raumdarstellung:

47 Heubeck 1992, 382. Das Wort κτεάτισσεν wird an drei anderen Stellen in der *Odyssee* in Bezug auf Laertes verwendet. Dreimal wird berichtet, dass Penelope den Freiern versprochen habe, einen von ihnen zu heiraten, wenn sie ein Tuch als Bahrtuch für den greisen Laertes angefertigt habe, damit keine von den Achaierfrauen sie schelte, "wenn er ohne Bahrtuch liegt, der er viel besessen" (αἴ κεν ἄτερ σπείρου κεῖται πολλὰ κτεατίσσας, *Od.* 2.102=19.147=24.137). Vgl. Pucci 1996, 7.

48 Siehe vor allem Müller 1968, 117–118.

5 τὸν δ' ἄρ' ἐνὶ προδόμῳ εὗρ' ἥμενον, ἔνθα οἱ αὐλὴ
ὑψηλὴ δέδμητο, περισκέπτῳ ἐνὶ χώρῳ,
καλή τε μεγάλη τε, περίδρομος· ἥν ῥα συβώτης
αὐτὸς δείμαθ' ὕεσσιν ἀποιχομένοιο ἄνακτος,
νόσφιν δεσποίνης καὶ Λαέρταο γέροντος,
10 ῥυτοῖσιν λάεσσι καὶ ἐθρίγκωσεν ἀχέρδῳ.
σταυροὺς δ' ἐκτὸς ἔλασσε διαμπερὲς ἔνθα καὶ ἔνθα
πυκνοὺς καὶ θαμέας, τὸ μέλαν δρυὸς ἀμφικεάσσας.
ἔντοσθεν δ' αὐλῆς συφεοὺς δυοκαίδεκα ποίει
πλησίον ἀλλήλων, εὐνὰς συσίν· ἐν δὲ ἑκάστῳ
15 πεντήκοντα σύες χαμαιευνάδες ἐρχατόωντο,
θήλειαι τοκάδες· τοὶ δ' ἄρσενες ἐκτὸς ἴαυον,
πολλὸν παυρότεροι· τοὺς γὰρ μινύθεσκον ἔδοντες
ἀντίθεοι μνηστῆρες, ἐπεὶ προΐαλλε συβώτης
αἰεὶ ζατρεφέων σιάλων τὸν ἄριστον ἁπάντων·
20 οἱ δὲ τριηκόσιοί τε καὶ ἑξήκοντα πέλοντο.
πὰρ δὲ κύνες θήρεσσιν ἐοικότες αἰὲν ἴαυον
τέσσαρες, οὓς ἔθρεψε συβώτης, ὄρχαμος ἀνδρῶν.
αὐτὸς δ' ἀμφὶ πόδεσσιν ἑοῖς ἀράρισκε πέδιλα,
τάμνων δέρμα βόειον ἐΰχροές·

Od. 14.5–24

Und er [Odysseus] fand ihn [Eumaios] in der Vorhalle sitzend, wo ihm ein hoher Hof erbaut war auf einem umschauenden Platze, ein schöner, großer, der rings umlief. Den hatte der Schweinehirt selbst für die Schweine gebaut, während der Herr in der Ferne war, ohne die Herrin und den Greis Laertes, mit herangeschleppten Steinen, und hatte ihn oben mit wildem Birnbaum eingefasst, und außen durchgehend Pfähle gezogen, hüben und drüben, dicht und gedrängt, nachdem er rings das Schwarze von der Eiche abgespalten. Drinnen aber im Hof hatte er zwölf Schweinekofen gemacht, nahe beieinander, als Lagerstätten für die Schweine, und in jedem waren fünfzig Schweine, sich am Boden sielende, eingeschlossen, weibliche, die geboren hatten. Die männlichen ruhten draußen, viel weniger, denn diese verminderten ständig die gottgleichen Freier, indem sie davon aßen. Denn dorthin sandte der Schweinehirt von allen wohlgenährten Ebern immer den besten, und sie waren dreihundertundsechzig. Und es ruhten bei ihnen ständig Hunde, wilden Tieren ähnlich, vier, die der Schweinehirt aufgezogen hatte, der Vogt der Männer. Er selber aber war damit beschäftigt, sich an die Füße Sohlen anzupassen, indem er eine schönfarbige Rindshaut schnitt.

Odysseus findet Eumaios in der Vorhalle sitzend (τὸν δ' ἄρ' ἐνὶ προδόμῳ εὗρ' ἥμενον, 14.5), der eine Rindshaut schneidet, um sich an seine Füße Sandalen anzupassen (αὐτὸς δ' ἀμφὶ πόδεσσιν ἑοῖς ἀράρισκε πέδιλα, / τάμνων δέρμα βόειον ἐΰχροές, 14.23–24). Während der Hof nur kurz aus dem Blick des Ankömmlings geschildert wird (ἔνθα οἱ αὐλὴ / ὑψηλὴ δέδμητο, περισκέπτῳ ἐνὶ χώρῳ, / καλή τε μεγάλη τε, περίδρομος, 14.5–7), widmet sich die Passage zwei Themen: "the construction of the building (5–12) and the arrangement of the animals (13–22)".[49]

Mich interessiert besonders die zeitliche Dimension der Hofdarstellung. Zunächst fällt es auf, dass in der Darstellung vier verbale Formen verwendet werden (δείμαθ', 14.8; ἐθρίγκωσεν, 10; ἔλασσε, 11; ἀμφικεάσσας, 12), um Eumaios' Bautätigkeit zu beschreiben.[50] Zuvor hat der Erzähler Eumaios' Initiative hervorgehoben:

---

49 Bowie 2013, 164. Diese Passage ist in zwei Richtungen gedeutet worden. Zu einem wird die Darstellung des Hofs als Ausdruck der Charakterisierung des Eumaios interpretiert, der treu für die Habe des Herrn sorgt und bescheiden lebt. Zum anderen haben Gelehrte bereits erkannt, dass diese Passage eine antizipierende Funktion hat. Dass Eumaios für die Bewahrung von Odysseus' Lebensgut den Hof gebaut hat, tritt in einen scharfen Kontrast zu den Freiern, deren Schmausen die Eber ständig vermindert (τοὶ δ' ἄρσενες ἐκτὸς ἴαυον, / πολλὸν παυρότεροι· τοὺς γὰρ μινύθεσκον ἔδοντες / ἀντίθεοι μνηστῆρες, 14.16–18). Zudem bereitet diese Stelle (vgl. 14.26–28) die Szene vor, in welcher Eumaios dem verkleideten Odysseus von den Freveltaten der Freier erzählen wird (14.80–108). Vgl. Müller 1968, 93–96; Austin 1975, 165–168; de Jong 2001, 342–343; Bowie 2013, 164.

50 Das Nebeneinander von δέδμητο (14.6) und δείμαθ' (14.8), die von derselben verbalen Wurzel stammen, lässt sich aus einer narratologischen Perspektive sinnvoll deuten. Der verbalen Form δέδμητο (14.6), einem Plusquamperfekt (semantisch äquivalent zu einem Imperfekt), das aus Odysseus' Fokalisation resultiert, wird δείμαθ' (14.8), ein Aorist, gegenübergestellt, der mit der Paralepse des allwissenden Erzählers (14.7–12) einhergeht, in welcher zwei weitere finite Aorist-Formen (ἐθρίγκωσεν, 10; ἔλασσε, 11) zu finden sind; vgl. de Jong 2001, 342. Ein weiterer Vergleich bietet sich an: der Baugeschichte der Außenseite des Gehöfts (14.7–12) wird die Darstellung der Innenseite (ἔντοσθεν δ' αὐλῆς, 14.13) gegenübergestellt, in der sowohl der Bau der Schweinekofen (ποίει, 14.13) als auch die Einhegung der weiblichen Schweine (ἐρχατόωντο, 14.15) in Imperfekt-Formen beschrieben werden. Siehe Bowie 2013, 167: "**ποίει** 'he set about building'; the imperfect describes the way the building took some time, so there is a slight contrast with the aorist δείμαθ' in 8, which views the building as a single act". Die Eber ruhen draußen (τοὶ δ' ἄρσενες *ἐκτὸς* ἴαυον, 16; πέλοντο, 20), deren geringe Zahl aus dem ständigen Schmausen der Freier (τοὺς γὰρ μινύθεσκον ἔδοντες, 17) resultiert; bei den Ebern ruhen auch vier von Eumaios aufgezogene Hunde (πὰρ δὲ κύνες θήρεσσιν ἐοικότες αἰὲν *ἴαυον*, 21). Sowohl die Eber als auch die Hunde draußen sind in Sicht des am Eingang stehenden Odysseus (vgl. ἐξαπίνης δ' Ὀδυσῆα *ἴδον* κύνες ὑλακόμωροι, 14.29). Es ist deswegen vorteilhaft, die Imperfekt-Formen in den genannten Versen (ἴαυον, 14.16; πέλοντο, 20; ἴαυον, 21) als Indizien einer Charakter-Fokalisation zu deuten. *Contra* Olson 1995, 124: "The imperfect at XIV. 15–16 (ἐρχατόωντο, ἴαυον) must therefore refer to customary rather than ongoing action: the pigs are normally shup up and sleep in these places, although non are there now".

> ἥν ῥα συβώτης
> αὐτὸς δείμαθ' ὕεσσιν *ἀποιχομένοιο ἄνακτος,*
> *νόσφιν δεσποίνης καὶ Λαέρταο γέροντος*

> Den hatte der Schweinehirt selbst für die Schweine gebaut, während der Herr in der Ferne war, ohne die Herrin und den Greis Laertes.
> *Od.* 14.7–9

Die Versgruppe ἀποιχομένοιο ἄνακτος, / νόσφιν δεσποίνης καὶ Λαέρταο γέροντος ist nur zweimal in der *Odyssee* belegt (14.8–9; 14.450–451). Beide Belegstellen sind in einen Relativsatz eingebettet, um einen Platz oder eine Person einzuführen, wovon der Heimgekehrte wegen seines Weggangs nicht wissen kann. Man vergleiche *Od.* 14.449–452:

> σῖτον δέ σφιν ἔνειμε Μεσαύλιος, ὅν ῥα συβώτης
> αὐτὸς κτήσατο οἶος *ἀποιχομένοιο ἄνακτος,*
> *νόσφιν δεσποίνης καὶ Λαέρταο γέροντος·*
> πὰρ δ' ἄρα μιν Ταφίων πρίατο κτεάτεσσιν ἑοῖσιν.

> Und Brot teilte ihnen Mesaulios zu, den der Sauhirt selbst und allein erworben hatte, ohne die Herrin und den Greis Laertes. Von den Taphiern hatte er ihn gekauft mit seinen eigenen Gütern.

Während die Phrase ἀποιχομένοιο ἄνακτος den Zeitrahmen bestimmt, evoziert der formelhafte Vers νόσφιν δεσποίνης καὶ Λαέρταο γέροντος eine räumliche Dimension, die einen Kontrast zu Penelopes Verharren im Palast und zugleich eine Parallele zu Laertes' Rücktritt aus der Stadt bildet (vgl. τὸν οὐκέτι φασὶ πόλινδε / ἔρχεσθ', ἀλλ' ἀπάνευθεν ἐπ' ἀγροῦ πήματα πάσχειν, 1.189–190).[51] Wie dort der Bau des Schweinegehöftes so entspringt auch hier der Kauf des Dieners Mesaulios Eumaios' eigener Initiative (αὐτὸς δείμαθ', 14.8; αὐτὸς κτήσατο οἶος, 14.450), seinen eigenen Händen (14.10–12) oder seinen eigenen Gütern (πρίατο *κτεάτεσσιν ἑοῖσιν*, 14.452).

Die Phrase πρίατο *κτεάτεσσιν ἑοῖσιν* (14.452) bietet Reminiszenz an Laertes' Gewinnung des Landgutes (ὅν ῥά ποτ' αὐτὸς / Λαέρτης *κτεάτισσεν*, 24.206–207).

51 Das Wort νόσφιν hat die Grundbedeutung 'entfernt von'. Kommentatoren streiten darüber, ob für diese beiden Stellen eine abgeleitete Bedeutung wie 'ohne' oder 'ohne Wissen' anzunehmen ist. Doch scheint mir die Grundbedeutung von νόσφιν an beiden Stellen vorzuliegen, die der geographischen Entfernung der oben genannten drei Personen entspricht, die dem weggegangenen Odysseus treu geblieben sind.

Die Verbindung mit Laertes wird dadurch gestärkt, dass die gleiche Phrase πρίατο κτεάτεσσιν ἑοῖσιν auch in 1.430 und 15.483 vorkommt, wo es jeweils um Laertes' Erwerb der Dienerin Eurykleia und des entführten Eumaios geht. Während Odysseus erst durch Athenes Weisung über Eumaios' Schweinehof informiert wird, ist das Landgut des Laertes ein ihm wohlbekannter Ort. Insbesondere spielt die Erinnerung des Odysseus an die im Garten befindlichen Bäume als seine Erbschaft eine wichtige Rolle (24.336–344), durch welche der Herr der Ithaka den Vater von seiner Identität überzeugt.

Wie oben gezeigt, ragt der Garten des Laertes als ein weiterer *Chronotopos* in der *Odyssee* hervor. Dieser ist in besonderem Maß mit der Erinnerung und Erfahrung des Protagonisten verzahnt. Neben signifikanten Objekten machen Homerische Charaktere auch den Raum zum Gegenstand der Erinnerung. In der *Odyssee* sagt Penelope explizit – einmal zu dem verkleideten Odysseus (19.579–581), einmal zu den Freiern (21.77–79): Selbstwenn sie einen der Freier heiraten und das Haus des Odysseus verlassen würde, würde sie sich manchmal an den Palast erinnern, sei es auch im Traume.[52] In ähnlicher Weise ist der Garten des Laertes mitsamt dessen Bäumen als Erbschaft des Odysseus in der Erinnerung des Helden verwurzelt. Man merke, dass Odysseus zweimal das Landgut des Laertes 'baumreich' nennt (23.139; 23.359), bevor er seinen Vater aufsucht. Wie ich oben argumentiert habe, können Odysseus' Tränen in 24.234 sowohl aus seiner Wahrnehmung des verwahrlosten Vaters als auch aus seiner durch den Birnbaum hervorgerufenen Erinnerung an die Baumschenkung resultieren (στὰς ἄρ' ὑπὸ *βλωθρὴν ὄγχνην* κατὰ δάκρυον εἶβε, 24.234). Somit wird Laertes' baumreicher Garten, welcher als ein fester Bestandteil der *Odyssee*-Erzählung fungiert, zu einem komplexen *Chronotopos*, dessen vielfältige poetische Funktionen, so hoffe ich, als nachgewiesen gelten können.

52 Zur Interpretation dieser beiden Stellen (*Od.* 19.579–581=21.77–79) siehe Mueller 2007; vgl. Purves 2019, 136–152.

Zusammenfassung

Herman Meyers einflussreicher Aufsatz 'Raum und Zeit in Wilhelm Raabes Erzählkunst' beginnt mit der folgenden Fragestellung: "Erzählen gestaltet Geschehen; Geschehen spielt sich ab in Raum und Zeit. Raum und Zeit sind somit, gegen diese einfachste Schullogik wird wohl niemand etwas einzuwenden haben, notwendige Elemente der erzählten Welt. Sind sie aber auch wesentliche Elemente derselben, in dem Sinne, daß sie durch ihre jeweils besondere strukturelle Wesenheit die Gesamtstruktur des jeweiligen Erzählwerks entscheidend bestimmen? ... Und schließlich, falls diese Frage bejaht werden kann: Wie verhalten sich Raum- und Zeitgestaltung zueinander? Stehen sie unabhängig nebeneinander, oder wirken sie, in einem näher zu bestimmenden Grade einseitiger oder gegenseitiger Abhängigkeit, zusammen?".[1] Im Verlaufe der vorliegenden Untersuchung, so hoffe ich, sind entscheidende Nachweise durch die Einzelanalysen geliefert worden, in welchem Umfang die Raumgestaltung in der *Odyssee* für die gesamte Struktur der epischen Erzählung von Bedeutung ist und in welchem Grade diese durch deren untrennbar zeitliche Dimension, also mit der epischen Zeitgestaltung zusammenwirkend, die narrative Dynamik des Epos verstärken kann.

Formen und Funktionen der Raumdarstellungen in der *Odyssee* sind variabel. Die vorliegende Untersuchung hat sich auf die erzählerische Funktion des Raums in der *Odyssee* fokussiert, die bisher zu wenig gewürdigt worden ist, ohne die Vielfalt seiner Darstellungsformen zu vernachlässigen. Es gibt sicher viele Stellen in der *Odyssee*, an denen die Darstellung des Raums der rapiden Bewegung der Charaktere beigegeben ist.[2] Man findet auch Passagen, an denen Räumlichkeit nur *ad hoc* erwähnt wird, weil der Plot danach verlangt.[3] Doch Odysseus' äußere sowie innere Heimkehr geht strukturell mit den sinnhaft artikulierten Raumdarstellungen des Epos einher. Während mit Ogygia-Scheria-Ithaka eine Linie der äußeren Heimkehr dargestellt und deren Gegenbewegung durch die Ziegeninsel reflektiert wird, ist die Erzählung der inneren Heimkehr, nämlich der Wiedervereinigung mit der Gattin Penelope und des

1 Meyer 1953, 236.

2 Z.B. de Jong 2001, 18–19 zu Odysseus' Palast in *Od.* 1; Grethlein 2017, 32: "Homer verliert nicht viele Worte über den Raum, in dem sich seine Helden bewegen. Es wäre beispielsweise unmöglich, auf der Grundlage der homerischen Angaben ein Bild von Odysseus' Hof zu zeichnen".

3 Ein Paradebeispiel ist die Erwähnung der Insel Asteris (*Od.* 4.844–847), auf der sich die Freier auf die Lauer gegen den heimkehrenden Telemach legen.

 | DOI:10.1163/9789004379473_009

Wiedererkennens seitens des Vaters Laertes, durch prominente Darstellung des Raums bereichert. Während der Garten des Laertes durch die Symbolik der darin befindlichen Bäume zur epischen Dynamik beiträgt, sind sowohl die Freierschlacht als auch das Geheimnis des Ehebettes von dem Motiv des geschlossenen Raums geprägt. Dieses wiederkehrende Raummotiv versteht sich als eine sinnvolle Ergänzung zu den vielfältigen Funktionen des Raums in der *Odyssee*, die vor allem durch lange Beschreibungen – sei es symbolisch aufgeladen, semantisch motiviert, thematisch reflektierend, oder mit Fernbeziehungen versehen – zum Ausdruck gebracht werden.

Literaturverzeichnis

Ahl, F. / Roisman, H.M. 1996. *The Odyssey Re-Formed*, Ithaca

Alden, M.J. 1993. 'An Intelligent Cyclops?', in *Σπονδὲς στὸν Ὅμηρο. Μνήμη Ἰ.Θ. Κακριδῆ*, Ithaki, 75–95

Allan, R.J. 2013. 'History as Presence. Time, Tense and Narrative Modes in Thucydides', in A. Tsakmakis / M. Tamiolaki (eds.), *Thucydides between History and Literature*, Berlin/Boston, 371–389

Allan, R.J. 2019. 'Construal and Immersion: A Cognitive Linguistic Approach to Homeric Immersivity', in P. Meineck / W.M. Short / J. Devereaux (eds.), *The Routledge Handbook of Classics and Cognitive Theory*, New York, 59–78

Ameis, F. / Hentze, C. 1896. *Anhang zu Homers Ilias Schulausgabe von K.F. Ameis, besorgt von C. Hentze, Erklärungen zu Gesang I–III*, Leipzig

Ameis, F. / Hentze, C. 1900. *Anhang zu Homers Odyssee Schulausgabe von K.F. Ameis, besorgt von C. Hentze, IV. Heft, Erklärungen zu Gesang XIX–XXIV*, Leipzig

Ameis, F. / Hentze, C. 1908. *Homers Odyssee für den Schulgebrauch erklärt, Erster Band, zweites Heft Gesang VII–XII*, Leipzig

Ameis, F. / Hentze, C. 1910. *Homers Odyssee für den Schulgebrauch erklärt, Zweiter Band, erstes Heft Gesang XII–XVIIII*, Leipzig

Andersen, Ø. 1977. 'Odysseus and the Wooden Horse', *SO* 52: 5–18

Andersen, Ø. 1987. 'Myth, Paradigm and "Spatial Form" in the *Iliad*', in J.M. Bremer / I.J.F. de Jong / J. Kalff (eds.), *Homer: Beyond Oral Poetry. Recent Directions in Homeric Interpretation*, Amsterdam, 1–13

Anderson, W.S. 1958. 'Calypso and Elysium', *CJ* 54: 2–11

Andersson, T.M. 1976. *Early Epic Scenery (Homer, Vergil, and the Medieval Legacy)*, Ithaca

Antonaccio, C.M. 2009. *The Western Mediterranean*, in K. Raaflaub / H. van Wees (eds.), *A Companion to Archaic Greece*, Malden, 314–329

Arend, W. 1933. *Die typischen Scenen bei Homer*, Berlin

Auerbach, E. 1946. *Mimesis. Dargestellte Wirklichkeit in der abendländlichen Literatur*, Bern/München

Austin, J.N.H. 1975. *Archery at the Dark of the Moon. Poetic Problems in Homer's* Odyssey, Berkeley/Los Angeles/London

Austin, J.N.H. 1983. 'Odysseus and the Cyclops: Who is Who?', in C.A. Rubino / C.W. Shelmerdine (eds.), *Approaches to Homer*, Austin, 3–37

Bachtin, M.M. 2008 [1975]. *Chronotopos*, Frankfurt

Bakker, E.J. 2002. 'Polyphemos', *ColbyQ* 38: 135–150

Bakker, E.J. 2005. *Pointing to the Past: From Formula to Performance in Homeric Poetics*, Washington, D.C.

Bakker, E.J. 2013. *The Meaning of Meat and the Structure of the* Odyssey, Cambridge

Bakker, E.J. 2020. 'How to end the *Odyssey*', *TIC* 12: 48–68

Bal, M. 1977. *Narratologie: essais sur la signification narrative dans quatre romans modernes*, Paris

Baltes, M. 1978. 'Hermes bei Kalypso (Od. e 43–148)', *WJA* 4: 7–26

Baroni, R. 2007. *La tension narrative: suspense, curiosité et surprise*, Paris

Barthes, R. 1968. 'L'effet de réel', *Communications* 11: 84–89

Bassett, S.E. 1938. *The Poetry of Homer*, Berkeley

Bassi, K. 2005. 'Things of the Past: Objects and Time in Greek Narrative', *Arethusa* 38: 1–32

Bechert, J. 1964. *Die Diathesen von ἰδεῖν und ὁρᾶν bei Homer*, München

Bernert, E. 1935. 'Naturgefühl', *RE* XVI 2, 1811–1863

Bernsdorff, H. 1992. *Zur Rolle des Aussehens im homerischen Menschenbild*, Göttingen

Besslich, S. 1966. *Schweigen, Verschweigen, Übergehen. Die Darstellung des Unausgesprochenen in der* Odyssee, Heidelberg

Bichler, R. / Sieberer, W. 1996. *Die Welt in Raum und Zeit im literarischen Reflex der epischen-früharchaischen Ära*, in C. Ulf (ed.), *Wege zur Genese griechischer Identität*, Berlin, 116–155

Bierl, A.F. 2004. 'Die Wiedererkennung von Odysseus und seiner treuen Gattin Penelope. Das Ablegen der Maske zwischen traditioneller Erzählkunst, Metanarration und psychologischer Vertiefung', in A. Bierl / A. Schmitt / A. Willi (eds.), *Antike Literatur in neuer Deutung*, München, 103–126

Biraud, M. 1988. 'Les adjectifs grecs proformes de qualité', in A. Rijksbaron (ed.), *In the footsteps of Raphael Kühner*, Amsterdam, 39–52

Block, E. 1985. 'Clothing makes the Man: A Pattern in the *Odyssey*', *TAPhA* 115: 1–11

Bowie, A.M. 2013. *Homer* Odyssey *Books XIII and XIV*, Cambridge

Bowie, E.L. 2011. 'Alcman's First *Partheneion* and the Song the Sirens Sang', in L. Athanassaki / E. Bowie (eds.), *Archaic and Classic Choral Song*, Berlin, 33–65

Brauneiser, M. 1944. *Tagzeiten und Landschaft im Epos der Griechen und Römer*, Würzburg

Brelinski, T. 2015. 'Medon meets a Cyclops? *Odyssey* 22.310–380', *CQ* 65: 1–13

Bremer, J.M. 1975. 'The Meadow of Love and Two Passages in Euripides' *Hippolytus*', *Mnemosyne* 28: 268–280

Bremmer, J.N. 1986. 'A Homeric Goat Island (*Od.* 9.116–141)', *CQ* 36: 256–257

Büchner, W. 1934. 'Ορσοθύρη (χ 126–146)', *RhM* 83: 97–112

Büchner, W. 1940. 'Die Penelopeszenen in der Odyssee', *Hermes* 75: 129–167

Bühler, K. 1982. *Sprachtheorie: die Darstellungsfunktion der Sprache*, Stuttgart

Burgess, J.S. 2006. 'Neoanalysis, Orality, and Intertextuality: An Examination of Homeric Motif Transference', *Oral Tradition* 21: 148–189

Burgess, J.S. 2012. 'Intertextuality without text in early Greek epic', in Ø. Andersen /

D.T.T. Haug (eds.), *Relative Chronology in Early Greek Epic Poetry*, Cambridge, 168–183

Burkert, W. 1976. 'Das hunderttorige Theben und die Datierung der Ilias', *WS* 89: 5–21

Byre, C.S. 1994a. 'The Rhetoric of Description in *Odyssey* 9.116–141: Odysseus and Goat Island', *CJ* 89: 357–367

Byre, C.S. 1994b. 'On the Description of the Harbor of Phorkys and the Cave of the Nymphs, *Odyssey* 13.96–112', *AJPh* 115: 1–13

Carson, A. 1990. *Putting Her in Her Place. Woman, Dirt, and Desire*, in D.M. Halperin / J.J. Winkler / F.I. Zeitlin (eds.), *Before Sexuality. The Construction of Erotic Experience in the Ancient Greek World*, Princeton, 135–169

Cassio, A.C. 2004. 'Spoken Language and Written Text: The Case of ἀλλοειδέα (Hom. *Od.* 13. 194)', in J.H.W. Penney (ed.), *Indo-European Perspectives. Studies in Honour of Anna Morpurgo Davies*, Oxford, 83–94

Chantraine, P. 1953. *Grammaire homérique II: Syntaxe*, Paris

Chantraine, P. 1958. *Grammaire homérique I: Phonétique et morphologie*, Paris

Chatman, S. 1978. *Story and Discourse: Narrative Structure in Fiction and Film*, Ithaca

Chatman, S. 1990. *Coming to Terms: Verbal and Cinematic Narrative*, Ithaca

Clay, J.S. 1980. 'Goat Island: *Od.* 9.116–141', *CQ* 30: 261–264

Clay, J.S. 1981. 'Immortal and Ageless Forever', *CJ* 77: 112–117

Clay, J.S. 1983. *The Wrath of Athena. Gods and Men in the Odyssey*, Princeton

Clay, J.S. 1994a. 'Sex, Drugs, and ... Poetry', in S. Oberhelman (ed.), *Epic and Epoch: Essays on the Interpretation and History of a Genre*, Lubbock, 40–48

Clay, J.S. 1994b. 'The Dais of Death', *TAPhA* 124: 35–40

Clay, J.S. 2011. *Homer's Trojan Theater: Space, Vision, and Memory in the* Iliad, Cambridge

Clay, J.S. 2016. 'Homer's Epigraph: *Iliad* 7.87–91', *Philologus* 160: 185–196

Cook, E. 2004. 'Near Eastern Sources for the Palace of Alkinoos', *AJA* 108: 43–77

Crane, G. 1988. *Calypso. Backgrounds and Conventions of the Heroic Quest*, Frankfurt

Crielaard, J.-P. 1995. 'Homer, History, and Archeology', in J.-P. Crielaard (ed.), *Homeric Questions*, Amsterdam, 201–288

Curtius, E.R. 1942. 'Rhetorische Naturschilderung im Mittelalter', *Romanische Forschungen* 56: 219–256

Curtius, E.R. 1948. *Europäische Literatur und lateinisches Mittelalter*, Bern

Danek, G. 1998. *Epos und Zitat: Studien zu den Quellen der* Odyssee, Wien

Debrunner, A. 1917. *Griechische Wortbildungslehre*, Heidelberg

Dennerlein, K. 2009. *Narratologie des Raumes*, Berlin

Dietrich, N. 2010. *Figur ohne Raum?: Bäume und Felsen in der attischen Vasenmalerei des 6. und 5. Jahrhunderts v. Chr.*, Berlin

Domaradzki, M. 2020. 'Of Nymphs and Sea: Numenius on Souls and Matter in Homer's *Odyssey*', *G&R* 67: 139–150

Dougherty, C. 1993. *The Poetics of Colonization: from City to Text in Archaic Greece*, New York/Oxford

Dougherty, C. 1994. 'Archaic Greek Foundation Poetry. Questions of Genre and Occasion', *JHS* 114: 35–46

Dougherty, C. 2001. *The Raft of Odysseus: The Ethnographic Imagination of Homer's* Odyssey, Oxford/New York

Dougherty, C. 2003. 'The Aristonothos Krater: Competing Stories of Conflict and Collaboration', in C. Dougherty / L. Kurke (eds.), *The Cultures within Ancient Greek Culture. Contact, Conflict, Collaboration*, Cambridge, 35–56

duBois, P. 1988. *Sowing the Body: Psychoanalysis and Ancient Representations of Women*, Chicago

Edwards, A.T. 1993. 'Homer's Ethical Geography: Country and City in the *Odyssey*', *TAPhA* 123: 27–78

Edwards, M.W. 1975. 'Type-Scenes and Homeric Hospitality', *TAPhA* 105: 51–72

Edwards, M.W. 1980. 'Convention and Individuality in *Iliad* 1', *HSPh* 84: 1–28

Eisenberger, H. 1973. *Studien zur Odyssee*, Wiesbaden

Elliger, W. 1975. *Die Darstellung der Landschaft in der griechischen Dichtung*, Berlin

Emlyn-Jones, C. 1984. 'The Reunion of Penelope and Odysseus', *G&R* 31: 1–18

Erbse, H. 1972. *Beiträge zum Verständnis der Odyssee*, Berlin

Faraone, C.A. 1987. 'Hephaestus the Magician and Near Eastern Parallels for Alcinous' Watchdogs', *GRBS* 28: 257–280

Fenik, B. 1968. *Typical Battle Scenes in the* Iliad*: Studies in the Narrative Techniques of Homeric Battle Description*, Wiesbaden

Fenik, B. 1974. *Studies in the Odyssey*, Wiesbaden

Ferguson, J. 1975. *Utopias of the Classical World*, London

Fernández-Galiano, M. 1992. 'Books XXI–XXII', in J. Russo / M. Fernández-Galiano / A. Heubeck, *A Commentary on Homer's Odyssey, Volume III, Books XVII–XXIV*, Oxford, 131–310

Fiedler, K.F. 1957. *Der Schluß der* Odyssee, Marburg

Finley, M.L. 1954. *The World of Odysseus*, New York

Focke, F. 1943. *Die Odyssee*, Stuttgart/Berlin

Föllinger, S. 2006. 'Tränen und Weinen in der Dichtung des archaischen Griechenlands', *ZS* 28: 179–195

Foley, H.P. 1978. 'Reverse Similes and Sex Roles in the *Odyssey*', *Arethusa* 11: 7–26

Foley, H.P. 1994. *The Homeric Hymn to Demeter*, Princeton

Foley, J.M. 1990. *Traditional Oral Epic: the* Odyssey, Beowulf, *and the Serbo-Croation Return Song*, Berkeley/Los Angeles

Foley, J.M. 1991. *Immanent Art: from Structure to Meaning in Traditional Oral Epic*, Bloomington

Foley, J.M. 1999. *Homer's Traditional Art*, University Park

Ford, A. 1999. 'Odysseus after Dinner: *Od.* 9.2–11 and the Traditions of Sympotic Song', in J.N. Kazazis / A. Rengakos (eds.), *Euphrosyne: Studies in Ancient Epic and its Legacy in Honor of Dimitris N. Maronitis*, Stuttgart, 109–123

Forsyth, N. 1979. 'The Allurement Scene. A Typical Pattern in Greek Oral Epic', *CSCA* 12: 107–120

Fränkel, H. 1921. *Die homerischen Gleichnisse*, Göttingen

Frank, J. 1963 [1945] 'Spatial Form in Modern Literature', in J. Frank (ed.), *The Widening Gyre: Crisis and Master in Modern Literature*, New Brunswick, 3–62

Frank, J. 1978. 'Spatial Form: Some Further Reflections', *Critical Inquiry* 5: 275–290

Frank, M.C. 2009. 'Die Literaturwissenschaften und der *spatial turn*: Ansätze bei Jurij Lotman und Michail Bachtin', in W. Hallet / B. Neumann (eds.), *Raum und Bewegung in der Literatur: die Literaturwissenschaften und der Spatial Turn*, Bielefeld, 53–80

Friedländer, L. 1851. 'Die gärten des Alkinoos und der gebrauch des praesens bei Homer', *Philologus* 6: 669–681

Friedländer, P. 1912. *Johannes von Gaza, Paulus Silentiarius und Prokopios von Gaza: Kunstbeschreibungen justinianischer Zeit*, Leipzig

Friedman, S.S. 2005. 'Spatial Poetics and Arundhati Roy's *The God of Small Things*', in J. Phelan / P.J. Rabinowitz (eds.), *A Companion to Narrative Theory*, Malden, 192–205

Friedrich, R. 1975. *Stilwandel im homerischen Epos: Studien zur Poetik und Theorie der epischen Gesang*, Wiesbaden

Frontisi-Ducroux, F. / Vernant, J.-P. 1997. *Dans l'oeil du miroir*, Paris

Gainsford, P. 2003. 'Formal Analysis of Recognition Scenes in the *Odyssey*', *JHS* 123: 41–59

García-Ramón, J.L. 1998–1999. 'Mycenaean *e-u-de-we-ro* /*Ehu-dewelo*/ 'having nice late afternoons', Homeric εὐδείελος and Cyrenaean Εὐσπερίδες', *Minos* 33–34: 135–147

Gartziou-Tatti, A. 2010. 'Prophecy and Time in the Odyssey', *QUCC* 96: 11–28

Garvie, A.F. 1994. *Homer:* Odyssey *Books VI–VIII*, Cambridge

Gatz, B. 1967. *Weltalter, goldene Zeit und sinnverwandte Vorstellungen*, Hildesheim

Genette, G. 1969. *Figures II*, Paris

Genette, G. 1972. *Figures III*, Paris

Germain, G. 1954. *Genèse de l'Odyssée. Le fantastique et le sacré*, Paris

Goldhill, S. 1988. 'Reading Differences: Juxtaposition and the *Odyssey*', *Ramus* 17: 1–31

Goldhill, S. 1991. *The Poet's Voice. Essays on Poetics and Greek Literature*, Cambridge

Graziosi, B. 2013. 'The Poet in the *Iliad*', in J. Hill / A. Marmodoro (eds.), *The Author's Voice in Classical and Late Antiquity*, Oxford, 9–38

Graziosi, B. / Haubold, J. 2010. *Homer* Iliad *Book VI*, Cambridge

Greenblatt, S.J. 1982. 'Introduction', *Genre* 15: 3–6

Grethlein, J. 2006. *Das Geschichtsbild der Ilias: eine Untersuchung aus phänomenologischer und narratologischer Perspektive*, Göttingen

Grethlein, J. 2007. 'The Poetics of the Bath in the *Iliad*', *HSPh* 103, 25–49

Grethlein, J. 2008. 'Memory and Material Objects in the *Iliad* and the *Odyssey*', *JHS* 128: 27–51

Grethlein, J. 2013. 'Zeit, Erzählung und Raum in Augustins *Confessiones*', in F. Kragl / C. Schneider (eds.), *Erzähllogiken in der Literatur des Mittelalters und der frühen Neuzeit*, Heidelberg 2013, 45–69

Grethlein, J. 2014. 'Das homerische Epos als Quelle, Überrest und Monument', in O. Dally / T. Hölscher / S. Muth / R.M. Schneider (eds.), *Medien der Geschichte – Antikes Griechenland und Rom*, Berlin/Boston, 54–73

Grethlein, J. 2017. *Die* Odyssee. *Homer und die Kunst des Erzählens*, München

Grethlein, J. 2019a. 'Odysseus and his Bed. From Significant Objects to Thing Theory in Homer', *CQ* 69, 467–482

Grethlein, J. 2019b. 'Epitome und Erzählung. Die Rekapitulation am Ende der *Odyssee*', *Poetica* 50: 169–192

Griffin, J. 1980. *Homer on Life and Death*, Oxford

Güntert, H. 1919. *Kalypso: bedeutungsgeschichtliche Untersuchungen auf dem Gebiet der indogermanischen Sprachen*, Halle

Hackstein, O. 2011. 'Homerische Metrik', in A. Rengakos / B. Zimmermann (eds.), Homer Handbuch. Leben – Werk – Wirkung, Stuttgart, 26–32

Hainsworth, J.B. 1988. 'Books V–VIII', in A. Heubeck / S. West / J.B. Hainsworth, *A Commentary on Homer's Odyssey: Volume I Introduction and Books I–VIII*, Oxford, 249–385

Hall, E. 1989. *Inventing the Barbarian: Greek Self-Definition Through Tragedy*, Oxford

Haller, B. 2007. *Landscape Description in Homer's* Odyssey, Dissertation University of Pittsburgh

Haller, B. 2013. 'Dolios in *Odyssey* 4 and 24: Penelope's Plotting and Alternative Narratives of Odysseus's νόστος', *TAPhA* 143: 263–292

Hamon, P. 1972. 'Qu'est-ce qu'une description?', *Poétique* 12: 465–485

Harbach, A. 2010. *Die Wahl des Lebens in der antiken Literatur*, Heidelberg

Harder, R. 1960. 'Odysseus und Kalypso', in W. Marg (ed.), *Kleine Schriften*, München, 148–163

Harder, R.E. 1988. 'Nausikaa und die Palme von Delos', *Gymnasium* 95: 505–514

Hartog, F. 1996. *Memoire d'Ulysse: récits sur la frontière en Grèce ancienne*, Paris

Haß, P. 1998. *Der locus amoenus in der antiken Literatur: zu Theorie und Geschichte eines literarischen Motivs*, Bamberg

Heirman, J.G.M. 2012. *Space in Archaic Greek Lyric: City, Countryside and Sea*, Amsterdam

Heitman, R.D. 2005. *Taking Her seriously: Penelope & the Plot of Homer's* Odyssey, Ann Arbor

Hellwig, B. 1964. *Raum und Zeit im homerischen Epos*, Hildesheim

Henderson, J. 1997. 'The Nature of the Tree: Recounting *Odyssey* XXIV 340–342', *JHS* 117: 87–116

Heubeck, A. 1985. 'Penelopes Webelist', *WJA* 11: 33–43

Heubeck, A. 1989. 'Books IX–XII', in A. Heubeck / A. Hoekstra, *A Commentary on Homer's Odyssey, Volume II, Books IX–XVI*, Oxford, 3–143

Heubeck, A. 1992. 'Books XXIII–XXIV', in J. Russo / M. Fernández-Galiano / A. Heubeck, *A Commentary on Homer's Odyssey, Volume III, Books XVII–XXIV*, Oxford, 313–418

Hinds, S.E. 2002. 'Landscape with Figures: Aesthetics of Place in the Metamorphoses and its Tradition', in P. Hardie (ed.), *The Cambridge Companion to Ovid*, Cambridge, 122–149

Hölscher, T. 1999. 'Immagini mitologiche e valori sociali nella Grecia arcaica', in F.D. Angelis / S. Muth (eds.), *Im Spiegel des Mythos. Bilderwelt und Lebenswelt. – Lo specchio del mito. Immaginario e realtà*, Wiesbaden, 11–30

Hölscher, T. 2003. 'Körper, Handlung und Raum als Sinnfiguren in der griechischen Kunst und Kultur', in K.-J. Hölkeskamp / J. Rüsen / E. Stein-Hölkeskamp / H.T. Grütter (eds.), *Sinn (in) der Antike. Orientierungssysteme, Leitbilder und Wertkonzepte im Altertum*, Mainz, 163–192

Hölscher, U. 1939. *Untersuchungen zur Form der Odyssee*, Berlin

Hölscher, U. 1960. 'Das Schweigen der Arete (Od. VII)', *Hermes* 88: 257–265

Hölscher, U. 1988. *Die Odyssee. Epos zwischen Märchen und Roman*, München

Hoffmann, G. 1978. *Raum, Situation, erzählte Wirklichkeit. Poetologische und historische Studien zum englischen und amerikanischen Roman*, Stuttgart

Hopman, M. 2012. *Scylla: Myth, Metaphor, Paradox*, Cambridge

Horn, F. 2018. 'Dying is Hard to Describe: Metonymies and Metaphors of Death in the *Iliad*', *CQ* 68: 359–383

Hunzinger, C. 2005. 'La perception du merveilleux: *thaumazô* et *théèomai*', in L. Villard (ed.), *Études sur la vision dans l'Antiquité classique*, Rouen, 29–38

Janko, R. 1992. *The Iliad: A Commentary. Vol. IV, Books 13–16*, Cambridge

Janko, R. 1998. 'The Homeric Poems as Oral Dictated Texts', *CQ* 48: 1–13

Jauß, H.R. 1970. *Literaturgeschichte als Provokation*, Frankfurt

Jeffery, L.H. 1976. *Archaic Greece: The City States, c. 700–500 B.C.*, London

de Jong, I.J.F. 2001. *A Narratological Commentary on the* Odyssey, Cambridge

de Jong, I.J.F. 2004 [1987]. *Narrators and Focalizers. The Presentation of the Story in the* Iliad, Bristol

de Jong, I.J.F. 2012a. *Homer,* Iliad, *book XXII*, Cambridge

de Jong, I.J.F. 2012b. 'Introduction. Narratological Theory on Space', 'Homer', in I.J.F. de Jong (ed.), *Space in Ancient Greek Literature*, Leiden, 1–38

de Jong, I.J.F. 2012c. 'Double deixis in Homeric Speech: on the Interpretation of ὅδε and οὗτος', in M. Meier-Brügger (ed.), *Homer, gedeutet durch ein großes Lexikon*, Berlin, 63–83

de Jong, I.J.F. 2014. *Narratology and Classics: a Practical Guide*, Oxford

de Jong, I. / Nünlist, R. 2004. 'From Bird's Eye View to Close Up: The Standpoint of the Narrator in the Homeric Epics', in A. Bierl / A. Schmitt / A. Willi (eds.), *Antike Literatur in neuer Deutung*, München, 63–83

Kahn, C.H. 1973. *The Verb be in Ancient Greek*, Dordrecht

Kahrmann, C. / Reiß, G. / Schluchter, M. 1977. *Erzähltextanalyse: eine Einführung in Grundlagen und Verfahren: mit Materialien zur Erzähltheorie und Übungstexten von Campe bis Ben Witter*, Königstein/Ts.

Kanavou, N. 2015. *The Names of Homeric Heroes. Problems and Interpretations*, Berlin

Katz, M.A. 1991. *Penelope's Renown. Meaning and Indeterminacy in the* Odyssey, Princeton

Kelly, A. 2012. 'The Audience Expects: Odysseus and Penelope', in E. Minchin (ed.), *Orality, Literacy, and Performance in the Ancient World*, Leiden, 3–24

Kimball, S. 2014. 'Homeric κρύπτασκε, ῥίπτασκε and ἰσάσκετο', *Glotta* 90: 163–173

Kirchhoff, A. 1879. *Die homerische Odyssee*, Berlin

Kirk, G.S. 1970. *Myth: Its Meanings and Functions in Ancient and Other Cultures*, Berkeley

Kirk, G.S. 1985a. *The* Iliad*: A Commentary Vol. I: Books 1–4*, Cambridge

Kirk, G.S. 1985b. 'Homer', in P.E. Easterling / B.M.W. Knox (eds.), *The Cambridge History of Classical Literature*, Cambridge, 42–91

Kitts, M. 1994. 'Two Expressions for Human Mortality in the Epics of Homer', *HR* 34, 132–151

Kleinknecht, H. 1958. 'Platonisches im Homer', *Gymnasium* 65: 59–75

Kölligan, D. 2007. *Suppletion und Defektivität im griechischen Verbum*, Bremen

Kösling, P. 1998. *Die griechischen primären Jotpräsentien: untersucht und dargestellt nach Formenbestand, Aktionsarten und Etymologie*, Hamburg

Krehmer, W. 1973. *Zur Begegnung zwischen Odysseus und Athene* (*Od. 13,187–440*), Dissertation Erlangen

Krischer, T. 1977. 'Eine Eigenart homerischer Darstellung. Lessings Beobachtungen und ihre Deutung', *A & A* 23: 77–95

Krischer, T. 1993. 'Die Webelist der Penelope', *Hermes* 121: 3–11

Kühner, R. / Gerth, B. 1904. *Ausführliche Grammatik der griechischen Sprache, II Satzlehre*, Hannover

Kullmann, T. 1995. *Vermenschlichte Natur: zur Bedeutung von Landschaft und Wetter im englischen Roman von Ann Radcliffe bis Thomas Hardy*, Tübingen

Kullmann, W. 1992. 'Die poetische Funktion des Palastes des Odysseus in der Odyssee', in W. Kullmann, *Homerische Motive. Beiträge zur Entstehung, Eigenart und Wirkung von Ilias und Odyssee*, Stuttgart, 305–316

Lamberton, R. 1986. *Homer the Theologian. Neoplatonist Allegorical Readings and the Growth of the Epic Tradition*, Berkeley

Lambertz, M. 1914. 'Zur Etymologie von δοῦλος', *Glotta* 6: 1–18

Latacz, J. 1966. *Zum Wortfeld "Freude" in der Sprache Homers*, Heidelberg
Lausberg, H. 1990. *Handbuch der literarischen Rhetorik: eine Grundlegung der Literaturwissenschaft*, Stuttgart
Leaf, W. 1900. *The Iliad*, London
van Leeuwen, J.F. 1913. *Ilias*, Leiden
Lefebvre, H. 1974. *La production de l'espace*, Paris
Lesky, A. 1947. *Thalatta. Der Weg der Griechen zum Meer*, Wien
Leumann, M. 1950. *Homerische Wörter*, Basel
Lohmann, D. 2001. 'Ῥοδοδάκτυλος Ἠώς. Typisches, Untypisches und Erotisches um den Sonnenaufgang', in M. Palsi-Apostolopoulou (ed.), *EPANOS. Proceedings of the 9th International Conference on the Odyssey*, Ithaki, 285–303
Loney, A.C. 2019. *The Ethics of Revenge and the Meanings of the* Odyssey, New York
Lopes, J.M. 1995. *Foregrounded Description in Prose Fiction. Five Cross-Literary Studies*, Toronto
Lotman, J.M. 1993 [1970] *Die Struktur literarischer Texte*, München
Louden, D.B. 1999. *The* Odyssey*: Structure, Narration, and Meaning*, Baltimore
Louden, D.B. 2011. *Homer's* Odyssey *and the Near East*, Cambridge
Lovatt, H. 2013. *The Epic Gaze: Vision, Gender and Narrative in Ancient Epic*, Cambridge
Lowe, N.J. 2000. *The Classical Plot and the Invention of Western Narrative*, Cambridge
Lowenstam, S. 1993. *The Scepter and the Spear. Studies on Forms of Repetition in the Homeric Epics*, Lanham
Magrath, W.T. 1982. 'Progression of the Lion Simile in the *Odyssey*', *CJ* 77: 205–212
Malkin, I. 1998. *The Returns of Odysseus: Colonization and Ethnicity*, Berkeley
Malkin, I. 2011. *A Small Greek World: Networks in the Ancient Mediterranean*, Oxford
Marzullo, B. 1970. *Il problema omerico*, Firenze
Matte, W. 1958. *Odysseus bei den Phäaken*, Würzburg
Matthaios, S. 1999. *Untersuchungen zur Grammatik Aristarchs: Texte und Interpretation zur Wortartenlehre*, Göttingen
Merkelbach, R. 1951. *Untersuchungen zur* Odyssee, München
Meyer, H. 1953. 'Raum und Zeit in Wilhelm Raabes Erzählkunst', *DVjs* 27: 236–267
Miller, T. 1997. *Die griechische Kolonisation im Spiegel literarischer Zeugnisse*, Tübingen
Minchin, E. 2001. *Homer and the Resources of Memory. Some Applications of Cognitive Theory to the* Iliad *and the* Odyssey, Oxford
Mondi, R. 1983. 'The Homeric Cyclopes: Folktale, Tradition, and Theme', *TAPhA* 113: 17–38
Monsacré, H. 1984. *Les Larmes d'Achille: le héros, la femme et la souffrance dans la poésie d'Homère*, Paris
Morris, I. 1986. 'The Use and Abuse of Homer', *ClAnt* 5: 81–129
Morrison, J.V. 1992. *Homeric Misdirection: False Predictions in the* Iliad, Ann Arbor

Mosher, J.H.F. 1991. 'Towards a Poetics of Descriptized Narration', *Poetics Today* 3: 425–445

Moulton, C. 1977. *Similes in the Homeric Poems*, Göttingen

Müller, F. 1968. *Darstellung und poetische Funktion der Gegenstände in der Odyssee*, Dissertation Marburg

Müller, M. 1966. *Athene als göttliche Helferin in der Odyssee: Untersuchungen zur Form der epischen Aristie*, Heidelberg

Mueller, M. 2007. 'Penelope and the Poetics of Remembering', *Arethusa* 40: 337–362

Mueller, M. 2010. 'Helen's Hands: Weaving for κλέος in the *Odyssey*', *Helios* 37: 1–21

Murnaghan, S. 1987. *Disguise and Recognition in the* Odyssey, Princeton

Murray, O. 1991. 'War and the Symposium', in W.J. Slater (ed.), *Dining in a Classical Context*, Ann Arbor, 83–103

Nagler, M.N. 1974. *Spontaneity and Tradition: A Study in the Oral Art of Homer*, Berkeley/Los Angeles

Nagy, G. 1979. *The Best of the Achaeans. Concepts of the Hero in Archaic Greek Poetry*, Baltimore

Nesselrath, H. 1992. *Ungeschehenes Geschehen. 'Beinahe-Episoden' im Griechischen und Römischen Epos*, Stuttgart

Nestle, W. 1943. 'Odysseelanschaften', in *Griechische Studien*, Stuttgart, 32–49

Neumann, B. 2015. 'Raum und Erzählung', in J. Dünne / A. Mahler (eds.) *Handbuch Literatur & Raum*, Berlin, 96–104

Newton, R.M. 1987. 'Odysseus and Hephaestus in the *Odyssey*', *CJ* 83: 12–20

Nitzsch, G.W. 1840. *Erklärende Anmerkungen zu Homers Odyssee. Dritter Band. Erklärung des neunten bis zwölften Gesanges*, Hannover

Nünlist, R. 2002. 'Some Clarifying Remarks on *Focalization*', in F. Montanari (ed.), *Omero tremila anni dopo*, Roma, 445–453

Nünlist, R. 2009. *The Ancient Critic at Work: Terms and Concepts of Literary Criticism in Greek Scholia*, Cambridge

Nünning, A. 2009. 'Formen und Funktionen literarischer Raumdarstellung: Grundlagen, Ansätze, narratologische Kategorien und neue Perspektiven', in W. Hallet / B. Neumann (eds.), *Raum und Bewegung in der Literatur: die Literaturwissenschaften und der Spatial Turn*, Bielefeld, 33–52

Olson, S.D. 1995. *Blood and Iron. Stories and Storytelling in Homer's Odyssey*, Leiden

Paché, C.O. 2011. *A Moment's Ornament: the Poetics of Nympholepsy in Ancient Greece*, Oxford/New York

Page, D. l. 1955. *The Homeric* Odyssey, Oxford

Page, D.L. 1973. *Folktales in Homer's* Odyssey, Cambridge MA

Pantelia, M.C. 1993. 'Spinning and Weaving: Ideas of Domestic Order in Homer', *AJPh* 114: 493–501

Parry, A. 1957. 'Landscape in Greek Poetry', *YCS* 15: 1–29

Peponi, A. 2012. *Frontiers of Pleasure: Models of Aesthetic Response in Archaic and Classical Greek Thought*, Oxford/New York

Peradotto, J. 1990. *Man in the Middle Voice, Name and Narration in the Odyssey*, Princeton

Podlecki, A.J. 1971. 'Some Odyssean Similes', *G&R* 18: 81–90

Pollard, J. 1965. *Seers, Shrines and Sirens. The Greek Religious Revolution in the 6th Cent. B.C.*, London

Powell, B.B. 1977. *Composition by Theme in the Odyssey*, Meisenheim am Glan

Pucci, P. 1987. *Odysseus Polutropos: Intertextual Readings in the* Odyssey *and the* Iliad, Ithaca

Pucci, P. 1996. 'Between Narrative and Catalogue: Life and Death in the Poem', *Mètis* 11: 5–24

Pucci, P. 1998. *The Song of the Sirens: Essays on Homer*, Lanham

Purves, A.C. 2010. *Space and Time in Ancient Greek Narrative*, Cambridge

Purves, A.C. 2019. *Homer and the Poetics of Gesture*, Oxford

Rabau, S. 1995. 'Narration et description: l'exigence de détails', *Lalies* 15: 273–290

Ready, J.L. 2015. 'The Textualization of Homeric Epic by Means of Dictation', *TAPhA* 145: 1–75

Reece, S. 1993. *The Stranger's Welcome. Oral Theory and the Aesthetics of the Homeric Hospitality Scene*, Ann Arbor

Reichel, M. 1994. *Fernbeziehungen in der* Ilias, Tübingen

Reinhardt, K. 1960. *Tradition und Geist: gesammelte Essays zur Dichtung*, Göttingen

Reinhardt, K. 1961. *Die Ilias und ihr Dichter*, Göttingen

Richardson, N.J. 1974. *The Homeric Hymn to Demeter*, Oxford

Richardson, S. 1990. *The Homeric Narrator*, Nashville

Riemschneider, M. 1950. *Homer: Entwicklung und Stil*, Leipzig

Rijksbaron, A. 2009. 'Discourse Cohesion in the Proem of Hesiod's *Theogony*', in S. Bakker / G. Wakker (eds.), *Discourse Cohesion in Ancient Greek*, Leiden, 241–266

Rijksbaron, A. 2012. 'The Imperfect as the Tense of Substitutionary Perception', in P. da Cunha Corrêa / M. Martinho / J.M. Macedo / A. Pinheiro Hasegawa (eds.), *Hyperboreans: Essays in Greek and Latin Poetry, Philosophy, Rhetoric and Linguistic*, São Paulo, 331–375

Rimmon-Kenan, S. 1983. *Narrative Fiction: Contemporary Poetics*, London

Rinon, Y. 2007. 'The Pivotal Scene: Narration, Colonial Focalization, and Transition in *Odyssey* 9', *AJPh* 128: 302–334

Rinon, Y. 2008. *Homer and the Dual Model of the Tragic*, Ann Arbor

Risch, E. 1985. 'Homerisch ἐννέπω, lakonisch ἐφενέποντι und die alte Erzählprosa', *ZPE* 60, 1–9

Rohde, E. 1921. *Psyche: Seelencult und Unsterblichkeitsglaube der Griechen*, Tübingen

Ronen, R. 1997. 'Description, Narrative, and Representation', *Narrative* 3: 274–286

Rose, P.W. 1992. *Sons of the Gods, Children of Earth: Ideology and Literary Form in Ancient Greece*, Ithaca

Rougier-Blanc, S. 2005. *Les maisons homériques: vocabulaire architectural et sémantique du bâti*, Paris

Rüter, K. 1969. *Odysseeinterpretationen. Untersuchungen zum 1. Buch und zur Phaiakis*, Göttingen

Rutherford, R.B. 1985. 'At Home and Abroad. Aspects of the Structure of the *Odyssey*', *PCPhS* 31: 133–150

Rutherford, R.B. 1986. 'The Philosophy of the *Odyssey*', *JHS* 106: 145–162

Rutherford, R.B. 1992. *Homer Odyssey XIX and XX*, Cambridge

Saïd, S. 1979. 'Les crimes des prétendants, la maison d'Ulysse et les festines de l'Odyssée', in *Homère, Horace, le mythe d'Œdipe, les Sentences de Sextus*, Paris, 9–49

Saïd, S. 2011. *Homer and the* Odyssey, Oxford

Sammons, B. 2010. *The Art and Rhetoric of the Homeric Catalogue*, Oxford

Sammons, B. 2013. 'Narrative Doublets in the Epic Cycle', *AJPh* 134: 529–556

Sauter, H. 1953. *Die Beschreibungen Homers und ihre dichterische Funktion*, Dissertation Tübingen

Schadewaldt, W. 1944. *Von Homers Welt und Werk: Aufsätze und Auslegungen zur homerischen Frage*, Leipzig

Schadewaldt, W. 1958. 'Der Prolog der Odyssee', *HSCPh* 63: 15–32

Schadewaldt, W. 1966. *Iliasstudien*, Darmstadt

Schein, S.L. 1976. 'The Death of Simoeisios: *Iliad* 4.473–489', *Eranos* 74: 1–5

Schein, S.L. 2002. 'Mythological Allusion in the *Odyssey*', in F. Montanari (ed.), *Omero tremila anni dopo*, Roma, 85–101

Schibli, H.S. 1990. *Pherekydes of Syros*, Oxford

Schironi, F. 2018. *The Best of the Grammarians. Aristarchus of Samothrace on the* Iliad, Ann Arbor

Schlesier, R. 2006. 'Transgressionen des Odysseus', in A. Luther (ed.), *Geschichte und Fiktion in der homerischen Odyssee*, München, 107–116

Schlögel, K. 2003. *Im Raume lesen wir die Zeit. Über Zivilisationsgeschichte und Geopolitik*, Frankfurt

Schmitt, R. 1967. *Dichtung und Dichtersprache in indogermanischer Zeit*, Wiesbaden

Schmitz, T. 1994 'Ist die *Odyssee* 'spannend'?, Anmerkungen zur Erzähltechnik des homerischen Epos', *Philologus* 138: 3–23

Schönbeck, G. 1962. *Der locus amoenus von Homer bis Horaz*, Heidelberg

Schulze, W. 1892. *Quaestiones epicae*, Gütersloh

Schwartz, E. 1924. *Die Odyssee*, München

Scully, S. 1990. *Homer and the Sacred City*, Ithaca

Segal, C.P. 1963. 'Nature and the World of Man in Greek Literature', *Arion* 2: 19–53

Segal, C.P. 1967. 'Transition and Ritual in Odysseus' Return', *PP* 116: 321–342

Segal, C.P. 1969. *Landscape in Ovid's Metamorphoses: A Study in the Transformations of a Literary Symbol*, Wiesbaden

Segal, C.P. 1994. *Singers, Heroes, and Gods in the* Odyssey, Ithaca

Seidensticker, B. 2008. 'Irrfahren des Odysseus?', in B. Blaschke / R. Falk / D. Linck / O. Lubrich / F. Wißmann / V. Woltersdorff (eds.), *Umwege: Ästhetik und Poetik exzentrischer Reisen*, Bielefeld, 17–32

Sergent, B. 2002. '*Les Phéaciens avant l'*Odyssée', in A. Hurst / F. Letoublon (eds.), *La mythologie et l'*Odyssée. *Hommage à Gabriel Germain*, Genève, 199–222

Skempis, M. / Ziogas, I. (eds.) 2014. *Geography, Topography, Landscape: Configurations of Space in Greek and Roman Epic*, Berlin

Slater, W.J. 1990. 'Sympotic Ethics in the *Odyssey*', in O. Murray (ed.), *Sympotica: A Symposium on the Symposion*, Oxford, 213–220

Smitten, J.R. / Daghistany, A. (eds.) 1981. *Spatial Form in Narrative*, Ithaca

Snell, B. 1955. *Die Entdeckung des Geists*, Hamburg

Soja, E.W. 1989. *Postmodern Geographies: the Reassertion of Space in Critical Social Theory*, London

Sourvinou-Inwood, C. 1987. 'A Series of Erotic Pursuits. Images and Meanings', *JHS* 107: 131–153

Sowa, C.A. 1984. *Traditional Themes and the Homeric Hymns*, Chicago

Stanford, W.B. 1947. *The* Odyssey *of Homer, Vol. I* (*Books I–XII*), London

Stanford, W.B. 1948. *The* Odyssey *of Homer, Vol. II* (*Books XIII–XXIV*), London

Stanford, W.B. 1965. 'The Ending of the *Odyssey*: An Ethical Approach', *Hermathena* 100: 5–17

Starobinski, J. 1975. 'The Inside and the Outside', *Hudson Review* 28: 333–351

Steinbock, B. 2018, 'The Narrative Richness of the Argus Scene (*Od.* 17.290–327)', in L. Pratt / C.M. Sampson (eds.), *Engaging Classical Texts in the Contemporary World. From Narratology to Reception*, Ann Arbor, 9–28

Steiner, D.T. 2010. *Homer*, Odyssey *Books XVII and XVIII*, Cambridge

Stein-Hölkeskamp, E. 2006. 'Im Land der Kirke und der Kyklopen: Immigranten und Indigene in den süditalischen Siedlungen des 8. und 7. Jahrhunderts v. Chr.', *Klio* 88: 311–327

Sternberg, M. 1993. *Expositional Modes and Temporal Ordering in Fiction*, Bloomington.

Swift, L.A. 2009. 'The Symbolism of Space in Euripidean Choral Fantasy (*Hipp.* 732–775, *Med.* 824–865, *Bacch.* 370–433)', *CQ* 59: 364–382

Swift, L.A. 2015. 'Negotiating Seduction: Archilochus' Cologne Epode and the Transformation of Epic', *Philologus* 159, 2–28

Taplin, O. 1992. *Homeric Soundings: the Shaping of the* Iliad, Oxford

Thalmann, W.G. 1984. *Conventions of Form and Thought in Early Greek Epic Poetry*, Baltimore

Thalmann, W.G. 1998. *The Swineherd and the Bow. Representations of Class in the* Odyssey, Ithaca

Thesleff, H. 1981. 'Man and Locus Amoenus in Early Greek Poetry', in G. Kurz, / D. Müller, / W. Nicolai (eds.), *Gnomosyne. Menschliches Denken und Handeln in der frühgriechischen Literatur*, München, 31–45

Thomas, O. 2014. 'Phemius Suite', *JHS* 134: 89–102

Thornton, A. 1970. *People and Themes in Homer's* Odyssey, Dunedin

Treu, M. 1955. *Von Homer zur Lyrik*, München

Tsagalis, C.C. 2012. *From Listeners to Viewers: Space in the Iliad*, Cambridge MA

Tuan, Y.-F. 1977. *Space and Place*, London

Turkeltaub, D. 2014. 'Penelope's 'Stout Hand' and Odyssean Humour', *JHS* 134: 103–119

Vernant, J.-P. 1982. 'Le refus d'Ulysse', *TR* 3: 13–18

Vidal-Naquet, P. 1983. *Le chasseur noir. Formes de pensée et formes de société dans le monde grec*, Paris

Vogel-Ehrensperger, V. 2012. *Die übelste aller Frauen?: Klytaimestra in Texten vom Homer bis Aischylos und Pindar*, Basel

Von der Mühll, P. 1940. 'Odyssee', *RE Supp.* 7: 695–768

Wackernagel, J. 1916. *Sprachliche Untersuchungen zu Homer*, Göttingen

Wackernagel, J. 1943. 'Indogermanische Dichtersprache', *Philologus* 95: 1–19

Węcowski, M. 2002. 'Homer and the Origins of the Symposion', in F. Montanari (ed.), *Omero tremila anni dopo*, Roma, 625–637

West, M.L. 1995. 'The Date of the *Iliad*', *MH* 52: 203–219

West, M.L. 1997. *The East Face of Helicon: West Asiatic Elements in Greek Poetry and Myth*, Oxford

West, M.L. 2000. 'The Gardens of Alcinous and the Oral Dictated Text Theory', *AAntHung* 40: 479–488

West. M.L. 2007. *Indo-European Poetry and Myth*, Oxford

West, M.L. 2012. *The Making of the* Iliad, Oxford

West, M.L. 2014. *The Making of the* Odyssey, Oxford

West, S. 1988. 'Books I–IV', in A. Heubeck / S. West / J.B. Hainsworth, *A Commentary on Homer's* Odyssey*: Volume I Introduction and Books I–VIII*, Oxford, 51–245

West, S. 1989. 'Laertes Revisited', *PCPhS* 35: 113–143

von Wilamowitz-Moellendorf, U. 1884. *Homerische Untersuchungen*, Berlin

von Wilamowitz-Moellendorf, U. 1916. *Die Ilias und Homer*, Berlin

von Wilamowitz-Moellendorf, U. 1927. *Die Heimkehr des Odysseus*, Berlin

Willenbrock, H. 1969 [1944]. *Die poetische Bedeutung der Gegenstände in Homers Ilias*, Marburg

Winkler, J.J. 1990. *The Constraints of Desire. The Anthropology of Sex and Gender in Ancient Greece*, New York

Worman, N. 2015. *Landscape and the Spaces of Metaphor in Ancient Literary Theory and Criticism*, Cambridge

Xian, R. 2017a. 'Die Ithakalandschaft in *Od.* 13', *Mnemosyne* 70: 537–561

Xian, R. 2017b. 'Der Chronotopos der Ziegeninsel (Hom. *Od.* 9.116–141)', *Mnemosyne* 70: 899–919

Xian, R. 2017c. 'Geschlossener Raum und narrative Spannung in der *Odyssee*', *MD* 79: 9–29

Xian, R. 2018a. '*Locus amoenus* und sein Gegenstück in *Od.* 5', *Hermes* 146: 132–148

Xian, R. 2018b. 'Zur Beschreibung des Alkinoos-Palasts (*Od.* 7,84–132)', *Philologus* 162: 189–207

Yamagata, N. 2005. 'Clothing and Identity in Homer: the Case of Penelope's Web', *Mnemosyne* 58: 539–546

Zanker, A.T. 2019. *Metaphor in Homer. Time, Speech, and Thought*, Cambridge

Zeitlin, F.I. 1996. *Playing the Other*, Chicago

Zerdin, J. 2002. 'The "Iterative-Intensives" in -σκον', *Oxford University Working Papers in Linguistics, Philology and Phonetics* 7: 103–130

Zoran, G. 1984. 'Towards a Theory of Space in Narrative', *Poetics Today* 5: 309–335

Stichwortregister

Register moderner Autoren

Stellenregister